Alberto Vitali

OSCAR ROMERO

MÁRTIR DA ESPERANÇA

Dados Internacionais de Catalogação na Publicação (CIP)
(Câmara Brasileira do Livro, SP, Brasil)

Vitali, Alberto
    Oscar Romero : mártir da esperança / Alberto Vitali ;
[tradução Cacilda Rainho Ferrante]. – São Paulo : Paulinas,
2015. – (Coleção investigando a história))

    Título original: Oscar A. Romero : pastore di agnelli e
lupi.
    Bibliografia
    ISBN 978-85-356-3917-9

    1. Bispos - Biografia 2. Igreja Católica - El Salvador 3.
Romero, Oscar A., 1917-1980 I. Título. II. Série.

15-03105   CDD-922.2

Índice para catálogo sistemático:
1. El Salvador : Bispos : Biografia   922.2

Título original da obra: *Oscar A. Romero: pastore di agnelli e lupi.*
© Paoline Editoriale Libri - Figlie di San Paolo. Via Francesco Albani, 21 - 20149 Milão (Itália).

Agradecimentos à Associazione Equipo Maíz
pela cessão da maior parte das fotos reproduzidas neste livro.

Paoline Editoriale Libri (Milão, Itália) mantém-se à disposição
para reconhecer os direitos daqueles que não puderam ser localizados.

Direção-geral: *Bernadete Boff*
Editora responsável: *Andréia Schweitzer*
Tradução: *Cacilda Rainho Ferrante*
Copidesque: *Ana Cecilia Mari*
Coordenação de revisão: *Marina Mendonça*
Gerente de produção: *Felício Calegaro Neto*
Projeto gráfico: *Manuel Rebelato Miramontes*

1ª edição – 2015

---

*Nenhuma parte desta obra pode ser reproduzida ou transmitida
por qualquer forma e/ou quaisquer meios (eletrônico ou mecânico,
incluindo fotocópia e gravação) ou arquivada em qualquer sistema ou
banco de dados sem permissão escrita da Editora. Direitos reservados.*

Paulinas
Rua Dona Inácia Uchoa, 62
04110-020 – São Paulo – SP (Brasil)
Tel.: (11) 2125-3500
http://www.paulinas.org.br – editora@paulinas.com.br
Telemarketing e SAC: 0800-7010081
© Pia Sociedade Filhas de São Paulo – São Paulo, 2015

Aos jovens imigrantes salvadorenhos,
com os votos de que
não se esqueçam jamais
da história de amor,
fé e sacrifício
da qual foram gerados.

SUMÁRIO

Prefácio 7

Introdução 11

I – O povo inesquecível 17

II – O bom salvadorenho, verdadeiro romano 31

III – Pastor de ovelhas e lobos..........................45

IV – Sentir com a Igreja 65

V – "Em Santiago tropecei na miséria" 93

VI – "O povo é o meu profeta"......................129

VII – A opção pelos pobres.............................181

VIII – Na crise do país 219

IX – "Cessem a repressão!" 257

Epílogo...307

Posfácio 315

Cronologia 321

Bibliografia consultada 327

PREFÁCIO

Não cheguei a conhecer pessoalmente Dom Oscar Romero, o Arcebispo de San Salvador. Poderia tê-lo encontrado em Puebla, no México, durante a Conferência dos Bispos Latino--americanos em janeiro de 1979, para a qual eu fora designado como representante dos bispos italianos pela Comissão da CEI para as Missões, se, no último momento, não tivessem decidido substituir-me por um bispo mais "confiável". Ou, então, de 4 a 13 de janeiro de 1980, na Missão dos Bispos Europeus (incluindo um cardeal, o Arcebispo de Viena), que fora solicitada por ele para prestigiar e encorajar os episcopados da América Central, inclusive aqueles nas ditaduras controladas pelos Estados Unidos da América. A Missão, organizada pelo Movimento Internacional para a Reconciliação (Jean Goss, apóstolo da não violência, havia realizado uma reunião importante em Bogotá e Dom Romero havia se inspirado nessa ideia para uma missão de bispos europeus), foi suspensa a pedido do próprio Dom Romero, que se recuperava da derrubada da ditadura nicaraguense por parte dos

OSCAR ROMERO: MÁRTIR DA ESPERANÇA

sandinistas e da introdução da Junta de Governo de Reconstrução Nacional em seu país, da qual participaria também o democrata cristão Napoleón Duarte.[1]

Em 24 de março de 1980, Dom Oscar Romero foi assassinado. E foi a Pax Christi Internacional* (da qual eu era o presidente) que promoveu, com a anuência dos bispos locais, uma "missão pelos direitos humanos", que visitou a Guatemala, El Salvador, Nicarágua, reunindo-se depois com os representantes daqueles países no Panamá para uma síntese que foi publicada em seguida. Participei de modo informal, também para não chamar demasiadamente a atenção naqueles momentos difíceis (em El Salvador fomos avisados de que já estávamos sendo vigiados por esquadrões da morte!), fazendo contato separadamente com cada país e, depois, indo ao Panamá.

Nas duas noites que passei em El Salvador, fiquei alojado num hospital, no quartinho em que Dom Oscar Romero ficara (ele não confiava em dormir no centro da cidade; nas últimas noites havia permanecido num corredor secreto da capela, na qual depois acabou sendo morto). Confesso que me deixei levar pela curiosidade e revistei o quarto, deixado no estado em que se encontrava no ano anterior, depois que Dom Oscar Romero se fora (hoje se tornou um museu sacro). Fiquei impressionado pelo fato de que os livros e documentos estivessem separados em Bíblia, teologia e sociologia: ficava evidente o esforço em conhe-

---

* Pax Christi Internacional é um movimento católico de paz, que trabalha em âmbito global em campos como os direitos humanos, a segurança humana, o desarmamento e a desmilitarização, a relação entre religião e conflitos violentos e a construção de uma ordem mundial mais justa. (N.E.)

PREFÁCIO

cer sempre melhor a sua gente, descobrindo os fatos concretos do sofrimento e da opressão de que era vítima, e, por outro lado, em querer ajudá-la com a luz da Palavra de Deus e com a força da fé. Nas muitas conversas que tive com seus colaboradores, e também com as pessoas dos bairros mais pobres da cidade, surgiu a figura atenciosa e paternal do arcebispo, confirmada nas viagens seguintes ao visitar os vilarejos e pelo itinerário de viagem que levou o Padre Rutilio Grande à sua morte e sepultura na igrejinha de seu vilarejo. Foi assim que vim a conhecer ulteriormente a personalidade de Dom Oscar Romero, a entender como um bispo fundamentalmente "conservador" e garantido pelos políticos da ditadura tivesse depois sido "convertido" por sua gente e se tornado tão crítico do sistema ditatorial a ponto de provocar a própria morte.

Quando tive em mãos o livro do amigo Alberto Vitali (amigo meu, mas principalmente amigo de El Salvador, onde esteve inúmeras vezes), devo dizer que finalmente fiquei conhecendo Dom Oscar Romero, tal a precisão com a qual esse autor documentou e relatou a aventura da sua vida, inclusive sua "conversão" que teve momentos singulares (como a noite do velório junto ao caixão do Padre Rutilio) e uma evolução lenta, mas constante, até o martírio.

Retomo a palavra *martírio* porque julgo que Dom Oscar Romero seja realmente um mártir, como é venerado por boa parte da América Latina. Já que os mártires tradicionalmente eram testemunhas (é isso que significa a palavra grega *martire*) da fé, o Papa João Paulo II atestou o "martírio da caridade" àqueles que – como o Padre Maximiliano Kolbe, que se ofereceu para substituir

9

um companheiro preso condenado à morte – testemunham uma caridade que os leva a aceitar a morte em nome dela.

Dom Oscar Romero sabia que seu comportamento alimentava a esperança de uma vida mais livre, mais humana, e agia assim levado por sua missão de cristão e bispo; sabia que isso poderia conduzi-lo à morte e continuou exatamente porque era cristão e bispo. Acredito, então, que podemos defini-lo, pelas virtudes de sua vida, como mártir, *mártir da esperança*.

Luigi Bettazzi
Bispo emérito de Ivrea
Ex-presidente da Pax Christi Internacional

INTRODUÇÃO

A Igreja tem uma boa notícia para dar aos pobres. Aqueles que há séculos têm ouvido más notícias e vivido as piores realidades, estão escutando agora, através da Igreja, a palavra de Jesus: "O Reino de Deus está chegando", "Benditos os pobres, porque deles é o Reino de Deus". E também há uma boa notícia para os ricos: que se convertam em pobres para compartilharem com eles os bens do Reino.[1]

Essas palavras ditas por Dom Oscar Romero na Universidade de Louvain (Bélgica), em 2 de fevereiro de 1980, um mês antes de seu martírio, resumem muito bem a que ponto ele chegou e o legado de sua experiência pastoral. Nascido e criado numa realidade fortemente polarizada entre poucos ricos e uma maioria empobrecida e oprimida, Romero compartilharia a ideia comumente difundida no ambiente eclesial segundo a qual para ser um bom pastor era preciso "fazer-se de tudo para todos":[2]

---

[1] O. A. Romero. *A dimensão política da fé na opção pelos pobres* (Louvain, 2 de fevereiro de 1980).
[2] Ver 1Cor 9,22.

não no sentido mais autenticamente paulino, mas naquele de um acompanhamento pastoral substancialmente acrítico da injustiça estrutural e condescendente com relação aos muitos que dela se beneficiam.

Por isso, durante alguns anos tinha-se mostrado aborrecido com as posições que sua própria Igreja estava assumindo para promover os conceitos da Conferência de Medellín e ainda mais desconfiado com respeito à Teologia da Libertação. Porém, quando o ministério o levou a se confrontar com a trágica realidade de seu povo, percebeu que tanto o paternalismo com relação aos pobres quanto as tépidas exortações costumeiras feitas aos ricos não eram mais suficientes para satisfazer o mandato evangélico. Foi assim que percebeu ter chegado a uma encruzilhada: devia mudar para não mudar. Mudar na práxis para se manter fiel àquele Deus que o havia feito pastor. Isso não incluiu apenas uma simples escolha de lado, a favor de uns e contra outros. Ao contrário, quanto mais se radicalizava nele a opção pelos pobres – pastoralmente defendida pelas escolhas dos padres, religiosas e comunidades de base, e teologicamente amadurecida com a ajuda de Ignacio Ellacuría e Jon Sobrino –, mais clara se tornava a gravidade da situação moral em que se encontravam os ricos e a necessidade de pronunciar uma palavra de salvação também para eles. Na lógica paradoxal do Evangelho, na verdade, a conversão é um apelo feito também e principalmente aos servos de Mâmon,[3] porque – embora possa parecer inverossímil – para Deus é possível até fazer

---

[3] Ver Mt 6,24.

passar um camelo pelo buraco da agulha.[4] Ele entendeu, então, que o amor assume tons e posições diversas segundo o destinatário de suas atenções e aceitou ir ao encontro também dos ricos: com uma palavra de condenação por seus pecados, mas abrindo uma possibilidade de resgate, embora sabendo que a sua San Salvador não era a Gubbio de São Francisco e de que os lobos, se às vezes ficam mansos, muito mais frequentemente se dilaceram entre si. Romero entendeu dessa forma o último ensinamento do Mestre na cruz, que superava todos os anteriores: "Ninguém tem amor maior do que aquele que dá a vida por seus amigos" (ver Jo 15,13).

Nesse meio-tempo, a situação mudou: e para pior. De fato, a partir do começo do novo milênio os números da fome começaram a aumentar de forma exponencial: o Relatório da Organização das Nações Unidas para Alimentação e Agricultura – FAO 2009 falava de um bilhão e vinte milhões de pessoas famintas, uma em seis no mundo; em 2010 contabilizava-se 1,3 bilhão de indivíduos sem acesso à água potável, trazendo como consequências doenças, a começar pela disenteria: a verdadeira exterminadora de crianças. Não é, pois, necessário ser adivinho ou um grande analista para perceber como no futuro isso irá exacerbar os conflitos existentes, provocando novos, intensificando o fenômeno das imigrações, ao qual a sociedade do bem-estar, encerrada na defesa de seus próprios privilégios, reagirá com novas formas de repressão. A experiência salvadorenha se tornará, então, um microcosmo no qual se revelou antecipadamente uma

---

[4] Ver Mt 19,24-26.

série de dinâmicas prontas para explodir em escala internacional. Por isso, é necessário e urgente que os cristãos saibam aproveitar o legado de Romero: somente uma Igreja capaz de fazer uma escolha radical a favor dos pobres, que tenha coragem de denunciar sem censurar nem vacilar não só a injustiça estrutural, mas também os interesses egoístas das partes envolvidas, pode esperar salvar os rebanhos de ovelhas e também os lobos que os rodeiam.

Isto já basta para se dizer que é praticamente impossível escrever uma biografia objetiva de Romero, ao menos no sentido comum do termo. Cada um vai se esforçar – como é certo fazer – para ser o mais verdadeiro possível, mas a voz de Romero é provocadora; ela nos clama a adotar uma posição e também não permite o mínimo distanciamento. E assim atualmente, quando vivemos uma época relativamente próxima e que apresenta muitas analogias sociais, políticas e eclesiásticas; mas sempre será assim, porque tal vivência diz respeito aos aspectos mais essenciais e permanentes do fato de sermos seres humanos e cristãos. Quando perguntado o que restaria da Teologia da Libertação, Dom Pedro Casaldáliga respondeu: "Restarão os pobres e o Deus dos pobres".

Com relação a Romero podemos dizer a mesma coisa: enquanto houver os pobres e o Deus dos pobres, sua história nos lembrará que o Evangelho nos obriga a olhar e julgar a realidade do ponto de vista deles, o mais verdadeiro e eticamente correto, porque "o marginalizado tem interesse em desmascarar a violência da qual é vítima e fazer com que triunfe a luz".[5] Esse conhecimento implica uma escolha metodológica precisa na pesquisa

---

[5] G. Girardi. *Gli esclusi costruiranno la nuova storia?* Roma: Borla, 1994. p. 21.

das fontes: junto com os documentos oficiais, de fato, foram recolhidos os testemunhos de muitas pessoas que, por diferentes motivos, colaboraram com ele ou simplesmente o encontraram em algum momento. Sejam simples lembranças ou reflexões elaboradas durante anos, trata-se de relatos que não encontram "comprovação" nos arquivos cíveis ou da cúria e por isso alguns gostariam de julgá-los não confiáveis – principalmente porque repletos da paixão dos muitos que não se limitaram a observar, mas compartilharam os perigos e a mística que caracterizaram o serviço episcopal de Romero. Com o devido respeito aos critérios da historiografia, não podemos, todavia, ignorar como muitas vezes até os documentos oficiais são um pouco "ajeitados" para registrar na história a verdade "oficial"; entretanto, os simples e os pobres, não tendo interesses particulares a defender, podem revelar-se mais verdadeiros. Portanto, se dos próprios Evangelhos devêssemos tomar como verdadeiro somente aquilo que possua uma confirmação documental, eliminando tudo que é devido ao relato "da parte" dos seus... restaria bem pouco. A aventura que é descrita nestas páginas é principalmente a de Romero como foi contada por seu povo, durante os anos de acompanhamento recíproco.

Finalmente, desejo agradecer algumas pessoas cujo auxílio me foi precioso: Emma Nuri Pavoni, pela seleção, classificação e tradução dos documentos; Mariella Tapella e Ana Concepción Castillo, pela coleta dos dados e testemunhos em El Salvador; Dom Luigi Bettazzi e Padre Angelo Casati, respectivamente, pelo Prefácio e Posfácio, mas, principalmente, pela amizade que sempre me dedicaram. Uma lembrança em especial a Padre Abramo

Levi, que, com sua publicação: *Oscar Arnulfo Romero, un vescovo fatto popolo*[6] [Oscar Arnulfo Romero, um bispo feito povo] (a primeira a aparecer na Itália, em 1981), nos fez conhecer e amar a figura deste grande pastor e mártir, e agora está sorrindo com ele de todos os aspectos desta história que ainda não compreendemos.

Alberto Vitali

---

[6] A. Levi. *Oscar Arnulfo Romero, un vescovo fatto popolo*. Brescia: Morcelliana, 1981.

I

O POVO INESQUECÍVEL

Os anos da infância (1917-1931)

O senhor Santos Romero chegou à Ciudad Barrios no dia 1º de julho de 1910 para trabalhar na empresa dos correios e telégrafos. O local ainda se chamava Villa de Cacahuatique [Vilarejo do Cacau] e era constituído principalmente por casinhas de sapé; as pouquíssimas edificações de pedra surgiam no centro do vilarejo. Ciudad Barrios – como foi rebatizada em 21 de abril de 1913, em honra do General Gerardo Barrios, que em 1845 introduziu o cultivo do café – fica nas colinas da zona oriental de El Salvador, quase na fronteira com Honduras e, este fato, por muito tempo, fez dela espectadora em vez de protagonista dos grandes eventos que tumultuaram o país, principalmente a capital San Salvador e os distritos ocidentais próximos da Guatemala.

Corriam os anos do Estado liberal. Juntamente com o México e outros países centro-americanos, El Salvador tinha se libertado da dominação espanhola em 1821, tendo, pois, aderido à Confederação das Províncias Unidas da América Central (com a Guatemala, Honduras, Nicarágua e Costa Rica) e, desde 1841, se constituíra em república independente. Em 1886, foi promulgada a Nona Constituição, que teria garantido durante 53 anos a legalidade dos inumeráveis governos impostos pelas grandes famílias de latifundiários. Não é por acaso que o mito das "14 famílias" – que como todos os mitos possui uma base de realidade – surgiu nesse período, em virtude de um processo de concentração das terras (possibilitado por leis com o objetivo de eliminar as formas coletivas tradicionais de propriedade) que levou à constituição da burguesia do café, acompanhada inevitavelmente pelo surgimento de intensas lutas sociais devido à resistência dos lavradores expropriados. El Salvador se tornou assim um país feudal, no qual poucos se apropriaram arbitrariamente da riqueza e do poder.

Mais modestas, porém dignas de nota, eram as propriedades da família Galdámez: uma construção rústica rodeada por jardins no coração de um grande pinheiral (chamada de "o casarão" pelos conterrâneos); dois sítios, "El Pulgo" e "La Lupa", nas encostas do vulcão Cacahuatique, a nordeste da cidade; e a casa em que moravam, na praça principal, suficientemente grande para abrigar a agência dos correios. Aqui o Senhor Santos conheceu Guadalupe de Jesús, filha do proprietário e administradora da agência dos correios, com a qual se casou no cartório em 8 de dezembro de 1910 e na igreja em 9 de janeiro de 1911. De sua união nasceriam oito filhos: duas meninas e seis meninos.[1] Entre

---

[1] Gustavo, Aminta Isabel (que morreu poucos meses depois do nascimento), Oscar Arnulfo, Zaida Emerita, Romulo (que morreu com cerca de 20 anos), Mamerto Obdulio, Tiberio Arnoldo, Santos Gaspar.

eles, Oscar Arnulfo Romero, no dia 15 de agosto de 1917, batizado em 11 de maio de 1919.

O clima político começou a mudar em 1911, durante o breve governo de Manuel Araujo, que tentou equilibrar as despesas do Estado promulgando medidas de caráter social e opondo-se à ingerência estrangeira. Permitiu e até encorajou a constituição da primeira associação artesanal, mas não deixou de recorrer ao "transformismo" (ou seja, de envolver os dirigentes da oposição em alguns círculos de decisão para poder neutralizá-los) e, principalmente, ao Exército. Araujo foi assassinado em circunstâncias não muito claras em fevereiro de 1913 e o clã dos Meléndez Quiñónez, umas das famílias mais importantes produtoras e exportadoras de café, se apossou do Estado e o governou "como seu" até 1931.

Iniciaram-se, assim, algumas décadas de reformas malsucedidas na esfera social e produtiva e também de agitação nas relações internacionais. A América Central inteira tinha se transformado numa região estratégica desde 1901, quando os Estados Unidos obtiveram autorização do governo colombiano para construir e administrar o canal do Panamá. De fato, na época, o Panamá fazia parte da grande Colômbia. Porém, dois anos mais tarde, durante uma onda de nacionalismo, quando os colombianos não quiseram ratificar o acordo, os Estados Unidos não hesitaram em organizar a secessão que levou os panamenhos a formarem um Estado independente, autônomo da Colômbia, mas sob a tutela norte-americana. Assim, pouco a pouco, os financiamentos norte-americanos substituíram os ingleses em toda a América Central e o presidente Roosevelt formulou o célebre corolário da doutrina Monroe, segundo o qual os Estados Unidos se atribuíram o direito de intervir militarmente em toda a região na defesa dos próprios interesses.

Foram anos de reviravolta para todos os países do istmo... e, também, os anos da infância do futuro arcebispo, que foi criado num ambiente suficientemente culto (a família possuía uma discreta biblioteca), mas antiquado e bastante isolado. Ele cresceu longe dos centros importantes em que escolhas míopes e egoístas da oligarquia estavam arremessando o país para aquela situação dramática e insustentável que um dia ele teria de afrontar. Dessa época restam os testemunhos dos irmãos e conterrâneos.

Oscar foi um menino tímido e introvertido. Contribuiu, ao menos em parte, para marcar seu caráter uma doença que o acometeu quando tinha apenas 4 anos de idade e que o imobilizou por um longo tempo, impedindo-o de se socializar com os coetâneos. Quando se recuperou, não deixou de fazer sua parte para ajudar a família na luta árdua da sobrevivência. A família Romero, na verdade, além da casa, tinha herdado dos avós maternos também um sítio. Assim, todo dia ao amanhecer, acompanhado pela irmã Zaida, ele ia ordenhar as vacas, enquanto nos momentos livres ajudava o pai a entregar a correspondência. Aprenderá com ele a escrever e datilografar e, principalmente, algo de que gostava: ler música e tocar flauta.

O Senhor Santos, de fato, tocava flauta muito bem e às vezes convidava Yanuario Amaya, cantor da paróquia, que tocava violino, para exercitar seu repertório em seu escritório. Essas músicas (uma em especial: *Dios nunca muore* [Deus nunca morre]) ficarão para sempre no coração do rapaz, que – já crescido e agora bispo – de vez em quando voltará para o vilarejo e pedirá para ouvi-las. Senhor Santos é lembrado pelos vizinhos como um homem bondoso, brincalhão, capaz de alternar os compromissos com a audição de música e a leitura; às vezes enfurecia-se, mas era muito preciso no trabalho, transferindo a meticulosidade da burocracia para qualquer outra coisa que lhe dissesse respeito.

Assim, num caderno encontrado anos depois pelo filho Tibério, estava o registro detalhado dos acontecimentos importantes da vida da família:

> Gustavo nasceu às 5 horas da manhã no dia 19 de outubro de 1911. Aminta Isabel nasceu às 11 horas da manhã de uma quinta-feira, dia 11 de setembro de 1913, e morreu poucos meses depois. Oscar Arnulfo nasceu às 4 horas da madrugada numa quinta-feira, dia 15 de agosto de 1917. Foi batizado em 11 de maio de 1919. Foram seus padrinhos Lázaro Bernal e Josefa Gavidia....

Como bom pai, não deixou de ensinar o catecismo e as preces aos filhos... embora tenha sido a mãe a acender a chama da devoção no coração de Oscar. Na verdade, foi ela que lhe ensinou a prece do Angelus quando soavam os sinos às 6 horas da tarde; e, principalmente, a rezar o rosário, ao qual ficará fiel para sempre, vendo nele a continuação nas horas do dia da Eucaristia da manhã.

Guadalupe de Jesús, como o marido, era uma mulher instruída e teria gostado de ser professora. Em 1910 quase realizou seu sonho, quando foi nomeada professora na escola de Guatajiagua; porém, devido à proibição do pai, teve que renunciar e se contentar em dar aulas particulares, além do emprego nos correios. Mais tarde, a fim de contribuir com o orçamento doméstico (precário por causa da perda do sítio "El Pulgo" causada por débitos não pagos), começou a passar roupas por encomenda na parte mais úmida da casa. A parte "boa", na verdade, tinha sido alugada pelos Romero... tendo sido enganados por um sujeito que jamais os pagou. Lenta, mas inexoravelmente, sua saúde foi sendo prejudicada e, certo dia, não dando importância ao fato de a chuva tê-la ensopado ao subir as escadas, acabou acometida por uma paralisia que se instalou no lado direito do corpo. Seguiram--se meses de sofrimento para ela e toda a família que a assistia. Nos momentos mais críticos, tinham que levá-la num carro de boi ao médico de outra cidade, porque Ciudad Barrios não oferecia nada melhor do que alguns improváveis "curandeiros". Mais do que o tratamento, valeu a preocupação de não ser um peso para os outros e... assim, pouco a pouco, reencontrou forças para se erguer. Não ficou totalmente curada, mas o suficiente para acompanhar anos mais tarde o "seu" Padre Oscar a San Miguel, quando ele foi nomeado pároco naquela cidade.

Para "Oscarito" tinha chegado a hora de ir à escola. Os modestos recursos do vilarejo garantiam às crianças somente os três anos da escola primária, que ele frequentou de 1924 a 1927. Todavia, no ano seguinte, algumas senhoras esclarecidas – entre as quais a avó materna de Oscar, Lupa Portillo Rivera – abriram uma pequena escola particular para meninas na casa de uma professora. Não se sabe como, mas – único menino – ele também foi admitido. No mesmo ano fez a Primeira Eucaristia. Uma colega se lembra de que naquele dia participaram todas as meninas da escola, elegantes e preocupadas em não se aproximarem dos dois que se tinham apresentado com roupas dignas, mas modestas: Martina e Oscar.

O Padre Acosta, então, para ensinar o significado da Eucaristia, colocou-os no centro do presbitério, diante do altar. E concluiu: "Daqui a alguns anos vamos nos dirigir a eles como Irmã Maria e Dom Oscar".[2]

Os encontros daqueles anos os vincularão à sua origem para sempre. Em especial o professor Antonio del Cid, ao qual não deixará de expressar pequenos gestos de afeto e agradecimento.

Assim, em 13 de junho de 1934, dia de Santo Antônio, lhe mandará uma primeira mensagem do seminário de San Miguel: "Querido mestre, Antonio del Cid, num humilde tributo de afeto, dedico-lhe esta pequena homenagem no dia de seu onomástico".

E, ainda, de Roma, alguns anos mais tarde, um cartão-postal do Foro Imperial:

> Inesquecível Senhor Tonho, uma cordial saudação ao senhor e também a sua família, que recordo com afeto. Vai gostar de ver os restos destas ruínas que parecem querer contar entre soluços a história de sua grandeza despedaçada. Minha primeira visita em Roma foi a São Pedro e, ajoelhado no túmulo do Apóstolo, rezei por tudo que amo nesse povo inesquecível. Renovo minhas lembranças afetuosas, seu afeiçoasíssimo no Senhor. O. A. Romero.[3]

---

[2] R. Membreno. *Monsignor Romero en el testimonio de sus paisanos* (Rascunho de manuscrito: Ciudad Barrios, 2005, p. 61).

[3] Ibid., p. 76-77.

Trata-se de pequenos gestos que, porém, em sua simplicidade desmentem claramente aqueles que desejavam descrevê-lo como pessoa fria e antissocial.

Certamente aos olhos dos colegas devia parecer "diferente" aquele menino que sacrificava obstinadamente a hora do recreio – recusando o convite dos próprios mestres – para ficar na sala de aula sozinho, estudando... e lutar com a matemática, seu verdadeiro bicho de sete cabeças. Ou saía, mas só para correr até a igreja, aproveitando um breve intervalo para rezar. Nem mesmo isso é suficiente para se afirmar que procurasse a solidão ou não tivesse hobbies. Além da flauta, na verdade, nutria grande paixão pelos instrumentos do pai que serviam para a comunicação e que aos poucos vai aprender a usar. Era fascinado pelo circo, e continuará assim durante a vida adulta. Às vezes, quando já era arcebispo, chegava a ir de propósito a Guatemala para assistir a um espetáculo circense. San Salvador fica a 4 horas de automóvel da Cidade de Guatemala e o amigo Salvador Barranza se oferecia para ser seu motorista e companheiro nesses rápidos passeios.

Ao terminar o ensino fundamental, com 12 anos foi mandado a uma carpintaria local, do Senhor Juan Leiva, para aprender a fazer portas, mesas, guarda-louças e caixões. Não só isso. O artesão era um bom músico e aproveitou para aprender a tocar um pouco de violão, violino e até bandolim. Com a ajuda do mestre construiu até um "graminho de marceneiro",[4] que conservou cuidadosamente como lembrança de sua infância. Alteraram-se as rotinas, mas continuou a aproveitar as pausas para

---

[4] Instrumento usado para entalhar a madeira.

se recolher na igreja e rezar. E, embora ser carpinteiro não fosse seu destino, a arte aprendida foi-lhe útil no período romano de sua formação – tempos difíceis por causa da guerra –, como ele próprio confidenciará anos mais tarde ao velho Juan.

A seriedade, a propensão aos estudos e, sobretudo, a devoção do menino não passaram despercebidas para Alfonso Leiva, prefeito de Ciudad Barrios, a quem Oscar tinha contado seu desejo de se tornar sacerdote, e ele o considerou seriamente. Não era de se admirar, porque desde pequeno Oscar tinha dado fortes sinais prenunciadores: não só colecionava santinhos e "obrigava" os irmãos e amigos a segui-lo em pequenas procissões que organizava pelas ruas do centro, mas também durante anos corria para a igreja a qualquer hora do dia aos olhos de todos. Os irmãos não faziam segredo de que, embora ainda muito pequeno, muitas vezes se levantava no meio da noite, importunando Mamerto que dormia com ele, para se ajoelhar no chão e rezar uma série de Pai-Nossos, Ave-Marias e Glórias.

Além disso, ninguém se esquecia da visita pastoral de Dom Juan Antonio Dueñas y Argumedo, bispo de San Miguel, quando o pequeno Oscar confessara publicamente, respondendo com firmeza à pergunta do bispo quanto ao que desejava ser quando crescesse: "'Quero ser padre!'... Então, ele colocou seu dedo em minha testa e me disse: 'Será bispo!'. Essa frase ainda a tenho no coração!'",[5] contou ele próprio a Carmen Chacón mais de cinquenta anos depois. Seria no mínimo bizarro atribuir ao prefeito – como fizeram alguns – o mérito de sua vocação.

---

[5] López Vigil, M. *Monsignor Romero. Frammenti per um ritratto*. Rimini: NdA, 2005. pp. 15-16.

A ocasião propícia se apresentou no dia em que um sacerdote novo, o Padre Montoya, foi à Ciudad Barrios para celebrar uma de suas primeiras missas, acompanhado do Padre Benito Calvo – reitor do seminário menor de San Miguel –, que de vez em quando ia ao vilarejo para pregar e celebrar os sacramentos. Dom Alfonso lhe falou do desejo do rapaz e este contou aos pais que, mesmo sabendo que isso agravaria ainda mais a situação econômica da família, apoiaram-no. A irmã Zaida se lembra até de que foi a mãe quem lhe fez a primeira batina, seguindo as instruções do próprio reitor.

Os Romero-Galdámez não eram os únicos a apertar os cintos: a situação geral se deteriorava cada vez mais e a insatisfação popular se canalizava para as eleições de 1931. Nos meses precedentes havia sido fundado, clandestinamente, um partido comunista, que recolhia adeptos principalmente nas áreas mais atingidas pela crise, isto é, a zona rural. Aí – quando não estava preso ou exilado –, era muito ativo um líder sindical e político importante, Farabundo Martí, que, como Dom Oscar Romero, se tornará um mito nacional: o principal símbolo da independência salvadorenha até hoje.

As eleições se realizaram normalmente no dia 22 de janeiro de 1931, mas nenhum dos candidatos obteve maioria absoluta. A nomeação do presidente ficou, pois, nas mãos da Assembleia Legislativa, que, para grande consternação da oligarquia, escolheu um reformista: Arturo Araujo. Este iniciou o seu mandato num clima de grande tensão, mas com um forte apoio popular jamais conseguido antes por nenhum outro presidente. Não obstante, ele não conseguiu realizar reformas suficientes para aliviar os efeitos da crise nem se estabilizar no poder. Ao contrário, o General Maximiliano Martínez, vice-presidente e chefe do ministério da Guerra, substituiu os militares mais graduados por oficiais de sua confiança e, dessa forma, pôde contar com uma "Junta Militar" que lhe permitiria influir fortemente nas decisões do Governo.

Assim, aos poucos, o bloco político que sustentava Araujo se esfacelou. Os primeiros a deixá-lo foram os banqueiros, porque o presidente não aceitou a proposta de desvalorizar a moeda em troca de recompensas futuras. Os latifundiários foram os próximos, refugiando-se nas próprias fazendas. Enfim, os estudantes universitários também se afastaram, porque tinham esperado uma oposição mais enérgica diante do capital estrangeiro e dos bancos. Para piorar as coisas, uma tímida tentativa de reforma agrária se revelou insuficiente e se transformou em ulterior motivo de insatisfação.

Nos meses de abril e maio de 1931, houve greves nos vários sítios para exigir que os proprietários pagassem os salários atrasados. Os protestos foram sufocados pelo Exército e pela Guarda Nacional. Farabundo Martí foi preso várias vezes em dois meses, mas sempre obtinha a liberdade apelando à greve de fome; foi pior para outros companheiros de luta. Assim, às manifestações para obter as mudanças inexistentes juntaram-se aquelas contra a perseguição dos dirigentes políticos e sindicalistas, a imposição do estado de sítio e a restrição da liberdade de expressão.

Em outubro, Araujo proibiu os bancos de exportarem ouro. Como represália, eles negaram crédito aos plantadores de café, que, diante do fechamento do mercado internacional, da falta de crédito e da queda dos preços, decidiram não fazer a colheita, lançando as bases para um desemprego em massa e novos protestos inevitáveis. O Governo se viu assim imprensado entre a incapacidade de evitar a repressão e algumas tentativas insuficientes para diminuir os efeitos da crise, até que, no dia 2 de dezembro, quando Araujo pretendia remover o General Martínez por temer que este o derrubasse, foi surpreendido por um golpe promovido por alguns jovens oficiais.

Aqueles, porém, só conseguiram iniciar o movimento porque foram imediatamente substituídos por outros de maior patente, talvez pressionados pelos Estados Unidos. Formou-se, assim, uma verdadeira Junta Militar, que em 5 de dezembro de 1931 entregou o poder ao General Martínez, o qual convocou novas eleições municipais e legislativas para 5 de janeiro de 1932. Nessa ocasião, o Partido Comunista conseguiu alguns candidatos entre os lavradores, mas, como sempre, as fraudes foram decisivas e os eleitos não foram reconhecidos como vencedores. Os lavradores começaram a se mobilizar, porém, seguindo um plano confuso. Atacando cidades e vilarejos na zona ocidental, avançaram para a capital a fim de tomá-la. Contrários à rebelião, mas sabedores de que não poderiam impedi-la, os dirigentes do Partido Comunista decidiram apoiá-la numa tentativa extrema de orientá-la, contando ainda com o apoio de alguns militares. Depois de vários adiamentos, foi fixada finalmente a data de 22 de janeiro. Todavia, o plano foi descoberto com bastante antecedência e os oficiais suspeitos foram removidos. Assim foi decapitada a revolta urbana, enquanto a rural, estando isolada, pôde contar somente com suas próprias forças. Como se não bastasse, o banho de sangue ordenado pelo General Martínez consolidou os militares e latifundiários que, sentindo-se ameaçados, buscaram a proteção do Governo. Iniciou-se, então, a caça aos "comunistas": os cálculos mais confiáveis indicam cerca de trinta mil mortos, entre indígenas e lavradores, num país que contava com menos de três milhões de habitantes. Entre eles, Farabundo Martí. O mesmo destino estava reservado nos meses seguintes para os dirigentes comunistas, e o partido foi declarado ilegal. A ditadura, porém, saiu fortalecida, ficando Martínez ininterruptamente no poder até 1944.

Assim, enquanto um rio de sangue inundava o país e El Salvador iniciava um dos períodos mais trágicos de sua história, o jovem Romero entrava no seminário menor de San Miguel.

II

O BOM SALVADORENHO, VERDADEIRO ROMANO

Os anos da formação (1931-1944)

O seminário menor de San Miguel representou para o jovem Romero o primeiro contato com um mundo diferente daquele de sua infância. A principal cidade da região homônima contava na época com pouco menos de vinte mil habitantes e era considerada o centro mais importante da zona oriental do país: ponto obrigatório de referência para todo tipo de comércio e a administração pública. Aos olhos arrogantes dos habitantes da capital, que ficava a 150 quilômetros, essa cidade devia parecer sem importância, mesmo porque, diversamente do outro lado do país, o oriente jamais se tinha constituído em uma séria preocupação para as classes dominantes; todavia, para um rapaz que havia deixado para trás a serena tranquilidade de uma cidadezinha semiadormecida e acomodada nas colinas, devia parecer uma metrópole vivaz e dispersiva. Na verdade, San Miguel fica a apenas 48 quilômetros de Ciudad Barrios, mas, considerando-se os meios de comunicação na época e principalmente os meios de transporte (7 a 8 horas a cavalo), tratava-se sempre de uma considerável viagem que muitos de seus coetâneos não fariam ainda por muito tempo.

Oscar viajou no dia 4 de janeiro de 1931, acompanhado pelo Padre Calvo: ao amanhecer se despediu dos pais e amigos e no fim da tarde foi recebido pela comunidade dos padres claretianos,[1] que assim se tornaram a primeira família religiosa a ter um papel importante na vida de Romero, assim como mais tarde teriam os jesuítas e os passionistas.

No seminário Oscar encontrou exatamente o que procurava: um local tranquilo onde podia dedicar-se plenamente aos estudos e às preces. Os superiores haviam imprimido à formação um estilo de vida simples e organizado, mas não excessivamente rígido. Assim, o tempo passado com as obrigações era alternado com a recreação dentro e fora da instituição. Ele gostava especialmente das excursões às encostas do vulcão Chaparrastique, talvez porque o fizessem lembrar daquelas em companhia do pai ao vulcão de Ciudad Barrios. De fato, toda cidade salvadorenha que honra o próprio nome possui seu próprio vulcão. Ao todo, El Salvador, com uma área de apenas 21.041 quilômetros quadrados (pouco menos que o estado de Sergipe), tem cerca de cinquenta vulcões, entre ativos e extintos.

Enquanto isso, a orientação espiritual e a repreensão fraternal formavam a personalidade dos jovens aspirantes ao sacerdócio,

---

[1] Devido à escassez de clero local, o seminário diocesano era na verdade confiado aos missionários claretianos.

transmitindo-lhes uma devoção particular à Rainha da Paz[2] e ao Sagrado Coração de Jesus, sem impedir que entre eles nascessem autênticas e promissoras amizades: algo que absolutamente não ocorria nos seminários da época, sobretudo na Europa. Isso permitiu que Romero, tímido e ligeiramente introvertido, se abrisse para com os colegas, entretendo-os com espetáculos musicais (tanto que foi apelidado de "o menino da flauta") e contando-lhes com orgulho quantas coisas tinha aprendido com o pai. Não escondia que, para economizar as caras folhas de pauta musical, exercitava-se escrevendo na poeira do chão e somente quando recebia a aprovação paterna é que passava tudo para o papel.

Entre aqueles que o ouviam estava outro futuro bispo salvadorenho, Rafael Valladares, um pouco mais velho.[3] Os fatos da vida os levariam a cruzar seus caminhos repetidas vezes em lugares diferentes, unindo-os numa amizade que muitos anos mais tarde, em 6 de abril de 1978, ao se referir a uma visita pastoral à paróquia de São João Opico, Romero registrará no próprio Diário[4] ter sentido "uma emoção especial por me encontrar na terra natal de meu bispo, Dom Juan Antonio Dueñas y Argumedo, e de meu irmão no sacerdócio, grande amigo e companheiro, Dom Rafael Valladares, que morreu[5] como bispo-auxiliar de San Salvador".[6]

---

[2] Venerada no santuário da cidade e declarada copadroeira do país junto com o Divino Salvador do mundo, do qual vem o nome do país: El Salvador, pelo Papa VI em 10 de outubro de 1966.

[3] Dom Rafael Valladares nasceu em Opico, em 26 de abril de 1913. Filho de Casto Valladares e de Maria Argumedo, irmã de Juan Antonio Dueñas e Argumedo. Morreu em San Salvador quando era vigário-geral da arquidiocese em 31 de agosto de 1961.

[4] O Diário de Romero (que cobre o período de 31 de março de 1978 a 20 de março de 1980) não foi "escrito" por ele, mas registrado nas fitas de um gravador.

[5] Prematuramente em 31 de agosto de 1961.

[6] O. A. Romero. *Seu diário*. San Salvador: Arcebispado de San Salvador, 2000, p. 10.

Diversamente de Oscar, Rafael era filho de ricos proprietários de terras e sobrinho de Don Dueñas; não obstante sua origem privilegiada, era capaz de ser humilde e sensível aos problemas sociais. Com uma inteligência inquieta, tinha um vivo interesse por qualquer novidade e escrevia muito bem, tanto que redigiu numerosos artigos que divulgava através de pequenas publicações. Sob muitos aspectos os dois se complementavam. Romero, na verdade, era melhor em eloquência e retórica, e quanto a novidades, gostava do que envolvia tecnologia; quanto ao resto caminhava com cautela, sempre preocupado – às vezes até sendo escrupuloso – em não se afastar da trilha estabelecida e da verdade.

Assim, os anos no seminário menor teriam transcorrido tranquilamente (resguardado de tudo que estava acontecendo no resto do país), se não se sentisse angustiado por saber que pesava no orçamento precário da família. De fato, em 1932 não conseguiram pagar as mensalidades e somente em 22 de janeiro de 1933, graças à compreensão do Padre Calvo (ainda o reitor), puderam pagar com dez quintais de café, o que cobria metade do débito. Todavia continuava o problema. Oscar tentou fazer o possível, primeiro aceitando o convite do pároco de La Unión para passar com ele as férias de verão, com o pretexto de ajudá-lo; depois, trabalhando três meses – ganhando apenas alguns trocados por dia! – na mina de ouro de Potosí,[7] onde era empregado do irmão Gustavo. Mas ainda não era suficiente. Assim, quando o pai desistiu e decidiu retirá-lo, Dom Dueñas interveio, preocupado em perder aquela vocação, e se encarregou pessoal-

---

[7] Tinha o mesmo nome da famosa mina boliviana e ficava a 10 quilômetros de Ciudad Barrios.

mente da parte mais elevada dos custos. Fez até mais. Desejando oferecer aos melhores dentre seus seminaristas a possibilidade de completarem os estudos teológicos em Roma, promoveu um concurso de poesias, pedindo aos candidatos que escrevessem um elogio ao Papa. Romero e Valladares empatarm, em primeiro lugar. Certamente é difícil acreditar que o bom bispo já não tivesse identificado os mais merecedores e o concurso não passasse de um simples estratagema para justificar a escolha... De qualquer maneira, Valladares logo partiu, enquanto Romero, mais jovem, iria juntar-se a ele mais tarde. Passou mais dois anos naquela atmosfera familiar que os padres claretianos tinham dado ao seminário menor para se transferir, em 1937, para o seminário maior de São José da Montanha, em San Salvador, que era mais exigente e dirigido pelos jesuítas. Ficou ali somente sete meses,[8] porque chegou finalmente a hora também para ele de partir para Roma, onde, impaciente, o aguardava Valladares.

A viagem durou uns dez dias. A bordo do navio italiano *Orazio*, encontrou outros seis seminaristas provenientes de diversas dioceses do continente que viajavam com o mesmo objetivo. Mandar os jovens para Roma, na verdade, não foi prerrogativa de Dom Dueñas: era, e ainda é, uma praxe difundida e consolidada não só na América Latina. De fato, para algumas dioceses constitui-se em verdadeira necessidade, não podendo dispor *in loco* de oportunidades válidas para formar um clero bem preparado. Na maioria dos casos, porém, mais do que a teologia é a "romaniza-

---

[8] Até aquele momento. Mais tarde, aquele seminário e aqueles jesuítas iriam tornar-se local e companheiros de momentos bem diferentes de sua vida.

ção" o verdadeiro motivo dessas "expedições"; isto é, o desejo de incutir uma mentalidade "romana" e uma cultura marcadamente europeia também no clero dos mais diversos lugares do mundo. Nem é preciso dizer que tal praxe é aprovada e encorajada pelos órgãos centrais do Vaticano. No caso da América Latina talvez seja ainda mais, por se tratar de uma região prevalentemente católica, mas também vivaz e empreendedora do ponto de vista social e político. As revoluções, de que fora teatro ao longo de séculos, frequentemente viram como protagonistas muitos cristãos valorosos, motivados às lutas de independência pelos ideais evangélicos. Às vezes, até religiosos dispostos a assumirem importantes papéis institucionais. É emblemático o caso do sacerdote salvadorenho José Matías Delgado, que, em 1821, foi nomeado chefe civil da província de El Salvador e, em 1823, presidente do Congresso Constituinte das Províncias Unidas da América Central na Guatemala.

Embora isso possa parecer estranho e inoportuno, quando considerado de um ponto de vista atual, não se deve esquecer que os religiosos muitas vezes tiveram um papel fundamental na história, constituindo uma *elite* instruída e, portanto, consciente dos acontecimentos e oportunidades do momento. Não obstante, tal comprometimento na esfera civil sempre alarmou quem via o catolicismo com uma preocupação ortodoxa e disciplinar. Por isso – para salvaguardar a primazia do espiritual sobre o social, a fidelidade à autoridade papal, a doutrina correta em temas como a fé, a Igreja, o sacerdócio, o culto... e cerrar fileiras contra os ataques dos Estados laicos e liberais – foi que, em 25 de dezembro de 1898, Leão XIII convocou os bispos latino-americanos a se reunirem em Roma, de 29 de maio a 9 de julho de 1899, no I Concílio Plenário Latino-americano.[9] Ainda que se tenha passado mais de um século, seria realmente temerário supor que estejam definitivamente superadas as suspeitas nos debates das mentes mais teologicamente pensantes no continente – sobretudo depois dos conhecidos episódios da Teologia da Libertação –, bem como certa preocupação quanto à ortodoxia e disciplina do clero local.

Foi ainda pior para os pouquíssimos sacerdotes de origem indígena,[10] que somente no âmbito da grande "Campanha continental dos 500 anos de resistência indígena, negra e popular", em 1992, encontraram coragem para denunciar o processo de desculturação sofrido nos seminários, a fim de serem antes educados na cultura dominante para depois iniciarem os estudos normais. Ordenados sacerdotes e enviados para as comunidades de origem, tiveram de fazer o caminho inverso para serem novamente aceitos e poderem desenvolver seu ministério. Fortalecidos por essa conscientização e pela necessidade de comunicar a mensagem cristã em cada cultura, agora estão elaborando uma original "Teologia Indígena" que – pode-se apostar! – não estará a salvo de incompreensões e suspeitas até maiores do que as sofridas pela própria Teologia da Libertação, que – embora vista como corrompida

---

[9] Participaram desse I Concílio Plenário Latino-americano 12 arcebispos e 41 bispos dos 104 que tinham o direito de fazê-lo, os quais – em 29 congregações e 9 sessões solenes – aprovaram 998 decretos referentes ao Concílio de Trento e ao Concílio Vaticano I, além de alguns concílios provinciais realizados nos diversos países latino-americanos (A. Pazos. *La Iglesia en la America del IV centenário*. Madrid, 1992. pp. 389-398; E. Cárdenas. El Primer Concilio Plenario de la America Latina en 1899. In: Q. Aldea; E. Cárdenas. *Manual de Historia de la Iglesia*. X. La Iglesia del siglo XX en España, Portugal y América Latina. Barcelona: Herder, 1987. p. 520).

[10] Isto é, mestiços, como é quase a totalidade da população atual da América Latina.

pela análise marxista da realidade – era de qualquer maneira a expressão de uma cultura de origem europeia.

Finalmente, em tal cenário, merece ser mencionado o caso de outro jovem, Ignacio Ellacuría, jesuíta basco, que – como outros noviços da Companhia de Jesus – na mesma época estava fazendo a viagem inversa, da Espanha para a América Latina, a fim de realizar seus estudos filosóficos e completar sua formação. Na verdade, em 1948, do noviciado de Loyola (Espanha) foi mandado ao noviciado de Santa Tecla (San Salvador) e dali a Quito (Equador) para estudar Letras Clássicas e Filosofia. Em fins dos anos 1970, tornando-se sacerdote e reitor da prestigiada Universidade Centroamericana José Simeón Cañas,[11] de San Salvador, será um dos principais colaboradores de Dom Oscar Romero e, como ele, selará a própria fé no evangelho no martírio, juntamente com cinco confrades e duas mulheres, em 16 de novembro de 1989.

No mês de outubro de 1937, Romero chegou, portanto, à Itália, onde não frustraria as expectativas dos superiores. O que Roma significava para ele não é nenhum mistério porque ele explicaria isso em diversas ocasiões nas cartas que semanalmente mandava à mãe[12] e, depois, em outras ocasiões durante sua vida.

A seus olhos Roma era essencialmente a cidade do Papa, o berço do Catolicismo, a sede da rocha à qual

---

[11] Sacerdote salvadorenho que em 31 de dezembro de 1823 obteve da Assembleia Nacional Constituinte das Províncias Unidas da América Central a abolição da escravidão em nome da igualdade entre os homens.

[12] O pai morreu em 13 de agosto de 1937. Nesse mesmo ano também chegou à Roma a notícia da morte de seu irmão Romulo.

se ancorar no que há de seguro, acatar com temor e tremor a pedra de Pedro, refugiar-se à sombra do magistério eclesiástico, aproximar os ouvidos dos lábios do Papa, em vez de andar por aí como acrobatas audazes e temerários atrás de especulações de pensadores audaciosos e de movimentos sociais de inspiração dúbia.[13]

Mesmo compartilhando paixão e fidelidade, dificilmente seu amigo Valladares ter-se-ia expressado com as mesmas palavras! De qualquer modo, Roma foi a segunda experiência que viveram juntos.

Como muitos religiosos de seu continente, eles ficaram alojados no Pio Colégio Latino-americano, fundado por Pio IX em 1858, e Romero se inscreveu na Pontifícia Universidade Gregoriana. As duas instituições eram dirigidas por jesuítas (espanhóis na primeira, internacionais na segunda) e, por isso, proporcionaram ao futuro arcebispo a oportunidade de abordar a espiritualidade inaciana, em especial os Exercícios Espirituais, que se tornaram prática habitual para ele. Sua devoção foi, além disso, enriquecida pela ascese e pela mística do sacrifício eucarístico, pontos centrais da proposta espiritual defendida naquele tempo por um monge belga, Dom Columba Marmión.

Todavia, foi a figura de Pio XI que fascinou de modo particular o jovem salvadorenho e marcou para sempre o seu ministério. A propósito, o Padre Jesús Delgado, em sua biografia, recorda como em 1980, por ocasião de uma visita às Grutas do

---

[13] O. A. Romero. Editoriale. *Orientación* (21 de outubro de 1974). *Orientación* é a revista da diocese de San Salvador.

Vaticano, o próprio Romero confidenciou a um acompanhante: "Este é o Papa que mais admiro"... e como o havia tocado uma frase pronunciada pelo mesmo pontífice ao se referir ao totalitarismo que dominava a Europa nos anos de seu ministério: "Enquanto eu for Papa, ninguém menosprezará a Igreja".[14] Não se tratava, porém, de simples empolgação, muito menos de culto da personalidade. Para Romero, o Papa era, antes de tudo, o sucessor de Pedro, o vigário de Cristo e, portanto, o vínculo mais seguro da comunhão com ele. E porque a ligação dos fiéis com o Papa é garantida pelo ministério dos bispos, toda a hierarquia – longe de encobrir um significado político ou diplomático – era entendida por Romero num sentido profundamente espiritual. Permanecerá fiel para sempre a essa visão eclesial; constituiu, portanto, uma chave de interpretação importante de alguns aspectos cruciais de seu ministério: a fidelidade incondicional à figura do Papa, que conservará à custa de grandes sofrimentos... a razão profunda de algumas reações e decisões que terá de assumir quando – já arcebispo – deverá bater-se com grupos eclesiásticos que rejeitarão suas diretivas pastorais.

Terminados os estudos normais, decidiu obter o diploma em Teologia Sagrada, escolhendo uma especialização no âmbito da ascética e da mística. Na verdade, seus autores preferidos entre os clássicos eram Agostinho de Hipona, João da Cruz e Teresa d'Ávila; Marmión e De La Puente, entre os contemporâneos. As limitações econômicas, porém, obrigavam Romero a um excesso de trabalho, porque, uma vez que não tinha como comprar os

---

[14] J. Delgado. *Biografia*. San Salvador: UCA. pp. 22-23.

livros, era obrigado a pedi-los emprestado, escrevendo páginas inteiras de anotações para memorizá-los. Seu perfeccionismo também o levava a se delongar. Se somarmos a isso o tempo dedicado ao serviço pastoral nos subúrbios romanos de Garbatella e Quarticciolo, mais o que perdia tentando satisfazer a curiosidade de Valladares, que o arrastava pelos arquivos do Vaticano em busca de informações sobre a figura controvertida do já citado compatriota José Matías Delgado... não é de se admirar que no fim não conseguiu completar seu relatório, quando foi obrigado a voltar para sua terra.

Não que o apressassem de San Miguel, mas porque na Itália, como no resto da Europa, a situação já se tinha agravado por conta da Segunda Guerra Mundial: "No Pio Latino as refeições eram reduzidas dia a dia. O padre reitor saía para buscar alguma coisa para se comer e voltava trazendo debaixo do manto algumas abóboras, cebolas, castanhas, o que se podia achar. A fome obrigou vários seminários italianos a fechar as portas. O Pio Latino, ao contrário, tinha que enfrentar a situação porque todos os seus alunos eram estrangeiros e estavam fora da pátria deles; os que podiam voltar para casa enfrentavam os perigos da aventura. Os que ficavam sofriam a separação mais do que nunca. As sirenes anunciavam quase todas as noites incursões dos aviões inimigos e era preciso correr para os porões; por duas vezes não foi somente o alarme, mas os subúrbios de Roma foram realmente crivados por horríveis bombardeios".[15]

---

[15] O A. Romero. *El Chaparrastique* (29 de setembro de 1962), citado in J. Delgado, *Biografia*, p. 21.

Os jovens salvadorenhos estavam naturalmente entre aqueles que não podiam abandonar a cidade. Assim, completado o período canônico, e sem perspectivas imediatas de repatriação, Romero foi ordenado sacerdote em Roma em 4 de abril de 1942, longe dos familiares e amigos.[16] Ele, porém, quis fazê-los participar e enviou numerosas cartas nas quais falava de seus sentimentos naquela ocasião extraordinária, além de expressar alguns conceitos espirituais sobre o sacerdócio.

Entre incertezas e dificuldades, passou-se mais um ano até que decidiram se arriscar e, no dia 15 de agosto de 1943,[17] os dois amigos deixaram Roma. O verdadeiro perigo estava na primeira parte da viagem de avião, até Barcelona, o que significava sobrevoar o Tirreno,* cenário dos combates. A travessia do oceano, ao contrário, os levaria bastante tranquilamente às costas do amado continente. Mas – contrariando todas as previsões – foi exatamente ali que tiveram a pior surpresa, porque foram presos logo que desembarcaram em Havana. Em 1943 Cuba era aliada dos Estados Unidos, e como eles provinham de um país aliado da Alemanha,[18] foram considerados suspeitos de espionagem e enviados para um campo de concentração, onde a fome e as condições de vida eram piores do que em Roma. Este fato minou para sempre a saúde de Rafael. Felizmente, depois de três meses, alguns padres redentoristas os reconheceram como religiosos e

---

[16] Com exceção de Rafael Valladares, também ordenado em Roma em 23 de março de 1940.

[17] Dia em que Romero completou 26 anos de idade.

* Mar Tirreno, parte do mar Mediterrâneo, que costeia o oeste da Itália. (N.E.)

[18] Na verdade, ainda por poucos dias: em 8 de setembro de 1943 a Itália assinaria o armistício com os Estados Unidos e sofreria por sua vez a ocupação nazista.

eles foram libertados, internados num hospital e enviados a El Salvador, aonde chegaram no último dia do ano.

San Miguel os acolheu festivamente como "heróis de guerra", com uma cerimônia na praça principal, discursos das autoridades e afluência do povo. Romero não parecia entusiasmado com todo esse alvoroço e o próprio Valladares tinha outras coisas em mente. Na verdade, para ambos foi necessário um período ulterior de tratamento, tanto que Romero decidiu não ir logo para Ciudad Barrios: a família toda tinha vindo encontrá-lo ali e isto lhe bastava.

Foi para lá em 11 de janeiro de 1944, para celebrar solenemente sua "primeira missa".[19] O prefeito lhe perguntou que dádiva desejava e ele respondeu que não queria nada, porém, acrescentou que um presente muitíssimo apreciado seria que dessem de comer a todos os pobres do vilarejo. E assim foi. Por um dia, Ciudad Barrios se paramentou para a festa: as ruas e praças foram decoradas com ramos de pinheiro, palmas e pétalas de flores, e depois da cerimônia religiosa todos foram convidados para ir ao casarão, que foi transformado em refeitório para a ocasião. Felizmente, não só a prefeitura, mas qualquer um que tinha recursos contribuiu trazendo perus, milho, frutas... Um tio de Romero até abateu um boi!

Naquele dia, dominando a discrição inata, Padre Oscar se doou completamente a seus compatriotas, deixando-se abraçar, beijar a mão (como é tradicional na consagração dos sacerdotes) e

---

[19] É claro que não se tratava mais da primeira, mas foi festejada como se o fosse por seus compatriotas, que o viam fazê-lo pela primeira vez.

distribuiu-lhes um santinho que trazia escrito: "Senhor, que seja apreciado o sacrifício que lhe oferecemos. Oriente com constante proteção seu servo, o pontífice romano. Oscar A. Romero, minha primeira missa solene, Ciudad Barrios, 11 de janeiro de 1944".[20]

A certa altura, olhando os semblantes marcados pelo sol e encovados pelo cansaço daqueles camponeses que se aproximavam dele, Padre Oscar percebeu algo familiar em seus olhares simples e profundos: viu os de seu pai. Foi, então, que compreendeu que havia realmente voltado para casa. Tinham-se passado treze anos desde o dia em que deixara Ciudad Barrios no lombo de uma mula.

---

[20] J. R. Brockman. *Oscar Romero fedele alla parola*. Assis: Cittadella, 1984. p. 70.

III

PASTOR DE OVELHAS E LOBOS

Os primeiros anos de ministério em San Miguel (1944-1967)

Quando no início de 1944 o General Martínez quis modificar a Constituição para prolongar sua ditadura, as diversas oposições se uniram e começou uma nova luta pelo poder. A inédita aliança incluía uma fração da oligarquia, representantes da classe média e popular e alguns jovens oficiais. A rebelião explodiu em 2 de abril, mas faliu de imediato, embora tivesse se espalhado por todo o país. Então, o ditador tentou consolidar o poder deflagrando a repressão, como já tinha feito em 1932, sem, porém, obter os mesmos resultados. Na verdade, desta vez os principais condenados à morte representavam as aspirações da burguesia. Além disso, em 19 de abril de 1944 os estudantes ocuparam a universidade nacional iniciando uma greve por tempo indeterminado que contagiou todos os setores produtivos e profissionais do país. Durante três semanas foi mantida uma manifestação com milhares de pessoas sentadas diante do Palácio Nacional, que

45

nem a prisão dos dirigentes conseguiu desbaratar. Para piorar as coisas, a polícia matou um estudante, filho de um rico imigrante norte-americano.

A economia estava paralisada: tendo perdido a confiança de seu principal aliado, os Estados Unidos, em 9 de maio de 1944 Martínez foi forçado a fugir, deixando o país no caos. Para a oposição foi uma vitória de pirro porque a fraqueza e as divisões internas não lhe permitiram desfrutar do sucesso momentâneo e, em 20 de outubro – com o beneplácito da embaixada norte--americana –, o Exército deu um novo golpe de Estado. Tornou--se presidente o diretor da Polícia Nacional, o Coronel Osmín Aguire, um dos responsáveis pelo massacre de 1932, que – como plagiador – restituiu a "ordem" mediante o terror e a desagregação das fileiras adversárias.

Na primavera do mesmo ano, o novo bispo de San Miguel, Dom Miguel Angel Machado,[1] havia nomeado Romero pároco de Anamoros, uma cidadezinha montanhosa, no distrito de La Unión. Ficou apenas dois meses porque, percebendo o valor do jovem sacerdote, Machado refletiu e o quis perto de si como seu secretário e chefe da cúria. Romero, portanto, voltou para San Miguel acompanhado da mãe e da irmã Zaída, que se alojaram com alguns parentes enquanto ele ficou no seminário menor, onde Rafael Valladares residia. Foi assim que se iniciou a terceira etapa do caminho em comum dos amigos.[2] No início colabora-

---

[1] Sucessor de Dom Juan Antonio Dueñas, que morrera enquanto Romero se encontrava em Roma. Dom Miguel Angel Machado é lembrado como um homem simples e bom, com poucas qualidades para governar, mas capaz de se cercar de colaboradores preparados e sinceros.

[2] Uma etapa de treze anos até 18 de novembro de 1956, quando Rafael Valladares seria nomeado bispo auxiliar de San Salvador.

vam somente como capeláes no Instituto Católico do Oriente: Rafael não conseguia fazer mais do que isso porque ainda estava se recuperando. Logo que se restabeleceu, porém, o bispo o nomeou vigário-geral, colocando-o em contato estreito com Romero, tendo certeza de que o comprovado entendimento entre ambos beneficiaria toda a diocese.

Já que o clero local era escasso – e ainda menos culto e bem motivado –, não era raro que os sacerdotes mais bem preparados assumissem diversos encargos. Romero bateu todos os recordes. Às nomeações já mencionadas, o bispo acrescentou a de pároco de Santo Domingo, para cuja residência paroquial ele se transferiu, e o cuidado da Igreja de São Francisco, onde estava sendo conservada temporariamente a imagem da Rainha da Paz. A construção da catedral, de fato, seguia lentamente desde aquele longínquo 21 de novembro de 1862, em que o General Barrios havia colocado a pedra fundamental. Romero se tornou, assim, pároco da igreja com várias funções e com a tarefa de angariar os fundos necessários para concluir os trabalhos.[3] Como se isso não bastasse, buscou outras tarefas: fundou a Guarda das Senhoras encarregadas de promoverem a devoção à Rainha da Paz e os Cavaleiros do Santo Sepulcro; criou um grupo de alcoólicos anônimos; tornou-se assistente espiritual dos setores masculino e feminino da Ação Católica e dos Cursillos de Cristiandad,[4] do

---

[3] Foi nomeado presidente da Comissão "Pró-construção da Catedral".

[4] Os Cursillos de Cristiandad são um movimento eclesial que, de acordo com um método próprio, promove a experiência cristã, criando núcleos de cristãos que fomentam evangelicamente diversos ambientes, ajudando a descobrir a própria vocação pessoal e as obrigações que resultam de ser batizado (artigo 4 do Estatuto do Secretariado Nacional Espanhol dos Cursillos de Cristandad).

Apostolado da Prece, da Legião de Maria, da Guarda do Santíssimo Sacramento, da Associação do Santo Rosário, da Terceira Ordem Franciscana; confessor de diversas congregações, masculinas e femininas.[5]

Impressionado com tanto zelo e abusando de sua disponibilidade, logo que Valladares se transferiu, Dom Machado atribuiu-lhe outros dois encargos até então sob a responsabilidade do amigo: a direção do semanário diocesano (El Chaparrastique) e a reitoria do seminário menor, cuja administração, nesse meio-tempo, havia passado dos passionistas para o clero diocesano. Responsabilidades certamente exageradas para qualquer um: a saúde (inclusive psicológica) começou a se ressentir. Comedir-se, porém, nem pensar... à custa de causar má impressão. Todo dia, de fato, na igreja de São Francisco havia a "hora santa",[6] com a oração do rosário, confissões e o infalível sermão do pároco. Uma tarde, mais cansado do que de costume, deu como penitência a uma senhora rezar "cinco pesos"... a pobrezinha esbugalhou os olhos, mas depois percebeu que o cansaço havia vencido até ele: adormecera e delirava![7]

Outro campo em que se distinguiu – não só em San Miguel, mas principalmente mais tarde, quando já era arcebispo – foi o radiofônico. Alejandro Ortiz, um simples camponês, no Natal de 1952 decidiu dar-se de presente uma Bíblia com o dinheiro que ganhara vendendo três grandes redes que havia tecido. Foi, então, à cidade para falar com Padre Oscar que, não tendo

---

[5] J. Delgado. *Biografia*, p. 29.

[6] Uma hora de adoração eucarística.

[7] Ver M. López Vigil. *Monsignor Romero. Frammenti per um ritratto*, p. 18.

nenhuma disponível, pediu-lhe que esperasse até o dia seguinte quando traria algumas de San Salvador. Naturalmente, deu-lhe guarida. Alejandro teve a oportunidade de descobrir que durante a noite a residência paroquial se transformava num verdadeiro refúgio para muitos pobres; e que todo dia Padre Romero propunha reflexões bíblicas na rádio Chaparrastique.[8]

Voltando para casa, correu a sintonizá-la: "Eu precisava ficar atento para ver qual era o capítulo e versículo ao qual ele se referia para não perder nada. Eu o escutava junto com outras pessoas... Era como termos um professor".[9]

E, de fato, para aquelas pessoas, capazes apenas de ler, isso constituía uma fonte de evangelização e promoção humana. De fato, muitos lhe escreviam propondo temas ou pedindo esclarecimentos, conselhos, esmolas... Outros simplesmente escutavam a prece matutina e noturna ou o programa "El padre Vicente", no qual contava histórias reais.

Ele não se limitou, porém, ao aspecto espiritual e cultural. Foi principalmente a compaixão – interpretada como solidariedade em relação aos necessitados e misericórdia para os pecadores – a verdadeira constante que caracterizou todas as etapas de seu ministério. Era tão intransigente com ele mesmo quanto caridoso para com os outros... um pouco menos com os confrades. Reservava um pensamento especial para os alcoólatras, talvez porque seu irmão Gustavo tivesse começado a se beber e andasse embriagado pelas ruas de San Miguel, à vista de todos. Romero o repre-

---

[8] Também a rádio se chamava Chaparrastique: aparentemente, não tinham muita imaginação!

[9] Ver M. López Vigil. *Monsignor Romero. Frammenti per um ritratto*, p. 21.

endia, como fazia com todos na mesma situação, mas ao mesmo tempo não permitia que outros o fizessem, sempre preocupado que pudessem ultrapassar o limiar de uma censura firme, mas afetuosa.[10] Naturalmente visitava os doentes em suas casas e no hospital de São João de Deus; também os prisioneiros, para os quais semanalmente promovia um pouco de divertimento com a projeção de filmes. Na lista dos miseráveis não faltavam nem mesmo as prostitutas, que todos os dias se juntavam à fila daqueles que flanqueavam o muro da igreja, certos de que receberiam uma pequena dádiva. Ajudou muitos a se livrarem dessas circunstâncias, mas o eventual e previsível fracasso não constituía jamais um elemento discriminador para sua ajuda.

Como era um indivíduo inteligente, não se poderia contentar em oferecer uma simples ajuda. Pediu, portanto, aos responsáveis pela Cáritas que criassem "cursos de economia familiar e alimentação saudável" a serem ministrados cotidianamente a todos que recebiam auxílio. Ele mesmo se preocupou em organizar um setor de trabalho para aqueles miseráveis, fundando a Associação dos Engraxates da Catedral e mandando construir um galpão para abrigá-los durante a noite.

No âmbito eclesial foram os seminaristas que gozaram especialmente de sua atenção. Não poderia certamente se esquecer dos esforços que apenas poucos anos antes sua família havia feito para mantê-lo estudando nem a atmosfera familiar e espiritual criada pelos padres claretianos, entre outras mil dificuldades. Agora era sua vez de garantir tudo isso. E assim se desgastou sem

---

[10] Ibid., p. 19.

trégua para que os novos aspirantes ao sacerdócio tivessem assegurado um ambiente adequado e sereno... Mas o interesse estritamente vocacional jamais poderia exaurir sua atenção para com o bem das pessoas. É curioso o caso de um jovem, Efraín Sorto, embora mais pobre do que ele fora em sua época, o qual foi aceito e mantido no seminário. Quando adolescente, confessou-lhe que não sentia nenhuma vocação e foi embora. Voltou depois de algum tempo com um pedido original. Sendo órfão, será que o reitor poderia fazer as vezes de seu pai e pedir a mão de uma moça por quem se apaixonara aos pais dela?

No início Romero ficou perplexo, mas depois concordou... com grande sucesso! "Naturalmente porque foi ele a fazer o pedido", comentou um colega, que acrescentou: "Desde aquele dia começou a nos dizer: 'O sacerdócio não é para todos. Mas o seminário pode servir a todos como formação. Alguns sairão daqui para serem padres, outros para serem outra coisa'. E começou a olhar em torno como se quisesse adivinhar".[11]

Anos mais tarde saberá demonstrar uma sensibilidade parecida com relação aos sacerdotes que haviam deixado o ministério e que encontrava no âmbito da Cooperativa sacerdotal.[12]

Em 7 de novembro registraria em seu Diário:

Ao meio-dia, no hospital da Divina Providência, celebrei com os sacerdotes, que nestes dias comemoram seus 25 anos de vida sacerdotal... Foi muito agradável a presença de três que se tinham

---

[11] Ibid., p. 21.

[12] Uma associação fundada por alguns sacerdotes para manter relações com os coirmãos que haviam deixado o ministério.

ordenado no mesmo dia, mas não exerciam mais o ministério sacerdotal e, devidamente dispensados, se casaram.[13]

Portanto, em Romero a aparente intransigência e o alto valor que reconhecia no sacerdócio nunca prejudicaram a compreensão e a solidariedade humana. Porém, com relação a si mesmo agia diversamente. As senhoras de uma associação de caridade de San Miguel perceberam isso, magoadas, no dia em que dia, aproveitando-se de sua ausência, quiseram modernizar seu quarto na residência paroquial de Santo Domingo. Quando ele voltou, ficou furioso: deu de presente a colcha, os lençóis e as cortinas. Fez a mesma coisa com a cama e a poltrona, substituindo-as por sua velha cama dobrável e uma cadeira simples.

E comentou: "Sou amigo, sim, mas não vão me manipular, não importa quanto dinheiro possam ter".[14]

De fato, Padre Oscar tinha muitos amigos entre os ricos. Pode-se até dizer que a inteira lista dos grandes proprietários de terras de San Miguel (os García Prieto, os Bustamane, os Estrada, os Canales...) se gabava – e com razão – de serem benquistos. Isto por duas boas razões.

Em primeiro lugar, porque constituíam a principal fonte de recursos de sua caridade. Aos sacerdotes dos países pobres, na verdade, não são dadas garantias econômicas como a seus coirmãos do chamado "primeiro mundo": isto é, não existe (muito menos naquele tempo) uma instituição de apoio do clero. Romero, porém, todos os dias tinha que pensar naquela multidão de

---

[13] O. A. Romero. *Seu Diário*, p. 64.

[14] M. López Vigil. *Monsignor Romero. Frammenti per um ritratto*, p. 19.

desgraçados que o assediavam em casa e não queria decepcioná-los; isso para não falar dos seminaristas, da administração da paróquia e dos custos da construção da catedral. Assim, aliviava os problemas dos pobres e a consciência dos ricos...

Uma segunda razão, mais profunda, fica bastante clara quando se considera o que dizia outro grande bispo latino-americano, Dom Helder Camara: "Enquanto eu dava de comer aos pobres, diziam que eu era um santo; quando eu pergunto por que existem pobres, me chamam de comunista!".

Pois bem: naqueles anos Romero dava de comer aos pobres, mas ainda não chegara a questionar por que se encontravam nessa condição. Não foi por acaso que, ao falar da festa de adeus que San Miguel lhe fez na ocasião de sua transferência a San Salvador, tratou do tema, como se recorda María Varona:

Um menino subiu no estribo para dar-lhe de presente um carneirinho. Padre Romero o pegou. Quando o vimos acariciar o animal, todos aplaudiram. Aplaudiram muito também as aristocratas... Padre Romero era amigo dos pobres e dos ricos. Aos ricos dizia: "Amem os pobres". E a nós pobres, dizia: "Amem a Deus, que sabe o que faz colocando vocês no fim da fila porque depois possuirão o céu". E para esse céu do qual falava iriam também os ricos que davam esmolas e os pobres que não tivessem feito a guerra... Padre Romero? Andava com as ovelhas e também com os lobos e achava que os lobos e as ovelhas deviam comer juntos no mesmo prato, porque isso agrada a Deus. Foi assim que vi o Padre Romero; no estribo, acariciando aquela ovelha. Mas, na verdade, acho que, se lhe tivessem dado de presente um lobinho, com todos os caninos, ele o teria aceitado do mesmo jeito.[15]

Uns dez anos mais tarde ele se veria tendo de acertar as contas com os lobos... e não os acariciaria. Mesmo em relação a eles, Romero sempre sentiu uma grande responsabilidade, porque sua posição nunca foi ideológica, mas pastoral.

Assim, por ocasião do diploma *honoris causa*, concedido pela Universidade de Louvain (Bélgica), em 2 de fevereiro de 1980, tratando do tema "A dimensão política da fé, da opção pelos pobres", ele disse:

> A Igreja tem uma boa notícia para dar aos pobres. Aqueles que há séculos têm ouvido más notícias e vivido as piores realidades estão escutando agora, através da Igreja, a palavra de Jesus: "O Reino de Deus está chegando", "Benditos os pobres, porque deles é o Reino de Deus". E também há uma boa notícia para os ricos: que se convertam em pobres para compartilharem com eles os bens do Reino. Para quem conhece o nosso continente latino-americano, fica muito claro que não existe ingenuidade nessas palavras, nem é o ópio que faz adormecer. O que existe nessas palavras é a coincidência do anseio pela independência de nosso continente e a dádiva do amor de Deus aos pobres. É a esperança que a Igreja oferece e que coincide com a esperança, às vezes adormecida e frequentemente manipulada e frustrada, dos pobres do continente.

---

[15] Ibid., pp. 27-28.

Isso não quer dizer que durante os anos em San Miguel ele não tivesse opiniões políticas ou se mantivesse longe de qualquer polêmica: comunistas e maçons foram de fato e, muitas vezes, objeto de suas críticas. Nos primeiros reprovava o aspecto antir-religioso de sua ideologia e os implícitos métodos violentos da luta de classes, embora reconhecesse certa afinidade do comunis-mo com o cristianismo quanto aos valores de justiça social. Nos outros contestava o caráter marcadamente anticlerical na gestão do Estado. Não podemos esquecer que toda a América Central naqueles anos havia sofrido o fascínio das ideias maçônicas e li-berais defendidas pela revolução mexicana. Além disso, as rápidas visitas aos arquivos do Vaticano, em companhia do amigo Rafael, tinham-no convencido de que a história oficial de seu país havia sido "ajeitada" pela historiografia liberal. Portanto, seus maiores problemas foram com isso. Certa vez, provocou um verdadeiro incidente diplomático com a prefeitura ao negar o uso da catedral para uma celebração em honra do herói nacional Gerardo Bar-rios, que tinha sido maçon. De nada valeu o fato de ter sido ele a pôr a pedra fundamental do templo, nem que sua cidade natal tivesse sido rebatizada em honra do general. Romero também não aceitava deveres de reconhecimento nem mesmo para com o bairrismo. Certa vez, até chegou a se desentender com algumas famílias cristãs ao negar as exéquias religiosas a alguns de seus membros, porque eram declaradamente maçons. Como alterna-tiva a esses dois sistemas – tão diferentes e, todavia, iguais na opinião de Romero, por serem incapazes de acolher o ser humano em sua inteireza de indivíduo –, propunha a doutrina social da

Igreja, iniciada pela *Rerum novarum*, de Leão XIII, da qual era um estudioso apaixonado e defensor.

El Salvador, porém, estava bem longe do modelo social e político desejado por esse Papa. Depois das eleições fraudulentas de 1945 e do novo golpe de Estado em 1948, os oficiais tinham imposto uma Junta Civil-Militar prometendo reformas sociais. O antigo Partido Nacional Republicano (PNR) do General Martínez havia ressuscitado como Partido Revolucionário de Unificação Democrática (PRUD), visando apoiar a candidatura do Coronel Oscar Osorio (1950-56), que propugnava ideias tão grandiosas que foi saudado até pelo Partido Comunista como "O início da etapa democrático-burguesa, o triunfo da classe capitalista sobre a oligarquia de latifundiários feudais e semifeudais. A burguesia finalmente chegou ao poder".[16] Em 1950 foi promulgada uma nova Constituição baseada na mexicana de 1917. O Estado se transformou no promotor do desenvolvimento econômico e social. Todavia, nem todos participavam dessa nova riqueza: em especial os trabalhadores das zonas rurais, que permaneciam sem proteção legal. As relações do Governo com as organizações dos camponeses tornaram-se, assim, mais flutuantes. Osorio tentou instituir um novo estilo de sindicalismo para opor-se às premissas mais radicais, mas não renunciou à repressão contra quem não podia ser assimilado.

Em 1956, por ocasião das novas eleições, Osorio impôs a candidatura do Coronel José María Lemus, menos refinado e mais corrupto, que reprimiu ainda mais duramente toda forma

---

[16] R. Cardenal. *Manual de historia de Centroamerica*. San Salvador: UCA, 2008. p. 387.

de divergência. O Partido Comunista, então, deu os primeiros passos para a luta armada, formando "grupos de ação" nos sindicatos e na Universidade de San Salvador. Seguiu-se um quinquênio de instabilidade política caracterizado por diversos golpes de Estado até o de 25 de janeiro de 1961, que criou um "Diretório Civil-Militar" totalmente subordinado às diretrizes norte-americanas, particularmente à política reformista chamada de "Aliança para o Progresso".[17] Tal subordinação tornou-se evidente depois de alguns meses, em 30 de setembro, quando o PRUD se transformou no Partido de Conciliação Nacional (PCN), escolhendo o símbolo do aperto de mãos, exatamente o logotipo do plano da Aliança para o Progresso.[18] O diretório convocou novas eleições em 1962, impondo como candidato único o Coronel Julio Adalberto Rivera (1962-1967), que desfrutava do apoio dos EUA. A oligarquia finalmente se sentiu a salvo.

Quando, porém, em 1965, na lógica do referido reformismo, Rivera aumentou o salário mínimo dos trabalhadores agrícolas para 90 centavos de dólar, os latifundiários reagiram impedindo que eles semeassem os pequenos lotes que sempre tinham usado para um cultivo de subsistência e deixaram de fornecer o almoço acordado: uma tortilla e uma concha de feijão. Demorando para entender, a oligarquia se obstinava em opor-se às reformas mínimas, tentando desqualificá-las como "planos de inspiração comunista" (defendidos pelos EUA?!). Na verdade, a tentativa de melhorar as condições econômicas dos camponeses

---

[17] Um plano de ajuda econômica e social dos EUA para a América Latina (1961-1970) lançado por Kennedy, que visava neutralizar a influência da revolução cubana.

[18] O partido e o símbolo ainda existem.

visava defender o progresso industrial e comercial financiado pelos Estados Unidos, do qual se beneficiariam primordialmente os proprietários das grandes plantações de café e de cana-de-açúcar. Todavia, enquanto a maioria da população ficasse excluída do mercado interno, este seria insuficiente para sustentar a industrialização. A solução óbvia, pois – defendida pela Aliança para o Progresso –, seria uma reforma agrária que proporcionasse à população rural um poder real de compra, que naufragou ao colidir com a insensatez da classe dominante e se transformou no problema das décadas seguintes e até os dias de hoje.

Nesse contexto, Romero continuava a se desgastar para aliviar a crescente opressão dos camponeses, sem, porém, condenar explicitamente o egoísmo e a miopia que a gerava. Conseguia provocar grandes polêmicas ideológicas, porém deixava-as num plano teórico e imaterial. Na prática frequentava igualmente as mansões dos ricos e as choupanas dos pobres. Parafraseando Paulo, embora não num sentido propriamente paulino, podemos dizer que "tinha dado tudo de si para todos",[19] embora somente entre os últimos se sentisse realmente à vontade.

Ele próprio declarou isso no funeral da mãe, como se recorda Antonia Novoa:

> Porque o Padre Romero mantinha relações com gente da alta sociedade de San Miguel, de García Prieto para baixo, foram ao funeral pessoas da aristocracia, *cafeteleros* [cafeicultores] e até um importante pianista do lugar. Mas como também tinha amigos do outro lado que o amavam, nós também fomos. Estiveram

---

[19] Ver 1Cor 9,22: "Para todos eu me fiz tudo, para certamente salvar alguns".

presentes freiras e crianças. E toda a sua família veio a San Miguel nessa ocasião de sofrimento e, assim, pudemos ver como eram todos de aparência humilde. Depois da missa, a caminho do cemitério, onde acham que ele se colocou? Não com os ricos, mas com os mestiços, como os colhedores de algodão, isto é, conosco. "Com estes nasci, com eles eu vou", disse baixinho. Foi assim pelo trajeto inteiro, perto do caixão e dos pobres.[20]

Estávamos em 1961: para Romero um ano realmente triste porque em 31 de agosto morrera Rafael Valladares. A solidão se fez sentir. Já há algum tempo, na verdade, seu empenho e rigor provocavam o mau humor de muitos coirmãos, que acabavam por causa disso sendo objeto das críticas do povo. Enquanto teve Valladares a seu lado, tinha alguém com quem desabafar, capaz de tirar a dramaticidade da situação e até de fazer graça: "Esse aí fica doente porque se enraivece! Fica com raiva tão facilmente que vive passando mal".[21]

Assim, ajudava Romero a redimensionar as coisas e a limitar as críticas que por sua vez prodigalizava nas discussões sobre os comportamentos desenvoltos de alguns sacerdotes. Ficando só, e de nenhum modo inclinado a superar as divergências, acabou sendo cada vez mais alvo de juízos tão malévolos por parte de seus detratores, que alguns chegaram a difundir a ideia de que estivesse sofrendo de algum problema mental. A certa altura, o peso daquela situação se tornou tão grande, que ele mesmo começou a duvidar da própria lucidez e, durante uma temporada no México

---

[20] M. López Vigil. *Monsignor Romero. Frammenti per um ritratto*, pp. 25-26.
[21] Ibid., p. 18.

para um congresso, perguntou explicitamente ao sacerdote que o acompanhava: "Padre Chencho, diga-me, acha que sou louco? O que o senhor acha?". "Olhe, não acho nada, só sei que você é pároco em São Francisco e em Santo Domingo e também na Catedral, que participa de todas as comunidades, que não há dia em que não faça diversos sermões, que não existiria a festividade da Virgem da Paz sem você... Que agora está também ajudando os alcoólicos anônimos e que quase não dorme... Acho que está muito cansado!"[22]

Embora tranquilizado por aquela resposta sincera e objetiva, quis de qualquer maneira consultar-se com um especialista.[23]

Todavia não existiam especialistas para os dramas dos camponeses. A agricultura continuava a ser a pedra fundamental da economia salvadorenha, mas a diversificação do cultivo criou multidões de desempregados e nos campos crescia mais o desespero do que o milho. Os camponeses iniciaram, então, a se organizar, embora fosse proibido. Em 1965 diversas associações camponesas se uniram na Federação Cristã dos Camponeses Salvadorenhos (FECCAS), cujos objetivos eram a distribuição das terras e melhores condições de vida no campo. Entre eles certo Apolinario Serrano, apelidado Polín, cortador de cana-de-açúcar e representante da Palavra na paróquia de Aguilares. Ele tornar-se-á um dos amigos mais queridos de Romero, aquele a quem

---

[22] Ibid., pp. 24-25.

[23] "Ao menos desde 1965, Romero se consultava periodicamente com um psicólogo, o doutor Dárdano. Entre 1971 e 1972, passou três meses no México, em Cuernavaca, para fazer um tratamento psicanalítico. E, desde 1973, consultava-se regularmente, em San Salvador, com o psicólogo Rodolfo Semsch, com quem nutrirá constante familiaridade" (R. Morozzo della Rocca. *Primero Dios*. Milano: Mondadori, 2005. pp. 112-113).

dava ouvidos. Porém, ao mesmo tempo começaram a aparecer grupos paramilitares e semioficiais.[24] O mais importante foi a Organização Democrática Nacionalista (ORDEN), criada pelo presidente Rivera em 1966, reunindo comandantes regionais, patrulhas rurais, juízes de paz, prefeitos de pequenos municípios e elementos do Exército. O objetivo oficial era defender o país do comunismo e das ingerências internacionais... Na realidade, servia para sustentar seu governo e manter o partido oficial (o PCN) no poder a qualquer custo. Por isso, a ORDEN agiu de maneira arbitrária e impiedosa: assassinatos brutais, desaparecimentos sem explicação e destruição de casas e colheitas. Por outro lado, acabou favorecendo a politização dos camponeses sem terra e preparou os ânimos para o conflito. No fim de seu mandato, o Coronel Rivera impôs como sucessor o General Fidel Sánchez Hernández, que foi inevitavelmente eleito e governou de 1967 a 1972.

Mas veio a soprar no fogo das reformas um vento novo e inesperado, de onde menos se podia esperar. Na longínqua Itália, mais precisamente na aparente imobilidade do Vaticano, o Papa João XXIII havia convocado um concílio: o Vaticano II (1962-1965). Pela primeira vez na história, participaram bispos do mundo inteiro, muitos dos quais latino-americanos e alguns salvadorenhos. Entre eles, o arcebispo de San Salvador, Dom Luis Chávez y González,[25] que voltou decidido a promover o pensamento do Concílio. Assim, por ocasião da maior festa salvadore-

---

[24] Além da ORDEN, deve ser mencionada a Falange (formada por ex-oficiais aposentados), o MANO (Movimento Nacional Anticomunista Organizado) e a União Guerreira Branca.

[25] 1º de setembro de 1938 – 3 de fevereiro de 1977.

nha, a do padroeiro Divino Salvador do Mundo, em 6 de agosto de 1966, publicou uma *carta pastoral* com termos vigorosos contra a injustiça que estava oprimindo o país.[26]

Como era de se prever, o documento suscitou protestos e suspeitas, mas também a anuência de alguns defensores convictos, entre os quais o próprio Romero. A despeito da índole conservadora que o distinguia, isso não deve surpreender, ao menos por duas boas razões.

A primeira é que – por formação e convicção – Romero era levado a considerar bom e justo tudo que viesse do Papa e de seus bispos colaboradores. A obediência para ele era algo indiscutível e a ideia de que pudesse compartilhar qualquer crítica com relação ao magistério seria no mínimo infundada, se não instrumentalizada para agigantar a contraposição quanto à última etapa de sua vida, segundo o clichê de algumas, verdadeiras ou presumidas, "conversões". O que o deixava inquieto não era o Concílio, mas o modo de entendê-lo e aplicá-lo por parte de alguns sacerdotes e grupos eclesiais.

A segunda razão – ainda mais banal – é que inicialmente não percebeu o alcance inovador de tal evento. O Papa João XXIII tinha insistido no caráter "pastoral", e não "dogmático", do Concílio: não se tratava de formular novos dogmas, mas de propor com linguagem atual a doutrina de sempre. Era o suficiente para tranquilizar Romero e proporcionar uma interpretação serena daqueles documentos. Somente mais tarde, graças às aberturas

---

[26] L. Chávez y González. *La responsabilidad el laico en el ordinamento de lo temporal* (6 de agosto de 1966).

de Paulo VI, finalmente entenderia quais transformações estavam na verdade ocorrendo, mas a confiança inabalável no ministério do Papa teria de qualquer maneira permitido que ele as aceitasse, sem traumas nem problemas especiais. Prova disso foi a visão modificada no campo ecumênico, em virtude da qual abandonou as polêmicas estéreis e falaciosas do passado.

Paradoxalmente isso não se deu no interior de sua própria Igreja. Ao contrário, com o passar do tempo a distância dos coirmãos aumentava. Dom Machado, por esse motivo, já havia desistido de nomeá-lo vigário-geral no lugar de Valladares; mas a situação se precipitou no fim de 1965, quando Dom Lawrence Graziano, bispo auxiliar de Santa Ana, foi enviado a San Miguel como bispo coadjutor com direitos sucessórios. Todos esperavam (e os laicos almejavam) a nomeação de Romero, mas, considerando-se as circunstâncias, teria sido francamente impossível. Além disso, para a alegria do clero, as duas personalidades eram antípodas. Um era salvadorenho, diocesano, tradicional e rigoroso. O outro, norte-americano,[27] franciscano, progressista, aberto (para alguns demasiadamente) e despreocupado com as formalidades. Graziano deu novo impulso à vida diocesana. Tendo acabado de chegar do Vaticano II, trouxe consigo o espírito inovador, descentralizando as responsabilidades, como era certo, mas, de fato, retirando o controle de Romero.

Não obstante as relações recíprocas tenham sido sempre corretas – mesmo quando Romero começou a desertar de algumas reuniões –, ambos compreenderam que a situação não pode-

---

[27] Originário de Nova York.

ria durar muito tempo. Graziano falou com o Arcebispo Chávez, que, conhecendo a capacidade de Romero, propôs nomeá-lo secretário da Conferência Episcopal Salvadorenha (CEDES), com a consequente transferência para San Salvador. *Promoveatur ut amoveatur*:[28] uma estratégia bastante consolidada na práxis eclesial. De má vontade, mas consciente de que uma solução tinha que ser encontrada de qualquer maneira, Romero concordou; também porque a proposta lhe pareceu um bom acordo. Restava o problema de fazê-lo ser aceito pelo povo. O próprio Graziano se empenhou para conseguir o título de Monsenhor para Romero, o qual lhe foi conferido com grandes festas por ocasião de seu 25º aniversário de sacerdócio, em 4 de abril de 1967. Porém, isso não foi suficiente para evitar a revolta que pontualmente irrompeu logo que revelado o mistério. Os miguelenses protestaram vigorosamente, criaram um comitê e enviaram uma delegação à nunciatura, mas foi tudo inútil: em 1o de setembro de 1967, Romero deixou San Miguel. Desta vez, sozinho. Ninguém o acompanhou, nem Valladares estava esperando por ele. Deixava para trás aquele povo a quem tinha servido durante 23 anos. Gente que tinha aprendido a amá-lo por aquilo que ele era, com suas qualidades e defeitos... e por isso não se queria separar dele. Gente simples, de província, que na hora de grandes decisões eclesiais "pesa menos do que a poeira na balança", apesar do que os padres do concílio haviam acabado de escrever na *Lumen gentium*.

---

[28] Promovido para ser removido.

IV

SENTIR COM A IGREJA

Primeiro período em San Salvador (1967-1974)

Chegando a San Salvador, Romero foi se alojar no seminário maior de São José da Montanha, que atendia o país inteiro: terminados os estudos do liceu nas respectivas dioceses,[1] os seminaristas vinham ali para frequentar os cursos de filosofia e teologia. A instituição abrigava, então, os escritórios das arquidioceses e da Conferência Episcopal Salvadorenha (CEDES), além da residência do Arcebispo Chávez e de seu auxiliar – o salesiano Arturo Rivera y Damas –, porque o palácio episcopal, destruído no terremoto de 7 de junho de 1917,[2] ainda não havia sido reconstruído. Além disso, a grande capela do seminário servia como igreja paroquial. Devido à escassez crônica de clero

---

[1] San Salvador (1842), Santa Ana (1913), São Miguel (1913), São Vicente (1943) e Santiago de María (1954). Mais tarde seriam criados outros três: Sonsonate (1986), Zacatecoluca (1987) e Chalatenango (1988).

[2] Na quinta-feira, 7 de junho de 1917, três tremores de 6,5 e 5,4 graus na escala Richter (às 18h55, 19h30 e 20h45) destruíram San Salvador e atingiram muitas outras localidades, entre as quais Quezaltepeque, San Juan Opico, Santa Tecla e San Vicente.

local, este seminário também tinha sido confiado aos cuidados de religiosos estrangeiros, os jesuítas, que o administravam desde 1915, vivendo ali em comunidade.[3] Sem gozar do direito de asilo, naquele lugar parecia haver somente a solidão... E era o que Romero buscava obstinadamente.

Não foi por acaso que um dos jesuítas presentes, o Padre Salvador Carranza – com palavras duras, mas eloquentes –, se lembrava dele da seguinte maneira:

> Era um ser insignificante, uma sombra que passava achatada na parede... Ali vivíamos nós, uma comunidade de jesuítas. Nunca se sentava conosco para o almoço, nem no jantar ou no café da manhã. Ia para o refeitório em outros horários para não se encontrar conosco. Era evidente que nos evitava. Tinha vindo para o seminário repleto de ideias preconcebidas.[4]

O próprio Rivera y Damas, alguns anos mais tarde, vai admitir que

> Era muito evasivo. No seminário, onde viveu toda aquela etapa, eu conhecia três locais onde se escondia para trabalhar ou para que não pudessem encontrá-lo. Mais de uma vez tive que ir procurá-lo. Romero tinha um temperamento solitário.

---

[3] No início, tratava-se de jesuítas mexicanos, expulsos de seu país em 1914, depois da Revolução Carranzista (a de Pancho Villa e de Emiliano Zapata); foram substituídos em 1939 pelos coirmãos da província espanhola, responsável pela área centro-americana, segundo subdivisões regionais canônicas da instituição.

[4] M. López Vigil. *Monsignor Romero. Frammenti per un ritratto*, p. 28.

SENTIR COM A IGREJA

O tempo que não dedicava às preces, Romero reservava quase que inteiramente para o trabalho, com a mesma abnegação que o havia distinguido em San Miguel: primeiramente como secretário da CEDES, depois em alguma incumbência pastoral menor, que o arcebispo lhe confiava. De fato, Dom Chávez estava preocupado com o fato de que ele se enterrasse numa montanha de papéis, por isso, aceitou de bom grado o pedido feito pelo movimento dos Cursillos, que o queriam como conselheiro espiritual. Por sua conta, Romero acrescentou a disponibilidade de ajudar ou substituir momentaneamente alguns sacerdotes e de fazer sermões e ouvir confissões em todas as comunidades que pedissem. A ação pastoral certamente lhe fazia falta, porque o relacionamento com o povo havia sempre constituído um elemento vital para ele. Não se deve, porém, subestimar a oportunidade que isso lhe proporcionava de se afastar de vez em quando do seminário, onde não poderia se esconder continuamente sem motivos válidos.

Todavia, ocorreu uma feliz exceção quando um jesuíta de origem salvadorenha, Padre Rutilio Grande,[5] passou a ocupar o cargo de "amigo-sacerdote" deixado vago por Valladares. Rutilio havia nascido em 5 de julho de 1928 em El Paisnal, um pequeno município a cerca de 40 quilômetros ao norte de San Salvador. Talvez tenha sido exatamente por isso – ou seja, pelas origens comuns, na zona rural salvadorenha – que os dois conseguiram

---

[5] Rutilio Grande será o primeiro dos padres assassinados durante o ministério episcopal do Arcebispo Romero, em 12 de março de 1977.

67

se entender e estimar, não obstante os preconceitos que Romero nutria com relação àquela comunidade.

A amizade entre eles se tornou tão profunda que resistiu até quando os dois se viram em posições quase opostas depois da Segunda Conferência Geral do Episcopado Latino-americano. De 26 de agosto a 7 de setembro de 1968, a Igreja latino-americana celebrou o sínodo continental em Medellín, na Colômbia, para traduzir para a pastoral local os importantes conceitos do Concílio Vaticano II. Os bispos do subcontinente fizeram aqui uma escolha radical a favor dos pobres, distanciando-se de toda forma de assistencialismo ambíguo, propondo torná-los protagonistas da vida eclesial e apoiar seus esforços de independência. Três anos depois dessa praxe, e como reflexão sistemática sobre ela, nasceria a Teologia da Libertação.[6]

Assim, com relação a esses desenvolvimentos da época, Romero e Rutilio reagiram de modo completamente diferente. O primeiro assumiu uma posição pouco prudente, embora tenha contribuído na fase preparatória do sínodo no duplo papel de secretário da Conferência Episcopal Salvadorenha e do Secretariado Episcopal da América Central. De fato, em maio de 1968, valorizando sua dedicação e capacidade, os bispos da América Central lhe haviam acrescentado outra incumbência, que o levou a viajar muito para a Guatemala – onde residia o bispo presidente – e a outros países do istmo, em contato estreito com os episcopados locais. E se a sincera convicção de muitos pastores (*in primis*,

---

[6] A obra que inaugurou essa reflexão foi o texto *Teologia de la liberación*, de autoria do teólogo e sacerdote peruano Gustavo Gutiérrez. *Perspectivas*, Lima: CEP, 1971 (traduzida para o italiano como *Teologia della liberazione*. Brescia: Queriniana, 1972).

seu arcebispo) quanto à consistência das escolhas de Medellín fosse suficiente para fazê-los aceitar aquela reviravolta, cujos documentos não deixava de citar e propor, não era, todavia, forte para fazê-los superar o constrangimento – às vezes até a irritação – com relação aos fenômenos que a acompanhavam. Dos mais importantes, como os espaços de maior participação, confronto e crítica entre os presbíteros e a maior interação entre estes e os laicos... aos mais banais, como o fato de que muitos sacerdotes agora não mais usassem a batina. Rutilio, ao contrário, jogou-se de cabeça na nova experiência, até mesmo indo de propósito ao Equador para frequentar os cursos do Instituto Pastoral para a América Latina (IPLA),[7] onde eram elaborados novos caminhos e experiências para a formação dos agentes laicos da pastoral.

Enquanto isso, a situação social se agravava. Em 1967, os protestos dos sindicatos e dos professores aumentaram até se transformar numa greve geral; o descontentamento havia contagiado até mesmo o Exército, que reivindicava melhores condições e equipamentos. Havia, pois, todos os elementos para um novo golpe de Estado: os EUA começaram a oferecer meios e um treinamento adequado antirrebelião; enquanto isso, o Presidente Sánchez, de sua parte, esperou pela ocasião propícia para jogar a carta do nacionalismo. Na verdade, o aumento excessivo da população salvadorenha[8] tinha encontrado uma válvula de escape na imigração de centenas de milhares de trabalhadores braçais

---

[7] Vigorosamente defendido por Dom Leonidas Proaño, grande figura de bispo "indigenista" de Riobamba (1910-1988).

[8] Desde o início do século XX tinha se triplicado.

para Honduras,[9] criando, no entanto, dificuldades e tensões no país limítrofe, que consequentemente tomava medidas restritivas e repressivas com relação àqueles pobres coitados. Aproveitando--se dos ânimos exaltados pelo sentimento patriótico, por ocasião da fase eliminatória para a Copa do Mundo de futebol de 1970,[10] que resultaram em violência nas duas capitais, El Salvador invadiu Honduras em 14 de julho de 1969,[11] dominada pelo ditador Osvaldo López Arellano e, mais ainda, por algumas multinacionais como a United Fruit.

O conflito durou apenas quatro dias,[12] mas custou a vida de milhares de pessoas de ambos os países e cerca de 130 mil salvadorenhos tiveram de ser repatriados, aumentando a pressão nas áreas marginalizadas das grandes cidades e de algumas zonas rurais. Embora a comoção nacionalista tivesse durado pouco, o Presidente Sánchez soube desfrutar da popularidade do momento para tentar algumas reformas moderadas, entre as quais um Programa Democrático de Reforma Agrária. Com essa finalidade, a Assembleia Legislativa convocou um Congresso Nacional em janeiro de 1970, no qual – depois do abandono pelos setores privados – foi decretado que as expropriações dos latifúndios a favor do bem comum não só fossem lícitas, mas necessárias.

---

[9] Só em 1969 foram 300 mil.

[10] Em 6 de junho tinha-se jogado, em Tegucigalpa, a partida entre Honduras e El Salvador: 1x0; em 15 de junho de 1969, a revanche, em San Salvador, entre El Salvador e Honduras: 3x0; o desempate, em 27 de junho de 1969, na Cidade do México entre El Salvador e Honduras: 3x2.

[11] Esse conflito vai passar para a história com o nome de "Guerra do Futebol", título do artigo do jornalista polonês Ryszard Kapuscinski, que o cobriu como correspondente internacional da Agência de Imprensa Polonesa. Esse artigo dá nome também ao livro (lançado em 2008 no Brasil pela Companhia das Letras), que reúne seus relatos de crises políticas, guerras e revoluções na África, América Latina e Oriente Médio durante o período de 1958 a 1980.

[12] Que custaram a El Salvador 20 milhões de dólares, ou seja, 20% do orçamento nacional.

Não obstante, devido à resistência dos setores oligárquicos, nada se fez e toda a iniciativa teve como único resultado aumentar o ressentimento popular, em razão da gravidade da situação e das esperanças frustradas.

Nesse contexto, em 21 de abril de 1970, o núncio apostólico[13] comunicou a Romero a intenção do Papa de nomeá-lo bispo, dando-lhe um dia para decidir se aceitava ou não. Considerando as funções envolvidas, as ótimas relações com a nunciatura e o prestígio que gozava perante os bispos centro-americanos, essa nomeação não era surpresa, mas para Romero foi de qualquer maneira uma decisão ponderada. Antes de tudo, rezou; depois se aconselhou com seus diretores espirituais (um jesuíta e um membro da Opus Dei); avaliou as próprias capacidades físicas e psíquicas... finalmente, foi encorajado pelo fato de que o pedido lhe tivesse chegado no dia 21: "Tinha que ser o 21!", escreveu em seu caderno espiritual.[14]

Na verdade, em 21 de novembro comemora-se em El Salvador a festividade da Rainha da Paz, que é lembrada todo dia 21 de cada mês. Romero viu nisso um sinal de benevolência da Virgem e, aceitando, pediu que a consagração fosse num dia 21. Com relação ao mês, escolheu junho, porque dedicado ao Sagrado Coração de Jesus: outra grande devoção em que tinha sido educado desde o seminário menor.

Sua ordenação episcopal se deu, pois, no dia 21 de junho de 1970. Como sinal de amizade, o Padre Rutilio Grande se

---

[13] O núncio apostólico é o representante do Papa junto à Conferência Episcopal e às autoridades civis de um país.

[14] Citado por J. Delgado. *Biografia*, p. 42.

encarregou dos preparativos (em conjunto com os adeptos do movimento dos Cursillos) e desempenhou o papel de mestre de cerimônias durante a missa. Uma foto realmente histórica imortalizou o evento. Miguel Cavada Diez[15] comentou:

> Nela aparecem Dom Oscar Romero ladeado por Dom Chávez y González e Dom Rivera. Juntos, os três arcebispos participaram de mais de 50 anos de história – de 1938 a 1994 – e conduziram a Igreja salvadorenha pelos caminhos do Evangelho. Acompanhando-os está Rutilio, o primeiro sacerdote que seria assassinado. Sua morte marcou e selou o empenho e a escolha da Igreja arquidiocesana para com os pobres. Essa fotografia poderia muito bem presidir ainda hoje qualquer celebração da Igreja arquidiocesana como lembrança de como e quando se tornou evangélica e salvadorenha.[16]

Como lema episcopal, escolheu o da espiritualidade inaciana: *sentir con la Iglesia* [sentir com a Igreja], que bem revelava – se ainda fosse necessário – seu apego ao Papa. Claro que nem ele naquela época poderia imaginar quais novos significados teriam enriquecido o lema no curso de seu ministério e até que ponto o levaria.

A cerimônia aconteceu no ginásio do liceu salvadorenho,[17] local insólito para uma consagração, mas necessário para conter o

---

[15] Um dos fundadores da Equipo Maíz, uma organização salvadorenha laica, politicamente independente e especializada em educação popular.

[16] S. Carranza; M. C. Diez; J. Sobrino. *XXV Aniversario de Rutilio Grande*. Sus homilías. San Salvador: CMR-UCA, 2002. p. 9.

[17] Uma escola dos Irmãos Maristas. Os Irmãos Maristas são uma congregação laica, fundada por São Marcellino Champagnat, para a formação de jovens que vivem em condições desfavoráveis. Funcionam principalmente através de escolas próprias, associações e centros de juventude.

grande número de convidados. A respeito do luxo da solenidade, as opiniões são discordantes (o que se repetirá com relação a diversos episódios ou aspectos da vida de Romero, já subordinada ao fogo cruzado das interpretações opostas), mas certamente em San Salvador não teriam faltado paróquias capazes de satisfazer as exigências de uma celebração mais simples. De qualquer maneira, tratou-se de um grande evento: dele participaram todos os bispos do país, o núncio, o Cardeal Casariego da Guatemala, o presidente do SEDAC, a maioria dos padres e freiras com os alunos das escolas católicas, uns quarenta ônibus vindos de San Miguel, uma parte da oligarquia, as autoridades civis e militares e, até mesmo, o Presidente da República.

Durante dias não se falou de outra coisa, nos salões e nos casebres, estranhamente irmanados pelo mesmo entusiasmo. Não fazendo coro com a maioria, porém, muitos sacerdotes e alguns laicos (os *medellínistas*) consideravam aquela cerimônia um tapa na cara da realidade do país e um escândalo a Igreja mostrar-se de braços dados com os ricos no mesmo momento em que dizia fazer a escolha pelos pobres. Além disso, não se limitaram a criticar apenas a festa:

> O nosso grupo de padres "vermelhos", reunidos na "La Nacional",* organizado já antes de Medellín, escreveu uma carta aberta de protesto contra sua nomeação como bispo. Nós o denunciamos abertamente como um conservador que procurava

---

* Trata-se de Coordenadoria Nacional da Igreja Popular (Conip), conhecida como "La Nacional", um grupo de sacerdotes e seminaristas surgido no final dos anos 1960, no Seminário Maior San José de la Montaña, que chegou a exercer bastante influência no movimento popular organizado de El Salvador. (N.E.)

frear a renovação da Igreja. Nós o atacamos frontalmente. Já tivéramos um confronto com ele por ocasião da nomeação de Mario Casariego para Cardeal da Guatemala. Contra Casariego tínhamos instilado um documento de rejeição com a lista de suas corrupções que bem conhecíamos e o publicamos nos jornais. Oscar Romero, como secretário da Conferência Episcopal, refutou a questão, renegou-a e nos condenou através de cartas que escreveu a todos. Foi uma guerra de cartas...[18]

Para aumentar a distância entre aqueles sacerdotes e o novo bispo, nos dias seguintes à sua ordenação aconteceu a Semana Pastoral Nacional organizada pela SEDAC para compenetrar padres e laicos com relação às principais questões levantadas pelo Concílio e pela Conferência de Medellín. Romero participou ocasionalmente; não a contestou de imediato, mas, quando no final dos trabalhos alguns bispos criticaram Dom Rivera, que a tinha organizado, e pretenderam criar uma comissão para rever as conclusões, colocou-se ao lado deles. Pouco a pouco, começou também a desertar das reuniões do clero, alegando justificativas improváveis que, na realidade, escondiam seu crescente constrangimento em virtude das numerosas críticas feitas pelos sacerdotes à hierarquia e, mais em geral, ao posicionamento tradicional da Igreja. E se não se pode dizer que nos três anos precedentes ele tivesse participado com assiduidade ou – ao menos – que tivesse feito um mínimo esforço para conquistar a simpatia dos coirmãos, antes podia ao menos justificar-se alegando que não era obrigado, sendo efetivamente pouco mais do que um convida-

---

[18] M. López Vigil. *Monsignor Romero. Frammenti per un ritratto*, pp. 31-32.

SENTIR COM A IGREJA

do no seio das arquidioceses: agora, ao contrário, desempenhava um papel institucional. Não obstante, o Arcebispo Chávez não fez nada para obrigá-lo, conhecendo bem a assiduidade de seu auxiliar e desejando que as francas opiniões dos sacerdotes não chegassem aos ouvidos do núncio.

Romero, ao contrário, aproximou-se da prelazia[19] da Opus Dei (sem chegar a ser membro), com a qual compartilhava a orientação e estimava a disciplina, além da indiscutível fidelidade ao Papa. Fez uma assinatura da revista *Palabra*, publicada pela própria prelazia, escolheu um de seus membros – o Padre Fernando Sáenz Lacalle[20] – como seu confessor e, às vezes, passava algumas horas de descanso na sua casa, próxima ao seminário.

Todavia, nos últimos meses do ano, algumas horas de repouso não foram mais suficientes para tratar os problemas respiratórios dos quais sofria, causados por um resfriado que contraiu nas montanhas perto de Santa Ana, quando fazia sermões num retiro a um grupo de freiras. Aceitou, assim, o convite de Salvador Barranza para passar um período em sua casa. Romero já era ligado àquela família por vínculos de amizade e tinha um afeto especial pela pequena Guadalupe (que, como ele, tinha estado gravemente doente nos primeiros anos da infância), mas esta estadia, que se prolongou por três meses, foi uma oportunidade para consolidar definitivamente o relacionamento. A casa dos Barranza se tornou um refúgio seguro para o futuro bispo, que

---

[19] Segundo o Direito Canônico, prelazia é um tipo de instituição eclesiástica dirigida por um prelado cuja jurisdição não tem territorialidade e, por isso, potencialmente universal.

[20] Fernando Sáenz Lacalle tornar-se-á seu segundo sucessor como arcebispo de San Salvador, de 1995 a 2008.

irá para ali muitas vezes – até sem avisar antes –, sempre que sentisse necessidade de um descanso, como fez, pela última vez, no dia anterior a seu martírio.

Ao contrário, não foram boas as relações com as comunidades de base... e não poderia ser diferente, quando se via a disparidade entre os recíprocos posicionamentos. Elas eram, de fato, constituídas por grupos de vinte a trinta pessoas que se reuniam para ler a Bíblia – com ou sem um sacerdote – e analisar a realidade com o método ver-julgar-agir segundo os critérios evangélicos. Para Romero, no entanto, aquelas reuniões pareciam encontros políticos, por isso os via com maus olhos e suspeita, como revelou o confronto com a comunidade Santa Lucia. A oportunidade foi proporcionada pela "Cruzada do rosário nas famílias", idealizada por um sacerdote norte-americano, Padre Patrick Peyton. O encarregado salvadorenho da divulgação nas paróquias foi o próprio Romero – quem, senão ele? –, que fez dela uma questão pessoal. Enviou cartas a todas as paróquias, incentivou os sacerdotes, as religiosas, os laicos..., mas os de "Santa Lucia", depois de terem discutido o assunto, declinaram do convite. Assim, num domingo, ele foi diretamente a eles, mas inutilmente, porque de ambas as partes não houve concessões. No fim teve de se render: foi embora ofendido e enraivecido, mas principalmente incapaz de entender as necessidades reais daquelas pessoas.

No entanto, quem sabia entender as questões postas pela base era a equipe de redação da revista diocesana *Orientación*, dirigida por um jovem sacerdote, Padre Rutilio Sánchez. No início de 1971 a revista tinha uma tiragem de seis mil exemplares semanais e havia um projeto para ampliar as vendas. O Padre Rutilio era estimado pelo arcebispo, mas a tendência e as posições do jornal incomodavam muitos conservadores. A ocasião propícia para exigir sua remoção aconteceu na primavera daquele mesmo ano, quando foi publicado um artigo que apresentava e elogiava a figura do sacerdote e sociólogo colombiano Camilo Torres. Ele havia deixado o ministério para se dedicar à luta de independência de seu povo, como membro do Exército de Libertação Nacional, e fora morto em combate em 15 de fevereiro de 1966. Estourou o fim do mundo. Dom Chávez teve de tentar um revezamento e, em maio de 1971, confiou a direção de *Orientación* a Romero, que mudou de imediato o posicionamento e toda a redação. As análises sociopolíticas foram, então, substituídas por questões teológicas e morais: de nada valeram as tentativas de um colaborador laico, o empresário Emilio Simán, para convencer o novo diretor de que um semanário não poderia sustentar-se ignorando completamente a realidade e as questões de maior interesse social. Romero foi inflexível: Simán teve de se demitir, as vendas caíram e o semanário contraiu dívidas. Em compensação ganhou a simpatia dos outros bispos, que – depois de apenas quatro meses, em setembro de 1971 – pediram e obtiveram do arcebispo a transformação da revista da arquidiocese no órgão oficial de toda a Igreja salvadorenha. Nem isso, porém, foi suficiente para a sua recuperação.

No fim de 1971, Romero adoeceu novamente. Dessa vez, tratando-se de problemas digestivos, teve que ir ao México para fazer uma série de exames clínicos. Ficou lá por três meses, durante os quais foi substituído na secretaria da Conferência Episcopal por outro sacerdote. O diagnóstico culpou o estresse causado por trabalho excessivo e repouso insuficiente; a terapia, por consequência, foi a enésima e inútil recomendação de que se cuidasse. A estada no México, porém, proporcionou-lhe uma oportunidade para que fizesse algumas sessões de psicanálise, que depois continuariam em El Salvador com sessões regulares com o psicólogo Rodolfo Semsch. Romero, sendo escrupuloso por natureza e excessivamente preocupado com a própria objetividade, buscava nele mais do que uma verdadeira terapia, procurava a confirmação do próprio equilíbrio que com precisão encontrou. Voltou, então, do México reanimado e também um pouco eufórico, pronto a retomar o ritmo de sempre... como se nada tivesse acontecido.

Todavia, os verdadeiros problemas ainda deviam aparecer, tanto no âmbito político, quanto no eclesial. Havia mais de um ano, em vista das eleições presidenciais de 1972, os três principais partidos de oposição (o Partido Democrata Cristão, o Movimento Nacional Revolucionário[21] e a União Democrata Nacionalista[22]) haviam formado uma coalizão chamada União Nacional de Oposição (UNO). O democrata cristão José Napoleón Duarte, até então prefeito de San Salvador, foi candidato à presidência e escolheu como seu vice Guillermo Ungo, dirigente do Movimento Nacional Revolucionário. Para enfrentá-lo, como era a tradição, o presidente que deixava o poder escolheu seu sucessor na pessoa do Coronel Arturo Armando Molina, que se apresentou como candidato do Partido de Conciliação Nacional. Desta

---

[21] Fundado no fim dos anos 1960.
[22] Fachada legal do Partido Comunista Salvadorenho.

vez também não faltaram as fraudes que, ao contrário, foram até maiores e mais evidentes do que de costume. De fato, quando se delineava uma vantagem para a União Nacional de Oposição, o Governo suspendeu as informações sobre a apuração, declarando no fim Molina como vencedor, com 22 mil votos de diferença. Segundo a contagem dos votos, porém, Duarte teria recebido 9.500 votos a mais. Não tendo sido atingida a maioria absoluta, o resultado foi decidido pela Assembleia Legislativa, que nomeou o Coronel Molina como presidente (1972-1977). A oposição pediu que seus apoiadores anulassem os votos nas próximas eleições para deputados da Assembleia,[23] já que, se os votos nulos superassem os válidos, de acordo com o regulamento a consulta teria de ser anulada. E assim foi, mas a comissão central das eleições proclamou como válida a consulta. Diante de tanto atrevimento, alguns quartéis se rebelaram e ocuparam a capital. Porém, o Exército estava dividido porque a Força Aérea e as Forças de Segurança se mantiveram fiéis a Sánchez: assim, enquanto a Força Aérea bombardeava San Salvador, a Guarda Nacional reconquistava as cidades limítrofes. De nada valeu o apelo que Duarte fez pela rádio à população para que apoiasse os rebeldes: as forças em jogo, de fato, eram decisivamente desiguais. Com outros dirigentes políticos, foi obrigado a se refugiar na embaixada venezuelana, de onde foram arrancados, presos e condenados à morte. A sentença só não foi executada devido ao inevitável incidente diplomático que se criou com a Venezuela, que ameaçava romper relações e

---

[23] As eleições presidenciais e legislativas aconteciam normalmente com poucas semanas intercorrentes.

não reconhecer o novo Governo. Foram, então, exilados. Duarte foi acolhido pela Venezuela esperando ser repatriado[24] para continuar a luta em El Salvador, onde a presidência – melhor dizendo, a ditadura – se consolidava com o Coronel Molina.

Apesar da grande importância para os destinos do país, Romero não adotou nenhuma posição, compartilhando a convicção geral do episcopado centro-americano segundo a qual os religiosos não deveriam tomar partido, salvaguardando desse modo uma possibilidade de tratar com qualquer Governo para poder reivindicar perante qualquer um os direitos da Igreja e do povo. A Conferência Episcopal Salvadorenha também estava politicamente dividida: com exceção do Arcebispo Chávez e seu auxiliar Rivera, os outros bispos simpatizavam com o Partido Democrata Cristão, enquanto Romero era até mesmo amigo pessoal do Coronel Molina.

O Padre Inocencio Alas descobriu isso com uma mistura de espanto, reprovação e alívio num dia em que, viajando com Dom Oscar Romero, foram parados e detidos pela polícia. Padre Alas e seu irmão Higino haviam sido acusados de organizar uma rebelião de camponeses. Tiveram de se esconder durante certo tempo, até que, por fim, decidiram retornar para suas respectivas atividades pastorais. O Arcebispo Chávez decidiu, portanto, que Romero acompanharia Alas até a paróquia de Suchitoto, mas no caminho os dois foram parados e revistados. Da mala do pároco surgiu uma pistola e... de nada adiantaram as explicações de que era usada para espantar os cães vadios que perseguiam os animais

---

[24] Ficará ali, no entanto, até o fim de outubro de 1979.

na escola agrícola paroquial. Romero, visivelmente embaraçado e nervoso (provavelmente com relação a todos: policiais, pároco e até o arcebispo, por tê-lo colocado naquela situação), reagiu – como às vezes acontecia – de forma surpreendente e indecifrável. Primeiro atribuiu a si a propriedade da arma numa tentativa desesperada de evitar ulteriores problemas ao sacerdote, depois perdeu o controle e exibiu aos olhos atônitos do oficial sua agenda com o número do telefone direto do Presidente da República, a quem desejava ligar.[25] Na época, Molina era de fato seu amigo e Romero confiava nele: mais tarde foi obrigado a perceber amargamente seu engano, mas nesse ínterim não se deixava tocar pelos malefícios do "amigo".

Foi outro tipo de problema que explodiu no âmbito eclesial e o atingiu. Na verdade, já há anos alguns bispos criticavam a administração do seminário considerando que os jesuítas – interpretando mal Medellín – ministrassem uma formação tendenciosa e ideológica: muito social e pouco espiritual. A situação precipitou-se em 1972, quando os seminaristas se recusaram a participar do ato religioso no "Dia do Papa" porque estaria também presente o Presidente da República, cuja eleição eles consideravam (com razão) fraudulenta. O reitor, Padre Amando López,[26] defendeu a decisão dos seminaristas como "objeção de consciência" e a comunidade jesuíta inteira contestou as acusações feitas contra seu sistema de formação, escrevendo uma carta que Romero teria qualificado como: "Um documento com interpretações ambíguas

---

[25] M. López Vigil. *Monsignor Romero. Frammenti per un ritratto*, pp. 41-43.

[26] Um dos seis jesuítas que serão martirizados no campus da UCA em 1989. Era reitor há apenas dois anos.

da *Optatam totius* e da *Ratio institutionis"*.[27] Assim, na sessão de 3 de agosto de 1972, a Conferência Episcopal decidiu exonerar (depois de 57 anos de serviço) a Companhia de Jesus, substituindo-a por uma equipe de padres locais, provenientes de diversas dioceses e dirigidos por Romero.[28] A aposta era enorme e se revelou logo perdida por diversos motivos. Em primeiro lugar, os seminaristas presentes foram deslocados para outras sedes ou até mesmo expulsos para se recomeçar mais uma vez com um pequeno grupo. "Tão pequeno" que Romero, já com muitas obrigações, delegou boa parte da tarefa a seu vice-reitor, cometendo um erro fatal porque o Padre Freddy Delgado se revelou excessivamente rígido e sem as qualidades humanas que em Romero abrandavam o posicionamento mais rigoroso. Assim, depois de poucos meses, Delgado já se tinha confrontado com os seminaristas expulsando um e perdendo outros que foram embora magoados. Todas as tentativas de mediação se revelaram vãs e Romero foi obrigado a pedir seu afastamento, sugerindo ao mesmo tempo nomeá-lo seu colaborador como secretário adjunto da Conferência Episcopal. Em sua opinião isso deveria evitar traumas e polêmicas inúteis. Entretanto, tendo o forte apoio de Dom Aparicio, seu bispo em San Vicente e presidente da CEDES, Delgado conseguiu ser nomeado o único secretário, substituindo o próprio Romero. As

---

[27] O. A. Romero. *Documento para a CAL* (Arquivo da Diocese de Santiago de Maria), citado por Z. Díez; Juan Macho. *"En Santiago de María me topé con la miseria". Dos años de la Vida de Monsignor Romero (1975-1976). Años del cambio?*, p. 51 (publicação própria).

[28] "Com Romero no cargo de reitor, os bispos nomearam Padre Freddy Delgado como vice-reitor encarregado da disciplina; Padre Marco René Revelo ficou encarregado da formação pastoral; Padre Oscar Barahona, da formação espiritual; e Padre Jesús Delgado, irmão de Freddy, da formação intelectual" (Documento da CEDES, 5 de fevereiro de 1973). Citado em: J. R. Brockman. *Oscar Romero fedele alla parola*, p. 90.

relações entre Romero e Aparicio, já abaladas, se deterioraram naquela ocasião, com sérias consequências para os anos vindouros.

Dom Aparicio, ainda não satisfeito, retirou em bloco seus seminaristas, reduzindo ulteriormente o número de residentes e agravando o problema econômico. O Arcebispo Chávez tentou, então, remediar a situação transferindo para aquele local o seminário menor que ficava em Santa Tecla e cujo reitor, Padre Rogelio Esquivel, poderia assim desempenhar ao mesmo tempo o papel de vice-reitor, deixado livre por Delgado; mas foi tudo inútil. Em agosto de 1973 (apenas um ano depois!), a CEDES decidiu encerrar aquela experiência. Os poucos seminaristas restantes foram deslocados para outros seminários. Ficaram apenas aqueles da arquidiocese que, por sua vez, tiveram de sair para estudar na UCA ou em outras instituições. Para Romero, foi um golpe duríssimo, porque o considerou uma falha pessoal agravada pelo fato de que o seminário que tinha formado a maioria dos padres salvadorenhos naufragara justamente em suas mãos. Sem o seminário nem o secretariado da CEDES, Romero ficava como auxiliar de San Salvador e diretor da *Orientación*. E foi nessas circunstâncias que conseguiu fracassar ainda mais.

Além do seminário e da Universidade Centro-americana José Simeón Cañas, em San Salvador, os jesuítas administravam o Externato São José, por eles fundado em 1921. No início estudavam ali somente os jovens que aspiravam ao sacerdócio, mas depois algumas famílias pediram aos padres que admitissem aqueles que, embora não pensassem em sacerdócio, desejavam conseguir um diploma numa instituição tão qualificada. Foi assim que aos "internos" se juntaram os "externos", até que transferidos os primeiros para o novo seminário de San José de la Montagna, permaneceram somente os externos, daí o nome "externato". O externato, como a UCA, havia sido a menina dos olhos da oligarquia, que, desejando manter os próprios filhos longe dos liceus públicos e, principalmente, da Universidade Nacional, acusada de fomentar o comunismo, tinha sustentado vigorosamente ambas as instituições. Todavia, no breve espaço de poucos anos a situação mudou. Novos superiores, defensores convictos de Medellín e da nascente Teologia da Libertação tomaram o lugar dos antigos jesuítas mais moderados, oferecendo um ensino mais de acordo com os tempos que corriam, com maior sensibilidade social e política, mas desencadeando também o ressentimento de algumas famílias que se sentiram traídas.

Seus protestos encontraram eco em *Orientación* de 27 de maio de 1973, quando Romero escreveu um duro editorial com o título: "Educação libertadora, mas cristã e sem demagogia". O artigo não identificava expressamente o externato, mas a alusão era tão clara que os jornais favoráveis ao Governo aproveitaram a oportunidade e fizeram explodir a polêmica. A situação era muito mais grave do que parecia, porque no ano anterior, em julho de 1972, o recém-eleito Presidente Molina, a fim de reforçar o próprio poder, havia induzido a Assembleia Legislativa a promulgar um decreto de anulação da autonomia universitária e, depois, ordenou sua ocupação pelas forças de segurança. Os estrangeiros foram expulsos e muitos salvadorenhos exilados; além disso, a universidade foi fechada até setembro de 1973, quando foi reaberta sujeita a estrito controle. Ao contrário do que esperavam seus promotores, a repressão contribuiu para aumentar a politização de muitos estudantes. O editorial de *Orientación* serviu para acirrar os ânimos... da mídia e da política, mas também o eclesial.

De fato, reagiram contrariados não somente os jesuítas, mas o próprio Arcebispo Chávez, porque o editorial em questão tinha sido apresentado como "o pensamento da Igreja salvadorenha" sem lhe dizerem nada antes. Nomeou, então, uma comissão de sacerdotes qualificados para examinarem o caso do externato e, quando lhe apresentaram um relatório detalhado, que desmentia toda a acusação de ensino errôneo ou doutrinamento marxista, mandou que Romero o publicasse. Este naturalmente obedeceu, mas a seu modo. O relatório apareceu na última página com o título: "O arcebispo sai em defesa do Externato São José", enquanto o editorial, na primeira página, era dedicado a desacreditar a ortodoxia dos mesmos teólogos que tinham redigido o relatório. Foi assim durante dois meses. Extraiu de revistas de prestígio uma série de artigos contra as novas teologias ou pronunciamentos eclesiais contra o marxismo que depois publicava em *Orientación* ou em "matérias pagas"[29] no *Diario Latino*. Em seguida, em 12 de agosto de 1973, publicou um "seu" editorial com o título: "Medellín, mal-entendido e mutilado".

Os jesuítas, por sua vez, não ofereceram a outra face. Principalmente o superior local, Padre Francisco Estrada, enviou-lhe duas cartas nas quais exigia um ato de retratação. Romero as passou para o núncio e à CEDES, que por sua vez as enviaram ao Vaticano. Não obtendo resposta, Padre Estrada foi pessoalmente

---

[29] Em El Salvador é possível comprar espaço nos jornais ("matérias pagas") para publicar comunicados ou artigos sob a total responsabilidade do adquirente e não da redação.

falar com ele, mas não obteve nenhum êxito. Os jesuítas, pois, passaram ao contra-ataque promovendo uma investigação interna dirigida aos pais dos estudantes, dos quais 90% se disseram contentes e seguros quanto à educação ministrada no externato. Enfim, se "vingaram" promovendo uma nova investigação na qual compararam os três órgãos de divulgação católica: *Orientación*, *Justicia y Paz*[30] e Radio YSAX. Nem é preciso dizer que as críticas foram todas e somente dirigidas a *Orientación*, enquanto os outros eram exaltados. Por sua vez, Romero respondeu com a nota "Somos criticados", na qual se limitou a contestar a escassa cientificidade do método utilizado e as más intenções dos autores.

Finalmente a tormenta cessou, também por iniciativa da CEDES, que, inusitadamente concordante, embora não economizasse críticas aos jesuítas, estava, no entanto, convencida da necessidade de "protegê-los". De fato, uma acusação de comunismo reportada por órgãos qualificados como os eclesiásticos poderia expor os denunciados a grave perigo, podendo até mesmo levá-los a figurarem nas listas dos esquadrões da morte. Indício importante de que Romero ignorasse a realidade que o circundava, porque nem sua obsessão pela verdade o teria jamais levado a colocar em risco a vida de qualquer pessoa. Ele simplesmente não se dera conta de que o país estava caindo num precipício, nas mãos de seus amigos da oligarquia.

---

[30] Uma publicação da Comissão de Justiça e Paz do Arcebispado mantida por Rivera y Damas e patrocinada economicamente pela Misereor alemã. Num artigo enviado a Roma para a sessão de 1975 da Comissão dos Bispos para a América Latina, Romero a definiu como: "uma crítica mordaz e negativa contra os capitalistas e o governo".

Como se isso não bastasse, ele continuava a litigar com as comunidades de base. O choque mais duro talvez tenha sido com o grupo da colônia Zacamil, um dos mais numerosos, apoiado pelos Padres Pedro Declerc e Rogelio Ponseele. Quando o Presidente Molina, em 1º de junho de 1972, mandou ocupar violentamente a Universidade Nacional, fechando-a por um ano, a Conferência Episcopal publicou como matéria paga uma declaração, assinada por Romero, na qual apoiava a operação, dando uma interpretação igual à oficial. Ou seja, que tinha sido necessário intervir daquela forma porque a universidade já se tinha transformado num covil de comunistas. O grupo Zacamil, por isso, convidou Romero para celebrar uma missa. Na verdade, montaram uma armadilha sabendo que ele jamais recusaria um pedido desse tipo... e durante a homilia – segundo o estilo deles – quiseram discutir a questão da universidade. Foi um desastre! Diante de trezentas pessoas Romero começou a se defender contra-atacando, citando uma série de artigos que tinha levado com ele (sinal de que pelo menos tinha intuído o truque), aos quais foram contrapostos os textos do Evangelho e de Medellín. Padre Rogelio chegou ao ponto de lhe recordar sua frequente presença nas festas dos ricos. Alguém, mais simplesmente, tentou explicar-lhe que só estavam motivados pelo Evangelho e que aquela discussão era – segundo eles – a maneira mais autêntica de vivenciar o pertencimento eclesiástico. Não havia nada a fazer: conforme passavam os minutos, mais Romero se enraivecia, entrincheirando-se na própria interpretação da ocupação da universidade e daquela celebração. Ou seja, o que estavam fazendo não era uma missa, mas uma reunião política. Além do mais, comunista! A certa altura, o impasse foi brutalmente destravado pelo Padre Declerc que, também irritado, atirou sua estola no altar e se recusou a continuar a celebração.

Romero, então, foi embora. Voltaria seis anos depois, como arcebispo, quando todos já teriam mudado de opinião sobre ele e por isso fingiam não se lembrar de nada. Ele, sim, se lembrava, e iniciou com as seguintes palavras:

> Não pudemos sequer celebrar a Eucaristia naquela tarde do embate que houve entre vocês e eu... Estávamos nos ofendendo... Lembram-se? Eu me lembro muito bem e hoje, como seu pastor, quero dizer-lhes que agora entendo o que aconteceu naquele dia e que reconheço diante de vocês o meu erro...

Noemí Ortiz, presente nas duas ocasiões, mais tarde contaria:

> Todos, pequenos e grandes, choraram muito! De emoção e de alegria, tudo junto. Em seguida, prorromperam os aplausos que se fundiram com a música da festa e as lágrimas se perderam na *atolada*.[31] Estavam tocando Quincho Barrirete, uma música da qual Romero gostava muito. Estava tudo perdoado.[32]

Entretanto a época da reconciliação ainda estava longe e Romero, extenuado e fora de lugar, conseguia se desentender até com a CEDES. Um caso escandaloso foi o que estourou por oca-

---

[31] "Atolada" é o nome que tradicionalmente se dá à celebração da colheita do milho, quando todos bebem o "atol de elote", uma bebida doce e quente à base de milho.

[32] M. López Vigil. *Monsignor Romero. Frammenti per um ritratto*, p. 180.

sião do Sínodo dos Bispos, em 1974.[33] O episcopado salvadorenho já o tinha escolhido como seu representante e, como reserva, no caso de ser impedido no último instante, fora nomeado Rivera. Depois de alguns meses, porém, Romero se apresentou numa reunião com três renúncias. A primeira era relativa à direção de *Orientación*; a segunda, à redação da *Carta Pastoral* sobre a Família, que lhe tinha sido comissionada; a terceira, a ir a Roma: "por motivos pessoais". Parece que tais motivos tinham a ver com os custos da viagem. Conforme o regulamento, isso caberia a Rivera y Damas, mas Romero adotou o pretexto de que este permanecesse como reserva e se procedesse à nomeação de um novo representante. Não era uma questão pessoal, mas naquele tempo não confiava em seu colega auxiliar, julgando-o demasiadamente aberto. Todavia, foi assim que provocou uma nova confusão com os bispos que apoiavam um ou outro. No fim, prevaleceu o respeito às normas e Rivera foi ao sínodo. Romero, entretanto, conseguiu ser dispensado de escrever a carta pastoral, mas foi confirmado como diretor de *Orientación*. Isso, naturalmente, significava um voto de confiança nele, porém insuficiente para resolver os muitos problemas que haviam surgido, sobretudo no relacionamento com os padres. Sob certos aspectos, estava se repetindo a situação já vista em San Miguel, assim como a solução no fim encontrada foi na mesma direção. Assim, durante a realização do Sínodo, em 15 de outubro, o Vaticano anunciou sua nomeação como bispo titular da diocese de Santiago de María.

---

[33] A III Assembleia Geral do Sínodo dos Bispos foi convocada a se realizar de 27 de setembro a 26 de outubro de 1974, em Roma, a fim de se discutir "A evangelização no mundo moderno", tendo entre seus relatores gerais o então arcebispo da Cracóvia, o Cardeal Karol Wojtyla.

Em 21 de outubro de 1974 assinou seu último editorial em *Orientación*, o qual sintetiza soberbamente seu pensamento e comportamento no segundo período de seu ministério:

Conservamos a fé: o fim de um período ou de uma etapa na vida de *Orientación* nos obriga a fazer algumas reflexões que têm a ver com a ameaça mais grave de todas em nossos tempos. Esta ameaça é a possível perda da fé em grandes setores e em eminentes indivíduos da própria Igreja. A crise que se aproxima é angustiante. As discussões são encarniçadas. Os critérios são muitos. O mal é geral... Nunca adotamos posições histéricas e histriônicas de revolução demagógica, porque julgamos que com esse comportamento se contribui somente para a desordem e não se trazem elementos positivos para as soluções. Temos respeitado as autoridades, *etiam discolis*, e Deus sabe que muitas vezes enfrentamos o irmão, sem escândalo mas com energia, para corrigi-lo e preveni-lo. Jamais quisemos fazer da correção fraternal um show de propaganda.

Entre a promoção humana e a evangelização é lógico que a nossa fé nos inclina a preferir a segunda como mais necessária, como mais essencial, como *l'unum necesarium*, porque, segundo o Divino Mestre, pensamos que *Maria optimam partem elegit*, mas isso não quer dizer que estamos absolutamente desatentos quanto ao outro aspecto. Também temos nos ocupado da promoção humana... O que lamentamos, mais com um silêncio compreensivo de tolerância e paciência do que com um comportamento de ressentimento polêmico, foi a conduta manifestamente materialista, violenta e descontrolada daqueles que se quiseram valer da religião para destruir as próprias bases espirituais da religião. Em nome da fé quiseram combater aqueles que já tinham perdido a fé. E isso é muito triste, verdadeiramente triste...

É um fenômeno de nosso tempo, não o negamos. Uma crise que, como uma tempestade, abala as árvores mais altas para provar a sua força, e esperemos que seja só isso. O que temos afirmado diante destes importantes fenômenos é que de nossa parte preferimos nos ancorar ao que existe de seguro, aderir com temor e tremor à rocha de Pedro, abrigando-nos à sombra do magistério eclesiástico, colocando os ouvidos junto dos lábios do Papa, em vez de sair por aí como acrobatas audazes e temerários atrás de especulações de pensadores audaciosos e de movimentos sociais de inspiração dúbia. Que Deus seja o juiz do nosso temor e da nossa fidelidade. Se fizemos pouco para conservar a fé, ao menos nos alegremos por não ter contribuído condenavelmente para solapar o edifício do corpo místico de Cristo nem para introduzir nele os germes da doença...[34]

Era este o homem e o pastor que, em 14 de dezembro de 1974, tomou posse de sua nova diocese.

---

[34] O. A. Romero. *Orientación* (21 de outubro de 1974).

V

"EM SANTIAGO TROPECEI NA MISÉRIA"

Bispo em Santiago de Maria (14 de dezembro de 1974 - 21 de fevereiro de 1977)

O período passado em Santiago de María foi o mais breve na vida de Dom Oscar Romero. Não obstante, é de extrema importância para compreender as mudanças que nele ocorreram.

Já a escolha do termo "mudança" é problemática e não unanimemente aceita. Como já dissemos, na verdade a vida de Romero se encontra no meio de interpretações opostas, que vão de uma ruptura radical e imprevista – quase como se fosse a queda do cavalo de São Paulo[1] (associada ao assassinato do amigo Rutilio Grande) – a uma substancial continuidade que nega uma mudança real de suas convicções e escolhas pastorais. Entre os dois extremos está a interpretação dos padres passionistas que – primeiro divergindo, depois colaborando – compartilharam com

---

[1] Ver At 9,4.

ele aqueles 26 meses em Santiago. Eles apresentam como hipótese (não podemos ignorar que o subtítulo de seu estudo[2] traz um ponto de interrogação: "Anos de mudança?") que a volta ao relacionamento direto com a vida do povo – como testemunha impotente da repressão e devendo lidar pessoalmente com as acusações contra muitos que se estavam sacrificando para recuperar a dignidade das vítimas – o fez retomar um caminho interior que será marcado, sim, pelo martírio do Padre Grande, mas que, substancialmente, já se tinha iniciado quando foi nomeado arcebispo.

É claro que podem ser plausíveis as palavras que R. Morozzo della Rocca dedica à questão em sua biografia:

> A tese da conversão de Romero ocorrida em San Salvador, ou antes, em Santiago de María, necessita de um esquema igual em ambos os casos. É o esquema de um Romero conservador, reacionário, teologicamente retrógrado, ao qual contrapor o novo Romero da opção pelos pobres, da pastoral popular... É parecida com a atribuição velada do mérito da conversão a um grupo. Os jesuítas teriam sido coadjuvantes da conversão em San Salvador, os passionistas, em Santiago. Em outras palavras, Romero ter-se-ia "convertido" aos jesuítas em San Salvador, aos passionistas em Santiago.[3]

Deixando de lado a clara pressão polêmica,[4] de fato, pode ser verossímil e até compreensível certa ênfase das próprias expe-

---

[2] Z. Díez; Juan Macho. *"En Santiago de María me tope con la miséria". Dos años de la Vida de Monsignor Romero (1975-1976). Años del cambio*? (publicação própria).

[3] R. Morozzo della Rocca. *Primero Dios*, pp. 129-130.

[4] Nenhum dos dois grupos jamais sonhou em reivindicar direitos autorais sobre a conversão de Romero!

riências ao lado de uma figura como a de Romero. Daí negar a veracidade da hipótese sugerida pelos passionistas seria demais; se assim não fosse, como se explicaria que, depois de apenas dois anos e dois meses, em 1977, a oligarquia e os cristãos de base tenham podido errar tão clamorosamente a seu respeito? Os primeiros, pedindo e obtendo, através da nunciatura, sua nomeação como arcebispo; os outros a aceitando, porém aborrecidos, para logo depois ambos se retratarem. Talvez seja mais lógico pensar que a imagem que tinham conservado dele em San Salvador não correspondesse mais àquela do pastor de Santiago.

Em todo caso, restam indiscutíveis dois fatos. O primeiro é que em se tratando do mistério de um indivíduo (e de Deus,) pode-se adentrar somente na ponta dos pés, ou melhor, tirando os sapatos.[5] O segundo é que – exatamente por isso – a exclusividade da verdade não é de ninguém. Nós nos limitaremos aos fatos como foram contados por aqueles que tiveram a graça de compartilhá-los com ele.

Santiago, civil e religiosa

Dom Oscar Romero iniciou oficialmente seu trabalho em Santiago de María[6] em 14 de dezembro de 1974, com a tradicional celebração dessas ocasiões e, portanto, nada comparável à festa de sua consagração. Houve, porém, desfiles pelas ruas decoradas, procissões e, naturalmente, uma missa solene: um pouco como acontece em todas as grandes festas de padroeiros. O novo

---

[5] Ver Ef 3,5.
[6] Santiago de María se localiza na zona oriental do país, a 120 quilômetros de San Salvador e a 900 metros acima do nível do mar.

bispo foi recebido pelas autoridades civis e militares, pelos representantes das paróquias e dos colégios católicos, e acompanhado por alguns bispos[7]... Naturalmente não por todos, visto o clima que se tinha criado. A homilia de apresentação repetiu os clichês tradicionais dos inícios de ministério: agradecia ao Papa pela confiança dada, se propunha a ser um bom pastor para aquela parcela da Igreja, a encorajar a fé, a promover a unidade.

Terminada a festa, viu-se como chefe da menor e mais pobre das dioceses do país. O território, banhado ao sul pelo Pacífico e limitado ao norte pela fronteira com Honduras (atravessada em ambas as direções por grupos de miseráveis), era composto de três grandes áreas: na zona meridional e costeira dominavam os latifúndios de algodão, a criação de gado, enquanto no centro e ao norte encontravam-se as plantações de café e cana-de-açúcar. Espalhados por ali era possível encontrar alguns pequenos proprietários que se dedicavam ao cultivo de milho, feijão e arroz. Os produtos para exportação (a chamada santíssima trindade: algodão, café e açúcar) proporcionavam bastante trabalho por cerca de seis meses ao ano: primeiro na adubação das culturas, depois na colheita e limpeza do produto, atraindo trabalhadores braçais do país inteiro e também das zonas limítrofes de Honduras e Nicarágua. O analfabetismo chegava a 40%, principalmente na zona rural, onde havia muita evasão escolar, além da falta de escolas. A qualidade das moradias também era ruim: no sul a maioria

---

[7] Estiveram presentes o Arcebispo Chávez, Dom Alvarez de San Miguel, Dom Rivera y Damas, auxiliar em San Salvador, e Dom Revelo, auxiliar em Santa Ana.

era feita de palha ou *bajareque*[8] com chão de terra batida; nas outras zonas abundavam as casas de adobe[9] com telhados de chapas de metal. Quase 70% da população vivia na miséria.

Quanto à religiosidade, a prática dos santiaguenses não fugia da norma nacional: 95% se declaravam católicos, tendo recebido pelo menos os sacramentos da iniciação cristã. O verdadeiro ponto crítico – na época como também hoje em dia – era constituído pela prática por conveniência, da qual muitas vezes Romero se queixava porque a maioria da população não celebrava qualquer forma de matrimônio, fosse por motivos econômicos ou porque a fidelidade conjugal não existia nem encabeçava as virtudes masculinas salvadorenhas. Assim como no restante do continente, a devoção se expressava principalmente nas celebrações da Semana Santa e nas festas do padroeiro com suas rezas, novenas e procissões. Também o culto dos mortos tinha certa importância. Porém, em geral, faltava formação religiosa, fazendo com que a fé daquele povo parecesse infantil e folclórica.

A situação social e religiosa repercutia, pois, na eclesiástica, fazendo de Santiago de María a diocese mais pobre e menos organizada de Salvador. Em parte porque havia sido criada há apenas vinte anos,[10] tendo aproveitado o território que era de San Miguel, o que favorecia Romero porque, sendo miguelense, conhecia bem a realidade e o clero que, todavia, constituía o presbitério mais carente e antigo do país. Contando com o bispo, nunca che-

---

[8] Um composto de cana e argila, bastante similar às casas de taipa ou pau-a-pique das zonas rurais brasileiras.
[9] Tijolos feitos de terra prensada com água, palha e outras fibras naturais.
[10] Em 2 de dezembro de 1954, com a bula Eius vestigia de Pio XII.

97

garam a um total de 25 padres, dos quais catorze já tinham mais de 55 anos de idade e quatro mais de 70. Se ainda levarmos em conta que cerca de doze eram religiosos (missionários passionistas, franciscanos, paulinos e maryknoll) e que, portanto, viviam em comunidade nas quatro paróquias a eles confiadas, muitas outras – das vinte que constituíam a diocese[11] – não tinham nenhum sacerdote. As religiosas também eram poucas (de treze a quinze, algumas das quais chegaram depois, graças aos apelos feitos por Romero a todas as instituições possíveis), divididas em três comunidades: as passionistas, as franciscanas e as carmelitas de São José. As duas primeiras, porém, se dedicavam exclusivamente à pastoral educativa: as passionistas, num colégio de Santiago, e as franciscanas, em Usulután; somente as carmelitas se dedicavam às paróquias, preparando os catequistas e os agentes da pastoral em Ciudad Barrios. A situação havia se complicado graças à contribuição de seu predecessor e primeiro bispo de Santiago, Dom Castro y Ramirez: bom intelectual, mas privado de sensibilidade pastoral e suficientemente retrógrado para "ter governado a diocese como se o Vaticano II nunca houvesse acontecido".[12]

Quanto à divisão civil, a diocese abrangia Usulután e o norte de San Miguel, onde se situa Ciudad Barrios: sob alguns aspectos, portanto, se tratou de uma volta para casa.

Para Romero 1975 foi um ano para "re-tomar" contato com aquela realidade que lhe devia parecer ainda mais amarga do que se lembrava. Suas primeiras tarefas foram, então, a forma-

---

[11] Distribuídas nos 2.868 km2, para cerca de meio milhão de habitantes.
[12] J. Delgado. *Biografia*, p. 61.

ção do clero e uma atividade pastoral direta, louváveis, em parte obrigatórias, mas que revelaram inevitavelmente o seu posicionamento e seus limites.

Assim, antes mesmo de seu início oficial, convidou os sacerdotes para um almoço numa grande fazenda de café de propriedade de um amigo seu, em San Miguel, para explicar-lhes como pretendia dirigir a diocese e saber o que esperavam dele. Embora a escolha do local fosse emblemática, durante o encontro conseguiu suscitar algumas esperanças, sobretudo no clero mais jovem que não estava habituado a ser consultado e menos ainda a ouvir um pedido: "Ajudem-me a ver mais claramente!". Ao mesmo tempo, porém, confirmou os temores dos religiosos que – mais sagazes e lançados numa pastoral "experimental" – entenderam de imediato o quanto o pedido de "poder eventualmente errar"[13] não fora acolhido com o mesmo entusiasmo. No fim, depois das inevitáveis promessas e dos votos de costume, presenteou cada paróquia com uma assinatura da revista *Palabra*, da Opus Dei, sinal de que os propósitos que iria formular dali a pouco na homilia inaugural não seriam apenas formais.

Entretanto, no relacionamento direto com o povo foi muito mais indulgente e, como sempre, generoso, embora vago e incapaz de colaboração – algo certamente não ideal para o papel que ora desempenhava. Como já havia feito quando pároco, foi pródigo na fundação de associações de caridade e grupos de espiritualidade, cursilhos de cristianismo, círculos de alcoólicos

---

[13] Z. Díez; Juan Macho. *"En Santiago de María me topé con la misería". Dos años de la Vida de Monsignor Romero (1975-1976). Años del cambio?*, pp. 39-40.

anônimos e associações de trabalhadores. Naturalmente, concedeu máxima atenção à celebração dos sacramentos e aos sermões, também mediante a divulgação de homilias dominicais da catedral de Santiago, pela manhã, e da cocatedral de Usulután, à noite. Com esse objetivo, esforçou-se em criar uma nova rádio que pouco depois iria se transformar na Rádio FIDES, situada na capital do departamento de Usulután. Mas por não ser potente para atingir qualquer canto da diocese, equipou um jipe com autofalantes que ia de lugar em lugar recolhendo as pessoas. Às vezes exagerava e, tomado de zelo irrefreável, era capaz de batizar ou celebrar casamentos no ato, sem a devida preparação ou documentação... e sem enviar os dados das celebrações aos órgãos paroquiais competentes. Agora era o bispo titular (algo de que Romero por formação tinha o máximo de consciência) e não permitiria a ninguém que o contestasse com certos "detalhes".

No entanto, problemas bem mais graves estavam a ponto de surgir; desta vez independentemente de sua vontade.

O massacre de Tres Calles

O primeiro teve as características de uma tragédia e aconteceu em 21 de junho de 1975 – ele estava em Santiago há apenas seis meses. Durante a noite, quarenta agentes da Guarda Nacional invadiram um subdistrito, Tres Calles, no município de Sant'Agostino, em Usulután, e massacraram seis camponeses. Indo para lá no dia seguinte, Romero se deparou com aquela barbárie e, ainda mais, com o desespero dos sobreviventes.

Não estando acostumado com esse tipo de ocorrência, embora os sacerdotes lhe pedissem uma vigorosa denúncia pública, ele preferiu escrever privadamente ao amigo e Presidente Molina. Encarregou o pároco passionista de Jiquilisco, Padre Pedro Ferradas, de entregar-lhe o seguinte relatório que anexou à carta:

No sábado, 21 de junho de 1975, a uma hora da madrugada, agentes da Guarda Nacional, cerca de quarenta, acompanhados por dois civis não identificados e a bordo de diversos veículos, invadiram o subdistrito de Tres Calles, jurisdição de Sant'Agostino (departamento de Usulután) e, enquanto alguns entravam de maneira violenta na casa do Senhor José Alberto Ostorga, de 58 anos, os agentes restantes a cercaram. Acenderam suas luzes, agarraram a família que estava dormindo, exigindo as armas e obrigando o Senhor José Alberto Ostorga a abrir a porta para os agentes que estavam fora; ao mesmo tempo pediram os documentos de Héctor David Ostorga, de 17 anos, estudante da oitava série, que amarraram pelos polegares. No meio-tempo José Alfredo Ostorga, filho de 23 anos do senhor acima mencionado, vendo como amarravam o irmão e insultavam o pai, escondeu-se num celeiro, mas foram disparados tiros com suas G3 no refúgio da vítima, deixando-o totalmente crivado de balas. Na confusão Héctor David Ostorga, apesar de amarrado, tentou fugir, mas os guardas que estavam fora o metralharam ainda na porta da casa e depois o chutaram para entrarem. Em seguida amarraram o Senhor José Alberto Ostorga e seu filho de 28 anos, que tinha o mesmo nome, e os levaram para fora da casa, como tinham feito com Santos Morales, de 38 anos, que morava a cerca de 20 metros dos Ostorga. Mais tarde, a cerca de 200 metros de suas casas, foram metralhados para depois receberem golpes de facão por todo o corpo e na cabeça.

Prenderam também o Senhor Juan Francisco Morales que, na manhã de 22 de junho, foi encontrado morto com uma bala na têmpora direita num terreno do subdistrito de El Zapote, na mesma jurisdição de Sant'Agostino. Juan Ostorga, de 13 anos, foi agredido e deixaram-lhe sinais por todo o corpo. Também foi saqueada a casa da Senhora Adela Gámez, viúva De Paz, e, não encontrando ninguém em casa, comeram uma boa quantidade de pão, ovos e outros alimentos. Destruíram a golpes de facão várias cadeiras, tiraram das paredes as fotos dos filhos. Roubaram cerca de 50 colóns,* um relógio e outros objetos. As famílias foram objeto de ofensas e humilhações, sendo advertidas de que aquela era só a primeira vez e "voltariam". Entre os homens se nota o temor e também a indignação.[14]

A carta de acompanhamento exprime muito bem os sentimentos de Romero naquelas circunstâncias. Não se tratava certamente do primeiro massacre perpetrado em El Salvador, mas foi a primeira vez que competiu a ele – como bispo – olhar a realidade de frente. Mais do que isso: foi a primeira vez em que teve de ver o sofrimento, o terror e a indignação estampados nos olhos daqueles órfãos e viúvas, que já considerava confiados a sua responsabilidade paterna. Acima dele próprio agora só havia Deus, ao qual tinha de prestar contas do que faria por aqueles indefesos... No entanto, estava diante do Estado, que muitas vezes tinha criticado, mas nunca chegara a deslegitimar. Havia o Exército,

---

* Colón é o nome da antiga moeda de El Salvador, substituída em 2001 por dólares americanos. (N.E.)

14 O. A. Romero. Lettera al presidente Molina, 26 de junho de 1975, p. 3, citada em Z. Diez; Juan Macho. *"En Santiago de María me topé con la miséria". Dos años de la Vida de Monsignor Romero (1975-1976). Años del cambio?* pp. 59-61.

garantidor da ordem, mas evidentemente passado para o outro lado, o do crime! E havia o amigo e Presidente Molina, ao qual se agarrou numa tentativa desesperada não só de obter justiça, mas também de salvar as próprias convicções que começavam a se enfraquecer.

Assim, em 26 de junho de 1975, cinco dias depois do massacre, enviou-lhe a seguinte carta:

Senhor Presidente, penso que não estarei cumprindo meu difícil dever de pastor desta diocese se permanecer em silêncio diante do senhor, depois de ter compartilhado pessoalmente na manhã de domingo a amarga experiência por que passam nestes dias meus amados fiéis do subdistrito de Tres Calles, na jurisdição de Sant'Agostino... Não foi pequena a impressão que me causou a expressão de terror e de indignação que refletiam os numerosos semblantes dos compatriotas que saudei com meu afeto pastoral, exortando-os a serem prudentes e recomendando--lhes nosso princípio cristão segundo o qual "a violência só gera violência" e mal-estar... Ora, Senhor Presidente, depois de ter compartilhado essa desolação semeada por aqueles que deveriam inspirar confiança e segurança aos nossos nobres agricultores da região, cumpro meu dever de lhe expressar meu respeitoso, porém firme, protesto de bispo da diocese contra a maneira com a qual um "serviço de segurança" se atribui indevidamente o direito de matar e maltratar... Não teria desejado usar em minha correspondência com o senhor a linguagem do protesto e da reclamação; mas creio que não seria franca nem sincera a minha amizade se, para conservá-la, deixasse de obedecer à voz de minha consciência que exige este dever pastoral. E, porque, sinceramente, tenho outro conceito de seus valores pessoais, confio que minhas palavras, que lhe são dirigidas também em nome dos pobres sem voz, encontrarão ampla sintonia e uma reação eficaz de seus nobres sentimentos. Além disso, quero lhe assegurar que esta carta é totalmente confidencial, já que não sou conduzido por nenhum afã de notoriedade, mas pelo desejo de uma intervenção eficaz de quem tem nas próprias mãos os principais recursos para evitar estas situações lamentáveis...[15]

É interessante observar como esta carta seja na verdade a segunda: a primeira, datada de 22 de junho, mais pacata e nunca enviada, está conservada no arquivo diocesano. Portanto, Romero decidiu escrever logo ao presidente com o estilo que o caracterizava, mas com o passar das horas julgou ser necessário escrever com mais vigor e cobrando providências, com precisão tanto na denúncia quanto no pedido de justiça. Para convencê-lo, contribuíram certamente alguns episódios que ele mesmo relata num minucioso relatório, enviado a todos os bispos em 3 de julho, para explicar a própria posição e pedir conselhos. No mesmo dia do massacre, Romero tentou se contatar por telefone com o posto da guarda competente, mas eles se esquivaram. Então, no dia seguinte, retornando da visita que fez às famílias das vítimas, foi pessoalmente a Usulután, para se encontrar com o Governador e o Comandante da divisão, mas estes também não foram encontrados e ele teve de se contentar em deixar uma mensagem. Decidiu, por isso, escrever a primeira carta ao Presidente, com a intenção de confiá-la ao próprio comandante da divisão, para que chegasse o quanto antes. Finalmente, conseguiu encontrá-lo

---

[15] Ibid., pp. 62-64.

à tardinha, mas este, ao lê-la, pediu-lhe que aguardasse o fim das investigações, oferecendo garantias para aquelas pessoas. Encontraram-se de novo na terça-feira, dia 24, e nessa ocasião o comandante insinuou que as vítimas fossem malfeitores. Na verdade, tratava-se de cristãos de base, que participavam de encontros de formação na paróquia de Jiquilisco, mas, naquela época, isso era mais do que suficiente para ser acusado de comunismo. Romero, então, observou que de seu ponto de vista a questão não dizia respeito à conduta das vítimas, mas queria "protestar pastoralmente pela agressão à dignidade e à vida, um direito que qualquer homem possui".[16]

Entendendo a situação, escreveu a segunda carta, que fez chegar ao presidente "através de um contato seguro", dois dias depois. Enfim, na segunda-feira, dia 30, voltou a Tres Calles para celebrar a missa de sufrágio, embora tivesse sido desaconselhado devido ao "perigo de manipulação política" de sua presença. Um motivo que, na verdade, jamais impediria Romero – em nenhum estágio de sua vida – de celebrar a missa. Portanto, limitou-se a pedir a opinião do pároco de Jiquilisco e, obtendo garantias, não teve mais dúvidas. Ao contrário, foi agradavelmente surpreendido pela presença de alguns sacerdotes e membros de comunidades de base de San Miguel, que vieram em sinal de solidariedade. Apenas lamentou alguns cantos "de protesto que os catequistas aprendem em nossos 'centros de promoção'" (clara referência ao Centro Los Naranjos, da paróquia de Jiquilisco), mas, diante da gravidade da situação, não se delongou em certos detalhes. Toda-

---

[16] Ibid., p. 6.

via, menos favoráveis foram muitos dos comentários com relação a ele: apesar da situação, ele tinha celebrado uma missa de sufrágio quase "normal", falando de "mortos", e não de "assassinados", e exortando a não ceder à lógica da violência com palavras tão genéricas que não permitiram entender se, em sua opinião, aqueles desgraçados fossem vítimas ou culpados do que sucedera. Com efeito, Romero não estava totalmente convencido de que não fossem guerrilheiros.

Miss Universo e o massacre dos estudantes

Visto que a tragédia às vezes assume a forma de farsa, naquele mesmo ano de 1975 El Salvador venceu a candidatura para acolher a sede do concurso internacional de Miss Universo. O Governo e os empresários enxergaram naturalmente uma boa oportunidade para lançar a imagem do país no mundo, mas os estudantes universitários se rebelaram. Os primeiros foram os de Santa Ana, imediatamente reprimidos pela Guarda Nacional. Seus colegas, em solidariedade, foram para as praças da capital e, em 30 de julho de 1975, organizaram uma passeata em direção à praça da Liberdade, no centro da cidade, aonde jamais chegaram porque durante o trajeto, sem nenhuma provocação de sua parte, foram fortemente atacados pela Guarda Nacional. O balanço foi de pelo menos 37 mortos e várias dezenas de desaparecidos. Esse acontecimento – que teria marcado profundamente a memória e a consciência de muitos salvadorenhos – evidenciou o quanto a violência estava difundida. De fato, de um lado as organizações guerrilheiras tinham iniciado a prática de sequestros de oligarcas para financiar a aquisição de armas; de outro, os serviços de segurança reprimiam cada vez mais indiscriminada e impunemente. Estavam se organizando, tanto que depois de apenas um mês, em agosto de 1975, apareceu uma nova sigla, a FALANGE (Forças Armadas de Libertação Anticomunista Guerra de Eliminação), seguindo-se outras, comumente conhecidas como "esquadrões da morte". Estes grupos eram formados por guardas e policiais fora de serviço, mas estreitamente ligados a altos oficiais do Exército. Eram apoiados pela ORDEN e até por alguns ocasionais mercenários; e eram financiados pela oligarquia. Naturalmente não usavam uniformes: escondiam a própria filiação e andavam fortemente armados. Em pouco tempo se tornaram o braço mais atroz da repressão estatal. Sua origem remota, de fato, data do desvio de funções dos serviços de segurança, *in primis* a Guarda Nacional, que desde o início do século era constantemente usada para reprimir a população. Mas a origem mais próxima estava na ORDEN, cuja função principal era a de descobrir qualquer atividade subversiva, tarefa também (e naturalmente) do serviço secreto, ou seja, da Agência de Segurança Salvadorenha (ANSESAL). A Guarda Nacional, a ORDEN e a ANSESAL transformaram-se, assim, num trio de terror, coadjuvado por outras unidades de inteligência do Exército.

Porém, o massacre dos estudantes deu um forte impulso às organizações populares, que se transformaram em frentes políticas de massa. A fim de bem compreender as forças em jogo, sua natureza, proveniência e até suas relações com o futuro arcebispo – para não cair em confusões banais já comuns entre aqueles que acusam os setores mais organizados do povo salvadorenho de quererem *instrumentalizar* a figura de Romero –, deve-se saber distinguir com precisão entre organizações populares, frentes políticas de massa e grupos político-militares. É claro, pois, que no momento da resistência foram firmadas fortes alianças entre elas.

Organizações populares, frentes políticas e grupos militares

Entre as organizações populares deve ser relacionada em primeiro lugar a Federação dos Trabalhadores do Campo (FTC), que agrupava a Federação Cristã dos Camponeses Salvadorenhos (FECCAS) e a União dos Trabalhadores do Campo (UTC).[17] Em seguida, a Associação Nacional dos Educadores Salvadorenhos (ANDES-21 de Junho), dois grupos universitários e alguns reagrupamentos dos habitantes das zonas marginalizadas. Este primeiro conjunto de associações foi constituir o Bloco Popular Revolucionário (BPR). A forte federação sindical FENASTRAS e uma sólida base operária constituíram, entretanto, a Frente de Ação Popular Unificada (FAPU).

Enfim, algumas organizações menores formaram as Ligas Populares 28 de Fevereiro (FP-28). Essas organizações e movimentos populares, não obstante a aparência dos nomes, não perseguiam uma luta armada, mas essencialmente pacífica. Seu ponto forte era a capacidade de paralisar o país com greves de categorias ou gerais, bem como a ocupação das fábricas, das igrejas e, às

---

[17] Ambas apoiadas pela UCA.

vezes, da própria catedral. Embora limitadas em número, tiveram um forte impacto político porque bem motivadas e organizadas.

Ao contrário, os grupos político-militares tinham outra natureza, já que existiam vínculos informais entre as várias organizações e, pouco a pouco, começaram a apoiar as reivindicações das frentes políticas. Isso levou a propaganda oficial a confundi-las propositadamente para criar a oportunidade de reprimir qualquer forma de dissidência. No início, eram três grupos: as Forças Populares de Libertação Farabundo Martí (que apoiavam o Bloco Popular Revolucionário); as Forças Armadas de Resistência Nacional (que apoiavam a Frente de Ação Popular Unificada) e o Exército Revolucionário do Povo (que apoiava as Ligas Populares 28 de fevereiro). Em seguida, juntaram-se as Forças Armadas de Libertação, ligadas ao Partido Comunista, e o Partido Revolucionário dos Trabalhadores da América Central.

Como se vê, da natureza das diversas organizações, as que estavam envolvidas com uma origem marcadamente comunista eram minoria. E se é verdade que todas tivessem como objetivo construir uma sociedade socialista como alternativa ao modelo feudal capitalista dominante, a luta armada constituía a *extrema ratio* para a maioria delas. Com relação ao fundamento ideológico mais difundido, não deve ser procurado nas teorias marxistas leninistas, mas na Bíblia e nos documentos de Medellín... até porque o contrário seria bastante inverossímil num país que se dizia 95% "cristão". Além disso, o já famoso *Relatório Rockefeller*, no início dos anos 1970, tinha indicado a Igreja – em especial

OSCAR ROMERO: MÁRTIR DA ESPERANÇA

a Teologia da Libertação – como o principal problema para os interesses norte-americanos no continente.[18]

Não se pode, pois, falar em escândalo (ou *instrumentalização* da figura de Romero) se ainda hoje muitas daquelas pessoas e grupos continuam a se inspirar nas palavras de seu pastor: a maioria, de fato, não provinha de células comunistas, mas das comunidades eclesiais de base ou até mesmo das paróquias. Muitos por convicção, outros por necessidade. Na verdade, quando o Estado iniciou a perseguição sistemática dos catequistas e dos agentes de pastoral, muitos deles não viram outra possibilidade a não ser fugir para os territórios controlados pela guerrilha e se incorporarem a ela.

O Centro Los Naranjos

Nessa atmosfera não poderia passar despercebido o trabalho de promoção humana e cristã realizado pelos padres passionistas[19] na diocese de Santiago, no Centro Los Naranjos da paróquia de Jiquilisco. Esta era a maior paróquia de El Salvador: 570 km² (um sexto da diocese) e mais que 150 mil habitantes. O Centro Los Naranjos foi aberto em julho de 1971 para a formação de "agentes da pastoral rural" e criação de "comunidades eclesiais de base". Nos primeiros meses ofereceu cursos somente aos catequistas e aos agentes pastorais da paróquia; mas, a partir

---

[18] *The Rockfeller Report on the Americas*, 1969. Resultado de uma viagem do governador de Nova York, Nelson Rockefeller, a vinte nações latino-americanas, a pedido do governo Nixon.

[19] A comunidade passionista de Jiquilisco de 1974 a 1977 era formada por: Juan Macho Merino, de 1963 a 1977, transferido depois para San Salvador no mesmo ano em que Romero; Pedro Ferradas Reguero, de 1969 a 1978; Zacarías Diez Arnaiz, de 1971 a 1982, e Marcelino Ortega González, de julho de 1976 a 1986.

do mês de outubro, em coordenação com outros dois centros análogos (a Universidade Camponesa El Castaño, da diocese de San Miguel, e a Escola La Providencia, da diocese de Santa Ana), abriu o ingresso para outras paróquias e dioceses, realizando pela primeira vez o "Curso de primeiro nível para representantes da Palavra e animadores da comunidade". O segundo e terceiro níveis, entretanto, foram organizados em El Castaño. Em 1972, 646 camponeses usufruíram do Centro Los Naranjos, chegando a 1.278 em 1973, para um total de 47 cursos e 220 dias de aulas: já havia muito para atrair o serviço secreto e os serviços de segurança do país!

Dom Oscar Romero chegou a Santiago já alertado quanto à situação de Los Naranjos, tanto por parte de alguns coirmãos aborrecidos com o fato de que os próprios fiéis "passassem dos limites" para irem se formar naquele centro e depois voltassem com "estranhas ideias na cabeça", como por parte do próprio Governo, que tinha a situação sob controle. Considerando a bagagem ideológica com a qual havia deixado San Salvador, certamente ele tinha suas ressalvas a respeito da obra dos padres passionistas, cujo trabalho devia parecer-lhe demasiado parecido com o dos jesuítas do Externato São José; mas, por um capricho do destino, a primeira providência que teve de tomar foi exatamente em defesa deles.

A expulsão do Padre Juan Macho Merino

O massacre na universidade, de fato, tinha desencadeado protestos e desordens em todo o país e alguns cristãos, cansados e desconfiados da inutilidade das declarações de costume, haviam decidido realizar um forte ato de denúncia ocupando a catedral metropolitana por ocasião do dia do padroeiro nacional, 6 de agosto de 1975. Contra isso, a repressão exacerbou-se, com desaparecimentos, homicídios e a expulsão de estrangeiros. Foi assim que, no dia 16 de agosto, o Padre Juan Macho Merino, diretor do Centro Los Naranjos, ao voltar de uma visita a sua família na Espanha, logo que aterrissou no aeroporto de San Salvador foi mandado de volta ao país de proveniência, no mesmo avião da Ibéria em que tinha chegado.

A notícia teve repercussão nacional, graças à tomada de posição vigorosa do embaixador espanhol que conseguiu com que o fato fosse publicado nos jornais. Mas, o que desbloqueou verdadeiramente a situação foi, provavelmente, a intervenção de Romero, que voltou à carga com seu amigo Presidente, o qual, desta vez, não encontrou melhor justificativa do que a de um "erro" banal (e sem detalhes) acompanhado da permissão de retorno.

O tom da carta – que seguiu um encontro pessoal – iniciou, porém, a ter ênfases inéditas:

> Senhor Presidente, novas situações conflituosas entre o Governo e a Igreja – que, como sabe, me deixam muito triste – me obrigam a chamar sua atenção para suplicar atenta e vivamente uma sua intervenção decisiva, a fim de resolver favoravelmente o seguinte problema que muito perturba a minha diocese...

Nunca até então Romero havia admitido que houvesse um conflito direto entre o Governo e a Igreja... E, se no caso dos pobres camponeses de Tres Calles havia se limitado a uma fórmula duvidosa com relação ao comportamento deles, desta vez se posicionou firmemente a favor do sacerdote:

> ... Mas tenho a satisfação de assegurá-lo, com a sinceridade que caracteriza minhas relações de amizade com o senhor, que o sacerdote mencionado merece minha confiança com relação a sua ideologia e a sua ação sacerdotal; a promoção humana e cristã a qual se dedica está em conformidade com a sensibilidade do Evangelho e da Igreja.

O incidente se resolveu, pois, de maneira favorável, mas restava o problema da segurança dos padres passionistas. O centro, na verdade, foi revistado várias vezes pela Guarda Nacional e muitas acusações foram feitas a seus membros. Em especial ao Padre Pedro Ferradas, que, por sua vez, teve sérios problemas com as autoridades migratórias (sendo ele também espanhol), por ter participado da ocupação da catedral. Além disso, a questão tinha preocupado e aborrecido também o Arcebispo Chávez e, principalmente Romero, o qual, não admitindo iniciativas semelhantes dos leigos, ainda menos compreendia e aceitava aquelas feitas por sacerdotes. Por sua vez, os passionistas ficaram aborrecidos pela suspeita – fundada – de que o bispo estivesse se aproveitando da situação para pedir a seus superiores que freassem certas iniciativas.

Usando uma linguagem diplomática, chegou certa vez a sugerir ao provincial passionista a transferência de Padre Pedro:

> ... Creio seja meu dever manifestar-lhe que eu também temo pelo Padre Pedro, não obstante as garantias oferecidas; e, além

do mais, manifestar-lhe que diversos conselheiros prudentes consideram que deva pedir ao senhor uma transferência do padre para o exterior. Serei eu o primeiro a não apreciar isso, porque admiro e sou grato à dedicação sacerdotal com a qual está trabalhando, mas também a sua segurança pessoal e a remoção dos pretextos que obstam seu trabalho contam muito no plano pastoral.

No fim, nada se fez e o padre continuou em seu lugar.

Inquietudes no Centro Los Naranjos

Com relação à questão do centro, é difícil identificar um comportamento coerente e contínuo de Romero. Talvez sua característica insegurança crônica e a busca escrupulosa da verdade o fizessem oscilar continuamente entre uma substancial confiança nos padres – nos quais reconhecia a integridade da vida sacerdotal e os bons propósitos – e o temor de que o ensino deles fosse mais condicionado por interesses de natureza social e política do que espiritual. Não nos devemos esquecer dos pedidos insistentes que lhe chegavam de fora.

Foi assim que, em 12 de fevereiro de 1975, ao escrever ao diretor de Adveniat,[20] para recomendar a ajuda econômica daquela agência ao Centro Los Naranjos, não economizou elogios: "Trata-se de um verdadeiro instrumento da pastoral diocesana, e desde minha recente chegada à esta sede episcopal, há apenas três meses, entendi sua transcendência e como significa muito uma

---

[20] Adveniat é uma agência de apoio alemã para o desenvolvimento da Igreja Católica latino--americana.

"EM SANTIAGO TROPECEI NA MISÉRIA"

verdadeira esperança para meu episcopado".[21] Porém, depois de apenas três meses, em 6 de maio, convocou uma reunião do clero para discutir as "inquietudes, dificuldades, problemas, temores e esperanças com relação ao funcionamento deste centro de formação"[22]... para, em 14 de julho, voltar a expressar ao mesmo diretor de Adveniat

> o agradecimento de nossa diocese e também de várias paróquias de outras dioceses salvadorenhas que se estão beneficiando grandemente desta escola providencial. Nela muitos de nossos nobres camponeses encontram uma formação saudável que somente o Evangelho e a doutrina de nossa Igreja podem inspirar. Esta promoção cristã, que sigo pessoalmente com verdadeiro interesse pastoral, se torna hoje mais do que necessária em nosso país, onde fortes correntes anticristãs invadem os nossos promissores ambientes rurais.[23]

É verdade que, devendo pedir dinheiro, teria sido insensato expressar dúvidas quanto à eficácia de seu uso, mas as expressões usadas por Romero nessa correspondência vão muito além de palavras formais. A propósito da mencionada reunião, se efetivamente – como suspeitavam os padres passionistas – havia sido convocada para discutir a fundo uma linha pastoral do centro,

---

[21] O. A. Romero. Carta ao diretor de Adveniat, 12 de fevereiro de 1975, p. 1. Citada em: Z. Díez; Juan Macho. *"En Santiago de María me topé con la miséria". Dos años de la Vida de Monsignor Romero (1975-1976). Años del cambio?*, pp. 86-87.

[22] Id. Carta circular do secretário chanceler aos sacerdotes da diocese, 25 de abril de 1975, citada em Z. Díez; Juan Macho. *"En Santiago de María me topé con la miséria". Dos años de la Vida de Monsignor Romero (1975-1976). Años del cambio?*, p. 87.

[23] Id. Carta aos bispos do país, 14 de julho de 1975, p. 1. Citada em: Z. Díez; Juan Macho. *"En Santiago de María me topé con la miséria". Dos años de la Vida de Monsignor Romero (1975-1976). Años del cambio?*, p. 89.

acabou não servindo para nada. Romero, curiosamente, limitou-se a lamentar que seus sacerdotes não servissem adequadamente ao centro,[24] não obstante os maiores ônus estarem a cargo das dioceses (90% dos participantes, na verdade, provinham das dioceses de San Vicente e San Miguel)... e algumas fofocas a respeito do presumido ensino marxista do Padre David Rodriguez[25] não foram confrontados. Todavia, Romero não saiu tranquilizado e, durante uma viagem na Europa em novembro de 1975,[26] visitou os superiores maiores dos passionistas (tanto em Roma quanto na Espanha) para expor-lhes suas preocupações. Estes, depois de tê-lo ouvido, encaminharam-no ao superior da América Central: o vigário regional, que residia em Honduras. Insatisfeito com essa reação, ele levou a questão até o Vaticano, à Sagrada Congregação para o Clero, que teria enviado um dossiê nos meses seguintes para fazer um juízo sobre a ortodoxia daquele ensino.

Em Roma

A estada em Roma proporcionou-lhe a oportunidade para encontrar-se com Paulo VI, em 23 de novembro, o qual o encorajou muito e o presenteou com 5 mil dólares para a diocese. Recebeu outros 3 mil dólares da Comissão Pontifícia para a América Latina. Apresentou a essa comissão um documento duríssimo,[27]

---

[24] Emitindo, entretanto, uma mensagem oposta – mas quão intencional? – àquela esperada.

[25] Um sacerdote da diocese de San Vicente que ensinava matérias como canto, realidade nacional, comunidade...

[26] Em maio do mesmo ano havia sido nomeado consultor da Comissão Pontifícia para a América Latina.

[27] O. A. Romero. Documento para a CAL (Arquivo da diocese de Santiago de María). Citado em: Z. Díez; Juan Macho. *"En Santiago de María me topé con la miséria". Dos años de la Vida de Monsignor Romero (1975-1976). Años del cambio?*, pp. 50-53.

no qual expressava seus temores com relação ao risco da politização de muitos sacerdotes salvadorenhos. Em primeiro lugar – como era previsível –, atacou os jesuítas: a UCA, o externato, o seminário (de onde já haviam sido expulsos há três anos!), a paróquia de Aguilares (onde só se salvava o amigo Rutilio Grande, que havia sido transferido para lá como pároco depois da expulsão do seminário por "não estar de acordo com muitas ideias de seus colaboradores") e outras paróquias que, em sua opinião, sucumbiam fatalmente à influência negativa. Acrescentou uma crítica a Ignacio Ellacuría, enquanto reservou a Jon Sobrino somente uma alusão ao falar das "novas cristologias". Além disso, denunciou o Secretariado Social Interdiocesano e a Comissão de Justiça e Paz pela publicação do boletim *Justicia y Paz*, patrocinado pelo Misereor e apoiado por Dom Rivera y Damas e uma série de Centros de Formação e Espiritualidade... Nem a rádio diocesana de San Salvador, Radio YSAX, escapou daquele juízo final antecipado. É difícil entender o que se passava pela cabeça de Romero naqueles dias após os primeiros sinais de distensão nos meses precedentes: provavelmente o ambiente romano e a proximidade de alguns prelados, como o polêmico López Trujillo, secretário-geral da Conferência Episcopal Latino-americana, tenham reacendido nele certas fobias e ressentimentos que ainda não estavam totalmente aplacados.

De qualquer maneira a dura realidade de seu país o colocaria de novo com os pés no chão, ensinando-lhe, a sua custa, a necessidade de verificar cada juízo pronunciado apressadamente.

O caso do Centro Los Naranjos

O Centro Los Naranjos, entretanto, foi fechado por vontade expressa de Romero a partir do mês de agosto precedente e, durante sua ausência, em 15 de outubro, o vigário-geral enviou uma circular a "todos" os diretores dos Centros de Promoção que dizia o seguinte:

> Desejo comunicar-lhes que na reunião realizada pelo excelentíssimo prelado diocesano e pelo Conselho dos Consultores ficou acordado, entre outros assuntos, solicitar aos diretores de centros de promoção da diocese que não programassem nenhum curso para o futuro próximo. O excelentíssimo senhor bispo se encontra ausente da diocese e somente quando se der seu retorno deverão ser estudados os planos e programas de futuras atividades dos chamados centros.

Seria engraçado, se não fosse triste, que na diocese houvesse "um" só centro de promoção e, consequentemente, um só diretor: o Padre Juan Macho, que o vigário bem sabia que estava no exterior. Dialogar com pessoas de um tipo tão sincero e transparente deveria, pois, ser um prazer; fica difícil, então, entender como alguns comentadores possam se maravilhar da irritação revelada e dos tons usados pelos passionistas em sua réplica.

Com a volta dos principais adversários – Romero de Roma e o Padre Juan Macho de sua odisseia transoceânica –, o confronto pôde finalmente começar com uma troca epistolar cerrada entre bispo, diretor e padre provincial. Um dossiê minucioso – pedido por Romero aos padres passionistas – sobre o conteúdo ideológico do centro, o método e os programas de estudos, o pessoal e os projetos para o ano seguinte serviu de *instrumentum laboris* para um encontro (realizado em 10 de dezembro) entre o padre Juan Macho e uma comissão formada por Romero, quatro membros do Conselho dos Consultores e Dom Revelo. Este último era bispo auxiliar de Santa Ana e fora convidado por Romero para ser presidente da Comissão de Catequese Nacional para a Conferência Episcopal e coordenador dos Centros Rurais da Igreja em El Salvador.

Finalmente, em 12 de dezembro, o vigário regional dos passionistas na América Central, o Padre Victorino Sevilla, veio de Honduras para enfrentar com Romero os temas surgidos no encontro e resolver definitivamente a questão. Na prática veio perguntar-lhe se aceitava ou não a proposta pastoral apresentada pelos padres e, portanto, pronunciar-se sobre a presença deles na diocese.

Naquela noite Romero teve de se decidir. Por volta da meia--noite pediu um último conselho a um sacerdote de confiança e pela manhã escreveu a página definitiva do caso, enviando-a ao vigário regional. Aceitou a proposta, acrescentando alguns pedidos:

> Permita-me somente especificar estas três iniciativas justamente para promover o diálogo que desejo. A primeira, o senhor mesmo sugere como possível na página 3 (n. 6) do *memorandum*: "Que os párocos esclareçam com os padres as atividades do centro para uma melhor eficácia diocesana". A segunda é o oferecimento de minha participação pessoal, sempre que for possível, nas reflexões pastorais da comunidade passionista. A terceira, além de ser um pedido de colaboração mais estreita, quer ser uma expressão de

minha confiança: isto é, pedir-lhe e ao Padre Juan se aceitariam o cargo de vigário da pastoral diocesana.

Claro que se poderia especular ao infinito sobre se Romero estava realmente convencido quanto à proposta pedagógica do centro e o quanto apostou na necessidade de não perder três padres, tendo em vista a precária situação de seu presbitério. Em todo caso, fez tudo que estava a seu alcance: o centro foi reaberto proporcionando a ele próprio a possibilidade de refletir de maneira teológica e sistemática sobre muitas experiências novas que estava vivenciando. De fato, sem o saber, aos 58 anos tinha começado a frequentar outro tipo de escola: a dos camponeses e dos trabalhadores temporários.

O "sistema de ajuda"

Tais trabalhadores chegavam à Santiago durante os meses da colheita do café, os mais frios, quando a noite é gélida. Romero percebeu que não havendo abrigos, dormiam em qualquer lugar que achassem: muitas vezes nas calçadas ou praças, tremendo de frio. Mobilizou, então, todas as forças diocesanas. Nas instalações de um velho colégio fora de uso foram abrigadas trezentas pessoas; outras trinta na salinha habitualmente usada para as reuniões do clero. Pediu à Caritas que oferecesse à noite algum alimento quente: um copo de leite ou de *atol*.[28]

Ele próprio se aproveitou da situação para visitá-los e passar algumas horas a batendo papo com eles. Foi durante essas con-

---

[28] A bebida à base de milho, mencionada anteriormente.

versas que os ouviu se queixarem do chamado *sistema de ajuda*. Curioso, perguntou ao Padre Macho do que se tratava e este lhe explicou:

> É um enorme abuso! Funciona assim: os chefes de turma nas fazendas de café ou de algodão escrevem certo número de trabalhadores no quadro, mas que é sempre menor do que o necessário. O que acontece em seguida? Aceitam todos os que chegam, mas como ajudantes, assim os pagam apenas pelo peso da lata de café ou do saco de algodão que recolhem, mas não lhes dão de comer nem lhes pagam o domingo... Desse modo, economizam um monte de dinheiro e obtêm uma boa quantidade de mão de obra mais barata.

Como demonstrava não poder acreditar, seu vigário não perdeu a oportunidade de cutucar a ferida:

> Você sabe como esses cristãos, muitos deles seus amigos, remediam uma vilania tão grande? Com um presentinho de Natal. Sabe o que dão, esses seus amigos íntimos, a cada trabalhador que corta o algodão, arrebentando as costas sob este sol ardente? Um short que vale 3 pesos. E 3 pesos é quanto lhes tiram diariamente deixando-os sem comer o dia inteiro!

Ainda sem convencê-lo, convidou-o a ir verificar pessoalmente como no quadro de avisos das empresas agrícolas fosse desavergonhadamente indicado um pagamento diário de 1,75 colóns, embora o mínimo legal fosse de 2,50, graças à cumplicidade dos fiscais do trabalho, sempre dispostos a se deixarem corromper. Ele aceitou o desafio e foi. Quando voltou, estava abalado: "Padre, você tinha razão! Mas como é possível tanta injustiça?". "Foi desse acúmulo de injustiças que se falou em Medellín!" Muitos anos depois, contando o episódio a María López Vigil, Padre Macho comentou:

> No começo, toda vez que eu ou qualquer pessoa lhe falava de Medellín, ele ficava nervoso e com cacoete. O lábio começava a tremer e ele não conseguia controlá-lo. Era só ouvir o termo Medellín e começar a tremer. Naquela noite, escutou essa palavra; ele a repetiu: Medellín, Medellín... E o lábio não tremeu. Nunca mais vi aquele cacoete.[29]

Noutra ocasião convidaram-no para celebrar a missa num latifúndio na jurisdição da paróquia de Jiquilisco e o pároco lhe explicou que costumeiramente os presentes comentavam livremente as leituras, enquanto o sacerdote tirava as conclusões, fazendo eventuais correções. Naquele dia o Evangelho falava da multiplicação dos pães. Um jovem a explicou, dizendo: "Essa leitura me fez entender que o rapaz que levava em seu cesto os cinco pães e os dois peixes foi aquele que com simplicidade obrigou Cristo a fazer um milagre". Romero não gostou do termo "obrigou", mas o jovem continuou:

> Conceda-me um instante, Dom Romero, e no fim entenderá. Eu digo obrigou porque cinco pães e dois peixes não eram nada para alimentar toda aquela gente, mas, ao mesmo tempo, era tudo que ele tinha. Nada e tudo ao mesmo tempo. Essa era a situação! O que aconteceu? Naquele momento o rapaz ofereceu

---

[29] M. López Vigil. *Monsignor Romero. Frammenti per un ritratto*, pp. 51-53.

tudo o que tinha: Jesus não podia agir diferentemente dele, devia fazer tudo pudesse. E ele podia fazer milagres! E, portanto, o fez! Acho que agora entende porque falo de obrigação e pode, então, concordar comigo, não é verdade?

Outros comentários se seguiram. No momento das conclusões, Romero simplesmente disse:

Eu tinha trazido uma longa homilia preparada para esta ocasião, mas não vou usá-la. Depois de tê-los ouvido, só posso repetir o que disse Jesus: "Graças, Pai, porque revelaste a verdade aos simples e a escondeste aos eruditos".

Mais tarde, no caminho de volta, confessou ao sacerdote que o acompanhava: "Veja só, padre, eu tinha ressalvas com relação a esses camponeses, mas vejo que comentam melhor do que nós a Palavra de Deus. Eles acertam em cheio!".[30]

Um passo adiante e meio para trás

E ele acertou em cheio quando, em janeiro de 1976, constituiu uma Comissão Pastoral Diocesana, para a qual havia enviado quatro sacerdotes já três meses antes, para fazerem um curso sobre planejamento pastoral. Mais tarde, enviaria a Medellín, com o mesmo objetivo, o Padre Orlando Cabrera – atual bispo de Santiago de María. A referida comissão foi confiada ao Padre Macho, em seu papel de vigário da pastoral.

---

[30] Ibid., pp. 53-54.

De vez em quando tinha recaídas. Certo dia pediu ao mesmo Padre Macho – como diretor do centro – que suspendesse do ensino o Padre David Rodríguez, porque alguns sacerdotes tinham se queixado de seu "comunismo". Macho se recusou, dizendo-lhe que, se não possuía provas para sustentar as acusações, não seria absolutamente cristão julgar uma pessoa com base em simples ilações. Portanto, propôs que fosse assistir às aulas, até escondido, se quisesse. Romero aceitou, mas foi honesto e entrou na sala. Sentou-se e ouviu por duas horas. Terminada a aula, foi para a sala do diretor, exclamando: "Se o Padre David é comunista, eu sou chinês!".[31]

O que sempre o salvou foi sua extrema humildade e a disponibilidade de admitir os próprios erros, logo que os reconhecia como tal. Pressionado continuamente pelos sacerdotes mais tradicionalistas com relação ao ensino do Padre David, certo dia disse a um deles: "Vá você dizer isso ao Padre Macho". Provavelmente era só um jeito de falar, mas não foi preciso repetir. Macho – que ainda estava fazendo a higiene pessoal, pois ainda era muito cedo – perdeu o controle e mandou aquele desgraçado com uma resposta enviesada para o próprio Romero, que foi até ele de imediato. Não conseguiu dizer nada, tanta era a raiva do outro que lhe cobrou com relação ao fato de estar expondo o Padre David ao perigo, dando crédito a certas acusações.

Sentiu-se tão confuso, que se pôs de joelhos diante de mim. E, quando o vi assim prostrado, eu o ergui e o abracei. "Não, Dom

---

[31] Ver Z. Díez; Juan Macho. *"En Santiago de María me topé con la miseria". Dos años de la Vida de Monsignor Romero (1975-1976). Años del cambio?*, pp. 138-139.

"EM SANTIAGO TROPECEI NA MISÉRIA"

Romero, não faça isso, apenas nos aceite..." E quando viu que eu chorava, ele também chorou. Desfez o abraço e me olhou nos olhos: "Agora entendo".[32]

Um ano se passara e as paróquias tinham deixado de receber a revista mensal *Palabra*, porque Romero não renovou as assinaturas. Naturalmente seria um exagero ver nesse fato em particular o sinal de um rompimento com a Opus Dei; ainda mais porque poucos meses antes, em 12 de julho de 1975, se tinha juntado a muitos bispos do mundo para pedir a Paulo VI a imediata introdução da causa de beatificação e canonização de Monsenhor Josemaría Escrivá; mas também seria igualmente banal a hipótese de um simples esquecimento por parte de uma pessoa tão meticulosa como ele. Evidentemente alguma coisa estava mudando. Todos perceberam... os santiaguenses, quando, na metade de 1976, ele manifestou a intenção de estabelecer uma pastoral social diocesana, logo ele, que sempre se tinha recusado a ultrapassar o limiar de uma mera assistência generosa! Naturalmente não fez as coisas pela metade: nomeou um Conselho de Pastoral Social e promoveu pesquisas nas diversas zonas da diocese, talvez tendo em vista alguns projetos de caráter social (cooperativas, cursos de alfabetização, educação de adultos, promoção das mulheres...) que, porém, não teve tempo de realizar.

Quando o Presidente Molina, no fim de seu mandato, decretou uma modesta "transformação" agrária (de fato, evitou a todo custo a palavra "reforma") tentando nacionalizar cerca de 61

---

[32] M. López Vigil. *Monsignor Romero. Frammenti per un ritratto*, pp. 53-54.

125

mil hectares de terras em Usulután e San Miguel para dividi-los entre doze mil famílias de camponeses, Romero convocou "dois dias de estudos sobre a lei de transformação agrária", em 12 e 13 de agosto de 1976, para os quais convidou os relatores do ISTA[33] e da UCA. Todos os sacerdotes, as religiosas e os agentes de pastoral foram convocados. Na ordem do dia fixou os seguintes objetivos: 1) estudo da Lei de Transformação Agrária como resposta ao homem do campo; 2) análise da situação do homem do campo e de suas expectativas sociais; 3) análise de como o homem será afetado por essa lei; 4) projeto da pastoral diocesana nesse contexto.

Molina resistiu durante quatro meses, mas, quando os protestos iniciais da oligarquia se transformaram numa violenta campanha contra o Governo (paradoxalmente acusado de criar um precedente reformista perigoso), e a ameaça de um golpe de Estado por parte do General Carlos Humberto Romero (já candidato a sua sucessão no ano seguinte) se fez real, teve de desistir e aquela modesta tentativa virou fumaça.

Não contente, a oligarquia desencadeou uma nova e forte repressão para abafar as esperanças ainda germinais suscitadas por aquelas promessas. El Salvador, assim, tomou uma estrada sem volta. Entre os primeiros a tomar consciência disso estava o Arcebispo Chávez, que, na época, estando no limiar da aposentadoria e sendo vítima de uma campanha midiática de difamação, percebeu que não era mais respeitado pelas próprias autoridades, enquanto a Igreja e o povo tinham necessidade de uma voz forte e respeitável que os defendesse. Entrou com seu pedido de aposen-

---

[33] Instituto Salvadorenho de Transformação Agrária.

"EM SANTIAGO TROPECEI NA MISÉRIA"

tadoria precoce e o núncio apressou os trâmites para a nomeação de um sucessor. Esse tipo de coisa deveria em regra acontecer com a máxima discrição, ainda mais na situação delicada que se havia criado no país... mas como são difíceis de conservar certos segredos! De fato, no início de 1977, todos sabiam e cada um tinha seu próprio candidato. As comunidades de base e os padres de Medellín esperavam que fosse Rivera y Damas; o núncio, a maioria dos bispos da América Central (o próprio Cardeal Casariego da Guatemala, a autoridade máxima eclesial na região) e a oligarquia apostavam em Romero. Estes últimos não se limitaram a torcer, mas pediram o apoio para sua nomeação à nunciatura e a algumas instâncias romanas. E assim foi. Para a alegria dos ricos e o desalento dos pobres, Romero se tornou arcebispo. Para uns e outros, porém, surpresas ainda deveriam acontecer.

VI

"O POVO É O MEU PROFETA"

Arcebispo em San Salvador (1977)

No início de 1977 a violência já havia degenerado e o Governo, juntamente com as duas principais associações de empresários salvadorenhos, FARO e ANEP,[1] acusava abertamente alguns setores eclesiásticos de serem os causadores. No alto da lista, como sempre, estavam os jesuítas, aos quais era atribuído que fossem os principais organizadores dos camponeses; em especial das FECCAS-UTC, que contavam com mais de oitenta mil adeptos em âmbito nacional, em sua maioria proveniente das comunidades eclesiais de base.

Para acrescentar água à fervura, em 5 de dezembro de 1976, nos arredores de Aguilares, ao norte da capital, durante uma manifestação contra a construção da maior hidrelétrica nacional, a barragem de Cerron Grande (que teria inundado catorze mil hectares de terras, desalojando centenas de famílias para as quais

---

[1] Frente Agrária da Região Oriental, espalhada pelo país inteiro, e a Associação Nacional da Empresa Privada.

não era prevista nenhuma alternativa), um tiro de fuzil matou – talvez acidentalmente – Eduardo Orellana. Ele, membro de uma das "catorze famílias", era proprietário de três plantações de cana-de-açúcar e estava entre os maiores beneficiados pelo projeto. O acaso quis que naquele mesmo dia o Arcebispo Chávez se encontrasse em Aguilares com quarenta jesuítas e dois mil camponeses para celebrar a ordenação de três jovens jesuítas. Naturalmente, não havia nenhuma ligação entre os dois acontecimentos, mas foi suficiente para proporcionar um pretexto ulterior à propaganda.

A tensão cresceu ainda mais quando, em 27 de janeiro, o Exército Revolucionário do Povo (ERP) sequestrou Roberto Poma, o presidente do Instituto Salvadorenho de Turismo (ISTU), consultor e principal colaborador do Presidente Molina e do Conselho Nacional de Planejamento e Coordenação Econômica (CONAPLAN): a pessoa mais importante e com maior poder de decisão do país. A "operação Poma"[2] – preparada nos mínimos detalhes desde março de 1976 – tinha entre outras coisas evidenciado o alto nível de capacidade ofensiva atingido por esse grupo guerrilheiro que, em poucos minutos, mandou pelos ares o imponente sistema de segurança do sequestrado: sete guarda-costas, dois veículos de escolta (que precediam e seguiam aquele no qual viajava), percursos alternativos para ir ao escritório e rotinas nada habituais. Como resgate, pediram e obtiveram a libertação de dois militantes presos pela Guarda Nacional: Rodolfo Mariano Jiménez Vega e Ana Guadalupe Martínez, que alguns anos mais tarde escreveriam um livro testemunhando a brutalidade

---

[2] A. G. Martínez. *Las cárceles clandestinas*. San Salvador: UCA, 2008. pp. 379ss.

das torturas praticadas nas prisões clandestinas. Esse livro horrorizou Dom Oscar Romero, revelando-lhe até que ponto podiam chegar as práticas de interrogatório e aniquilamento de personalidade ensinados à maioria dos torturadores latino-americanos na Escola das Américas,[3] no Panamá, fundada e administrada pelo Exército norte-americano. Nesse meio-tempo, porém (depois de dois dias de conversações relativamente tranquilas com os próprios sequestradores a respeito da situação social e política do país), Roberto Poma morreu devido a ferimentos sofridos na fase agitada do sequestro, mas o ERP decidiu não revelar a morte para não comprometer a libertação dos companheiros.

Por sua vez, o Governo e os serviços de segurança continuavam a pôr tudo no mesmo cesto, juntando indiscriminadamente em suas ameaças os guerrilheiros, as frentes populares, as organizações de trabalhadores e a Igreja. Das palavras se passou rapidamente aos atos e, no mês de fevereiro, foi preso e torturado o primeiro sacerdote; outros quatro foram presos e torturados nos meses seguintes e oito missionários impedidos de ingressar no país. Foi ainda pior para os catequistas e pregadores da Palavra empenhados em questões sociais, que começaram a ser oprimidos de todas as formas possíveis e mortos, principalmente nas zonas rurais. Enfim, já que no clero havia diferentes posicionamentos com relação ao comportamento que a Igreja devesse assumir com respeito às questões sociais, o governo começou a distinguir entre "padres bons e padres maus", com base, é claro, no próprio in-

---

[3] De 1946 a 1984, mais de sessenta mil militares a frequentaram, provenientes de 23 países da América Latina. Em 1984 foi transferida para Fort Benning, em Columbus (Georgia) e, em 2001, foi rebatizada Instituto de Cooperação para a Segurança Hemisférica.

teresse e com a evidente intenção de provocar um confronto no campo eclesial.

Fevereiro de 1977

A situação desaconselhava promover grandes aglomerações de gente: assim, em 22 de fevereiro de 1977, por ocasião da nomeação oficial do novo arcebispo, optou-se por uma simples cerimônia na capela do seminário de San José de la Montaña, esperando por uma data mais propícia para uma celebração mais solene na catedral. Na verdade esse dia jamais chegaria. De qualquer modo, foram convidadas autoridades civis e militares e alguns representantes dos vicariatos e de associações diocesanas. Entretanto, todos os sacerdotes estavam presentes, embora alguns dissessem que a presença era mais ditada pelo desejo de exprimir uma saudação comovida de reconhecimento ao arcebispo que saía do que dar as boas-vindas ao que assumia, o qual percebeu perfeitamente a atmosfera de desconfiança que o circundava. O próprio núncio, no discurso de apresentação, passou a pedir abertamente aos bispos, padres e religiosos que colaborassem com ele "em nome das dificuldades dos tempos presentes", como se não houvesse outro motivo para fazê-lo.

Na verdade, um ligeiro sinal de mudança já estava presente em Romero, mas as lembranças ainda incomodavam muito para permitir que os demais percebessem. Quando teve de enfrentar a questão da residência, recusou gentilmente, mas com firmeza a oferta de algumas famílias da oligarquia que lhe propuseram a escolha de uma casa confortável à custa delas nos melhores bairros da cidade, entre eles Escalón, onde ficava o seminário. Ao contrário, pediu para morar com as freiras carmelitas no Hospital da Divina Providência para doentes terminais de câncer, o chamado *Hospitalito*. Ali, nos primeiros meses, ocupou uma pequena sala junto da sacristia, que passou a usar ao mesmo tempo como quarto e escritório. Certo dia, porém, o núncio, ao visitá-lo, o repreendeu – e com razão – com respeito àquela acomodação inadequada. Qualquer um que tenha visto aquele quarto e sua localização[4] não deixaria de se perguntar como Romero podia pensar em viver e trabalhar naquelas condições, obrigando, além do mais, os visitantes a atravessar várias vezes o altar principal. Assim, as irmãs – que já tinham o projeto em mente – aproveitaram-se daquele sermão para exigir de Romero que aceitasse a oferta de uma casinha pré-fabricada com três cômodos no quintal do hospital, entre a entrada e a igreja. Foi seu presente de aniversário. Em 15 de agosto de 1977 elas lhe deram as chaves de sua nova casa.[5]

Tudo isso, porém, os sacerdotes iriam descobrir aos poucos: no dia de sua "chegada", era para eles apenas o homem de quem se tinham libertado com alívio havia apenas dois anos. De tarde, terminado um pequeno coquetel, foi com os outros bispos ver o Presidente Molina para o que deveria ser uma troca ritual de cumprimentos. A atmosfera, porém, não foi das melhores, seja pelo conflito já consolidado entre as duas instituições, seja pela incerteza daqueles tempos. De fato, apenas dois dias antes havia

---

[4] Ficou do mesmo jeito até 2005, quando, por ocasião do 25º aniversário de seu martírio, foi transformado em uma pequena capela.

[5] Nos três anos seguintes essa casa tornar-se-ia a meta de incontáveis salvadorenhos que precisavam de tudo; mais tarde, de visitantes do mundo inteiro.

acontecido uma estranha eleição na qual dois militares concorreram para a presidência: o General Carlos Humberto Romero, já Ministro da Defesa e da Segurança Pública no Governo de Molina (indicado como o responsável pelo massacre dos estudantes de 30 de julho de 1975), pelo PCN, e o coronel aposentado Ernesto Claramount, pela coalizão da oposição (UNO).

Como um plágio, em 26 de fevereiro de 1977, foi proclamada a "vitória" do candidato "oficial" e Claramount, como no caso de Duarte, teve de ir para o exílio... mas antes denunciou publicamente as fraudes ocorridas. Seus apoiadores ocuparam a praça da Liberdade e o empossado Presidente Romero (1977-1979) decretou estado de sítio, mandando o Exército reprimir os manifestantes. A atenção da mídia, todavia, foi desviada para outra notícia porque, com um cronograma um tanto suspeito, naquele mesmo dia a Guarda Nacional descobrira o cadáver de Roberto Poma sepultado na casa onde ficara durante o sequestro, no bairro de Planes de Renderos, um pouco fora de San Salvador. A comoção emocional foi assim habilmente aproveitada para abafar o eco do massacre (uma centena de mortos e um número superior de feridos) que, nas primeiras horas de 28 de fevereiro, as forças de segurança perpetraram naquela mesma praça, disparando indiscriminadamente contra a multidão sem aparente motivo. De fato, a situação estava tranquila, tanto que durante a tarde o Padre Alfonso Navarro pudera celebrar a missa – ajudado pelo Padre Rutilio Grande – para sessenta mil pessoas que depois foram embora, deixando a praça para cerca de dois mil manifestantes.

Um relatório da Comissão Interamericana dos Direitos Humanos (CIDH)[6] reconstruiu o acontecido da seguinte forma:

> Naquela ocasião, domingo, 27 de fevereiro, celebrou com Padre Navarro uma missa diante daquela multidão, pronunciando um sermão que teve grande impacto sobre o papel do cristão no mundo de hoje e a necessidade de que os cristãos soubessem quem era seu autêntico líder: nenhum outro, mas Jesus. O sermão do Padre Navarro foi claríssimo e compreensível para todos no contexto salvadorenho, porque o candidato oficial tinha montado sua campanha inteira sob o slogan: "O líder dos salvadorenhos". Esse candidato, empossado como Presidente no mesmo dia pelo Conselho Central das Eleições, não obstante sérias dúvidas sobre a votação, é o General Romero, acusado de várias repressões, mortes de estudantes, operários e camponeses. O sermão na praça Liberdade terminou assim: "Se nos acontecer qualquer coisa por termos dito a verdade, já sabem quem são os culpados".

Naquela noite, na confusão provocada por disparos e gás lacrimogêneo, muitos procuraram abrigo na igreja do Rosário, junto da praça, por sua vez cercada pelo Exército para imobilizar os ocupantes. Então, para espanto geral, ergueu-se a voz de Marianela García Villas,[7] uma destemida advogada, defensora dos direitos humanos, que teve a coragem de empunhar um megafone

---

[6] Comissão Interamericana dos Direitos Humanos (CIDH). *Relatório sobre a situação dos direitos humanos em El Salvador* (17 de novembro de 1978).

[7] Marianela, fundadora e presidente da Comissão de Direitos Humanos de El Salvador (CE-DHES), foi depois assassinada em 14 de março de 1983, juntamente com 29 camponeses em Guazapa, pelos soldados do batalhão Atlacatl, enquanto realizava uma investigação comissionada pela Federação Internacional dos Direitos Humanos e da ONU. Depois de um ano de exílio na Itália, Marianela havia voltado para El Salvador na ocasião da visita do Papa para

para pedir aos militares que não atirassem no próprio povo. Paradoxalmente, salvou-lhe a vida um potente jato de água lançado de um carro tanque do Exército que a jogou por terra um segundo antes que uma violenta descarga de metralhadora a atingisse. Teve, pois, que se refugiar-se com os outros dentro da igreja, onde passaram a noite até que um pouco antes do amanhecer o emérito Arcebispo Chávez e o auxiliar Rivera conseguiram chegar a um acordo com os militares. Romero, naquele dia, se encontrava em Santiago para dar andamento em suas últimas incumbências e, embora avisado, não se posicionou.

No mais, naqueles dias, sua principal preocupação era a *re-tomada* do contato com a realidade, que havia deixado da pior maneira possível. A arquidiocese contava, na época, com mais de um milhão de fiéis, aos quais se dedicavam duzentos sacerdotes (sendo três quartos missionários estrangeiros). Lembrando-se de experiências passadas, ou seja, dos conflitos havidos com Dom Rivera e, de outro lado, da ajuda oferecida em Santiago pelo auxiliar de Santa Ana, Dom Revelo, apressou-se a pedir que este – em sua opinião pouco valorizado naquela diocese – fosse nomeado como auxiliar em San Salvador. Cometeu assim seu primeiro e, talvez, mais grave erro como arcebispo. De fato, pouco depois, haveria uma inversão: Rivera se tornaria seu único apoiador, tanto como auxiliar em San Salvador quanto como ordinário em Santiago de María (onde o sucedeu em setembro de 1977); Revelo, no entanto, se transformou, ines-

---

recolher provas do uso de armas químicas (fósforo branco e napalm) por parte do Exército do Governo.

peradamente, num acérrimo inimigo. Não somente no seio da CEDES quase sempre se posicionou contra ele, mas também começou a falar mal de seu trabalho nos ambientes governamentais e eclesiais, a ponto de enviar protestos secretos ao Vaticano solicitando uma visita apostólica.[8] Nem mesmo o passar dos anos e o martírio de Romero fizeram com que se retratasse; tanto é que, em fevereiro de 1996, por ocasião da breve visita de João Paulo II a El Salvador, quando o Papa durante o almoço na nunciatura perguntou aos bispos o que achavam da canonização de Romero – pedida tristemente pelo povo –, Revelo o acusou de ser o principal responsável pelas oitenta mil vítimas da guerra civil salvadorenha (1980-1992).[9] As testemunhas relataram que o Papa não se dignou a responder, mas seu semblante exprimiu perfeitamente um juízo indisfarçável. Por esse e outros julgamentos do mesmo tipo, Ignacio Ellacuría o teria definido depois como "um anão que fala de um gigante".

Em 1977, porém, embora dividida há anos com relação a diversas questões, a Conferência Episcopal Salvadorenha percebeu a urgência de uma posição coesa e, em 5 de março, publicou uma mensagem com o título "A respeito do momento atual em que vive o país".

Fortalecido por este apoio, depois de apenas dois dias, Romero publicou seu primeiro comunicado, com o qual prometeu apoio incondicional a todos os sacerdotes empenhados em aplicar

---

[8] A visita apostólica é uma providência tomada para verificar a situação de uma determinada diocese e a obra de um bispo; assim, geralmente indica certa desconfiança com respeito ao próprio bispo. Nos três anos seguintes, seriam feitas duas: uma pelo argentino Dom Quarracino, em dezembro de 1978, a outra pelo Cardeal Lorscheider, em dezembro de 1979.

[9] V. Priscindaro. Entrevista de Dom Urioste, em *Jesús* (maio de 1996), pp. 84-85.

as conclusões aprovadas pela Semana Pastoral de 1976.[10] No ano anterior, de fato, entre 5 e 10 de janeiro, havia sido realizada uma reunião diocesana para tratar dos temas de metodologia e análise pastoral, teologia e religiosidade popular, realidade nacional, internacional e diocesana e de uma evangelização que valorizasse a dimensão social, nacional e internacional. Para elaborá-lo foram convidados relatores de toda a América Central, a maioria jesuítas ou seus colaboradores, como o Padre Jesús García, mexicano, e os salvadorenhos Román Mayorga e Rutilio Grande.

O documento final – depois de uma autocrítica séria por ter privilegiado no passado a área urbana em prejuízo da rural – identificava cinco opções fundamentais nas quais centralizar toda a ação pastoral:

> A opção primordial por uma evangelização em todos os níveis considerada séria, urgente e necessária; a renovação necessária de todos os meios disponíveis em vista de uma evangelização adequada, que não admita adiamentos e muito menos superficialidade; a necessidade premente de selecionar e formar adequadamente os agentes de pastoral, sobretudo os leigos; as comunidades cristãs, como objetivo fundamental para revitalizar a Igreja; a criação e adequação de mecanismos operacionais que possam dinamizar e tornar funcionais as referidas escolhas.

Que Romero subscrevesse tais escolhas surpreendeu um pouco a quase todos, porque apontavam exatamente na direção da pastoral social à qual, até dois anos antes, ele havia firmemente

---

[10] A Segunda Semana Pastoral aconteceu na diocese depois daquela célebre de 1970.

se oposto. Evidentemente, porém, a breve experiência em Santiago deixara marcas, embora os presunçosos habitantes da capital não houvessem percebido.

Decidiu não perder tal oportunidade, quando mais de 150 religiosos, sacerdotes diocesanos e irmãs responderam ao apelo do arcebispo que os convidava, em 10 de março, para uma espécie de reunião em que afrontariam juntos algumas questões inadiáveis, entre as quais a segurança dos religiosos estrangeiros. Naquele local criaram também uma comissão, composta por três sacerdotes, que toda manhã deveria analisar o desenvolvimento da conjuntura social e política para manter o arcebispo constantemente informado.

Sem dúvida, a situação estava se agravando. Alguns padres já haviam se escondido nas montanhas, mas o arcebispo continuava a confiar nas promessas do Presidente. Estimulado por elas, quis garantir em especial a comunidade jesuíta de Aguilares – dirigida por Padre Rutilio Grande –, sobre a qual continuava a pesar a acusação de organizar revoltas camponesas, e expressou-lhes sua total confiança. Não obstante, terminado o encontro, aproximou-se do amigo pároco para lhe sugerir que fosse discutida, numa reunião apropriada, a questão das organizações populares. Evidentemente ainda não estava totalmente convencido.

"Por que não?", respondeu Rutilio e se despediram com o afeto de sempre.

Nunca mais se veriam novamente.

Rutilio Grande

Rutilio tinha chegado a Aguilares como pároco em 24 de setembro de 1972,[11] juntamente com dois companheiros jesuítas: os Padres Jesús Bengochea e Salvador Carranza, aos quais depois se juntaria o Padre Benigno Fernández. Destinados àquela grande paróquia camponesa (25 mil fiéis) pelo Arcebispo Chávez – que diversamente dos outros bispos apreciara o trabalho deles no seminário –, foram acompanhados e empossados pelo auxiliar Rivera. Como Romero em San Miguel, Rutilio conhecia bem a realidade daquela região porque entre as paróquias que lhe tinham confiado estava a de El Paisnal, sua terra natal, onde vivera até os 12 anos, quando entrou para o seminário. Agora estava de volta, certamente amargurado pelas experiências ligadas à expulsão do seminário, mas bastante motivado pelo espírito de Medellín e desejoso de experimentar no campo os métodos pastorais aprendidos no IPLA de Quito. De fato, logo promoveu uma pastoral voltada para libertar o povo daquela religiosidade passiva, fatalista e excessivamente devocional que o tinha paralisado por séculos, promovendo uma alternativa muito mais evangélica que o fizesse protagonista do próprio resgate. Assim, nos três anos seguintes, a equipe jesuíta de Aguilares formou cerca de dois mil agentes pastorais, que estimularam a escuta da Palavra nas respectivas comunidades, juntamente com o resgate social dos camponeses: exatamente o que os ricos não estavam dispostos a tolerar.

---

[11] Quase dois meses depois do fechamento do seminário pela CEDES (3 de agosto de 1972).

Assim, no fim da tarde do dia 12 de março de 1977, quando se dirigia a El Paisnal para celebrar a novena de São José, a quem a paróquia é dedicada, Rutilio Grande foi assassinado num lugar chamado Los Mangos, no meio de uma longuíssima estrada reta que ainda hoje atravessa os campos de cana-de-açúcar. O já citado Relatório da Comissão Interamericana dos Direitos Humanos sobre El Salvador faz o seguinte relato:

Na noite de sábado, 12 de março, o Padre Rutilio Grande, de 49 anos, de El Salvador, se dirigia de automóvel para celebrar uma missa no vilarejo El Paisnal. Estavam com ele Manuel Solórzano, de 72 anos, e Nelson Rutilio Lemus, de 16. Ao passarem por uma plantação de cana-de-açúcar foram metralhados de surpresa: morreram os três.

Em 13 de fevereiro o Padre Grande havia pronunciado uma homilia a céu aberto para protestar contra a expulsão do Padre Mario Bernal. Alguns presentes sustentam que esse sermão provocou a morte de Rutilio Grande:

Nós temos apenas um Pai e somos todos filhos... Somos todos irmãos, somos todos iguais. Mas Caim é o aborto dos planos de Deus; e há grupos de Caim neste país.

Depois, falando de Mario Bernal e dos riscos de serem cristãos, explicou:

Caros amigos e irmãos, tenho perfeita consciência de que logo a Bíblia e o Evangelho não poderão mais atravessar as fronteiras. Vai chegar-nos apenas a capa, porque as páginas são subversivas: contra o pecado, é claro! E se Jesus quisesse atravessar a fronteira de Chalatenango, não o deixariam entrar. Acusariam o Homem-Deus, o protótipo do homem, de ser um agitador, um forasteiro, um judeu que confunde o povo com ideias exóticas e estrangeiras; ideias contra a democracia, isto é, contra a minoria. Ideias contra Deus porque este é um clã de Caim! Irmãos, não há dúvidas de que voltariam a crucificá-lo. E já o anunciaram. Um mês mais tarde, no sábado de 12 de março, o Padre Grande passava de carro pelas plantações de cana para ir celebrar uma missa em El Paisnal, onde havia passado a infância. Os assassinos o crivaram com mais de dez tiros, todos mortais, exceto um. Segundo uma versão, o automóvel tinha capotado. O idoso e o jovem presumivelmente foram mortos para que não houvesse testemunhas. Dizem que se salvaram duas ou três crianças que estavam com eles. As autoridades não quiseram esforçar-se e ordenar uma autópsia, então os jesuítas contataram um médico com experiência forense. Este avaliou que os disparos tinham sido feitos de no mínimo cinco pontos diferentes e que a arma utilizada era uma metralhadora de uso exclusivo da polícia. Vários indícios apontam para a cumplicidade do Governo. Durante uma hora os serviços telefônicos foram interrompidos em Aguilares, mas não nos vilarejos próximos. Quando ainda poucos sabiam do assassinato, o Presidente Molina chamou o arcebispo para dar-lhe os pêsames.[12]

Em 1987, o ex-coronel do Exército salvadorenho Roberto Santibáñez (diretor do Departamento de Imigração na época do crime) falou do assassinato de Rutilio Grande numa coletiva de imprensa em Washington, durante a qual acusou como responsável a Juan Garay Flores, membro de um grupo de oficiais salvadorenhos – entre os quais Roberto D'Aubuisson e o próprio

---

[12] Comissão Interamericana dos Direitos Humanos (CIDH). *Relatório sobre a situação dos direitos humanos em El Salvador*, 17 de novembro de 1978.

Roberto Santibáñez – treinados pela Academia Internacional de Polícia de Georgetown.

O assassinato do Padre Rutilio Grande, na verdade, foi o único de quatro ou cinco planejados para aquele dia que deu certo. Quase na mesma hora em que metralharam Rutilio, foram feitos disparos contra o veículo do pároco de Tecoluca, Rafael Barahona (já preso e torturado pela Guarda um mês antes, em 21 de fevereiro), mas, por engano, mataram seu irmão que dirigia o veículo. O Padre Rutilio Sánchez, ao contrário, conseguiu escapar (talvez disfarçado, como frequentemente fazia... às vezes até de mulher![13]) daquele que seria somente o primeiro de uma série de atentados que durante anos iriam orquestrar contra ele. O quarto foi o do Padre Trinidad Nieto, que se encontrava num casebre a celebrar um matrimônio. Ele se salvou porque os presentes notaram a presença de estranhos em roupas civis, mas armados, e o ajudaram a fugir por ruas secundárias. Enfim, o Padre Marcelino Pérez, que Rutilio Grande deveria ter acompanhado a um subdistrito vizinho, mas que no último instante decidiu tomar o ônibus para não atrasá-lo e cedeu seu lugar a Manuel Solórzano.

A perseguição estatal contra a Igreja, portanto, já tinha sido lançada em larga escala quando quase à noite, com tons consternados, o Presidente Molina telefonou a Romero para dar-lhe os pêsames. No início, Romero acreditou em sua boa-fé, mas, com o passar das horas e o surgimento de alguns detalhes, começou a ter dúvidas que não deixou de expressar numa carta em tom peremptório.

---

[13] Esse detalhe me foi contado pessoalmente.

Nela, entre outras coisas, assumiu o compromisso que iria respeitar até o último de seus dias: não participar de nenhum ato oficial do governo até que não fosse esclarecido o que havia acontecido.

Muitíssimo preocupado com o assassinato perpetrado contra o Padre Rutilio Grande e dois camponeses de sua paróquia de Aguilares que o acompanhavam, dirijo-me ao senhor para manifestar-lhe que a respeito deste fato surge uma série de comentários, muitos dos quais desfavoráveis ao Governo. Visto que ainda não recebi o relatório oficial que me prometeu ao telefone no sábado à noite, penso que seja urgentíssimo que mande fazer uma investigação exaustiva dos fatos, dado que o supremo Governo tem em suas mãos os meios adequados para investigar e fazer justiça no país... A Igreja não está disposta a participar de nenhum ato oficial do Governo até que este não se esforce ao máximo para fazer reluzir a justiça em relação a esse extraordinário sacrilégio que consternou toda a Igreja e provocou no país inteiro uma nova onda de repúdio da violência...[14]

Na mesma noite Romero foi para Aguilares e por volta das 4h da madrugada celebrou a Eucaristia na presença dos corpos das vítimas. Naquela noite, porém, como no subdistrito Tres Calles, Romero não tratou só dos mortos. Apesar de muito ligado a Rutilio, foi principalmente a dor, o medo e a corajosa dignidade de seu povo que o influenciaram. Ficou surpreso e muito impressionado ao notar que todas aquelas pessoas aflitas com a morte

---

[14] Carta de Dom Romero ao Presidente Molina, 14 de março de 1977. Citada em: J. R. Brockman. *Oscar Romero fedele alla parola*, pp. 26-27.

do pároco eram das famigeradas FECCAS: as mesmas com as quais, dois dias antes, tinha pedido a Rutilio para realizar uma reunião especial. Compreendeu, então, não só a distância entre propaganda e realidade, mas também como os muitos preconceitos ideológicos podiam deformar a figura dos irmãos aos olhos de seus próprios pastores. Além disso, entendeu que aquela morte era uma Palavra dirigida principalmente a ele: a marca definitiva daquele caminho de "conversão" – *metanoia* – que já tinha tomado, mas que tinha que ser completado. Não foi, é verdade, uma "queda do cavalo": já há tempos, na verdade, a sua pastoral tinha começado a mudar... e seria banal negar toda a descontinuidade evidente ou afirmar que tudo aconteceu repentinamente. Num país transtornado por centenas de assassinatos, Romero não se converteu devido à morte de só um padre, mesmo sendo a de seu amigo fraterno.

Nos dias seguintes, porém, percebeu que chegara a um ponto sem volta; uma encruzilhada sem saída: agora devia "mudar" definitivamente... exatamente para "não mudar". Até aquele instante, de fato, sempre tinha agido de boa-fé: cego, mas sincero, convencido de que assim fazendo, estava dando glória a Deus. Pois bem, essa mesma fidelidade irrenunciável a Deus impunha agora que mudasse para continuar a servi-lo com sinceridade. Por isso, seria mais correto falar de "descontinuidade na continuidade" e de "conversão", sim, mas no sentido evangélico mais profundo.

Terminada a celebração da Eucaristia, pediu e obteve dos jesuítas a concordância para contribuir com as despesas dos funerais, num gesto que o provincial, Padre César Jerez, interpretou como algo mais do que uma simples ajuda econômica:

145

OSCAR ROMERO: MÁRTIR DA ESPERANÇA

Fiquei impressionado. Dom Oscar Romero não era homem de andar por aí com um talão de cheques. Não o fazia naquele tempo e nunca o fez, não era seu estilo. Ele era mais simples, mais informal. Aquela noite me pareceu como se fosse quando morre alguém numa família e chega um tio que se aproxima porque você é o pai de família e lhe dá um pouco de dinheiro, como que dizendo: este morto é também meu, quero fazer a minha parte.[15]

No dia seguinte, continuou preocupando-se para que tudo fosse feito com o máximo cuidado: deu instruções precisas sobre os caixões, as lápides e os túmulos "escavados e revestidos de tijolos no chão diante do altar da igreja de El Paisnal"; durante a noite enviou os Padres Antonio Fernández Ibáñez e Jon Cortina para pedir aos comandantes guerrilheiros que não distribuíssem panfletos durante o funeral. Enfim, pediu permissão às famílias das outras duas vítimas para levar seus corpos a San Salvador a fim de celebrar um único funeral na praça da catedral, na segunda-feira, dia 14 de março.

Naquela ocasião Romero não pronunciou a mais importante de suas homilias, mas (talvez devido à situação ou porque o acaso quis que fosse a primeira presidida por ele como arcebispo diante de tanta gente) as suas palavras ficaram no coração de muitos salvadorenhos:

Se fosse um simples funeral, eu falaria agora – caros irmãos – das minhas relações humanas e pessoais com o Padre Rutilio

---

[15] M. López Vigil. *Monsignor Romero. Frammenti per un ritratto*, p. 74.

Grande, que foi para mim como um irmão. Em momentos muito importantes da minha vida ele esteve bem próximo e esses gestos não se esquecem jamais. Todavia, este não é o momento de pensar em assuntos pessoais, mas de extrair deste cadáver uma mensagem para todos nós que continuamos com a nossa peregrinação... A libertação que o Padre Grande pregava se inspira na fé, uma fé que nos fala de uma vida eterna, uma fé que ele agora, com o semblante voltado para o céu, acompanhado por dois camponeses, oferece na sua totalidade, na sua perfeição; a libertação que culmina na felicidade de Deus; a libertação que se inicia com o arrependimento dos pecados; a libertação que se apoia em Cristo, o único poder salvador. Esta é a libertação que Rutilio Grande pregou e por isso ele viveu a mensagem da Igreja... Caros irmãos, em nome da arquidiocese, quero agradecer a estes colaboradores da libertação cristã, o Padre Grande e seus dois companheiros de peregrinação em direção à eternidade, que estão proporcionando esta reunião da Igreja com todo o nosso querido presbitério e com os sacerdotes de outras dioceses em união com o Santo Padre, na presença de seu núncio, a verdadeira dimensão da nossa missão. Não nos esqueçamos. Somos uma Igreja peregrina, exposta à incompreensão, à perseguição; uma Igreja, porém, que caminha serena porque leva consigo este poder do amor.[16]

A única missa

Era a terceira segunda-feira da Quaresma e para Romero tinha se iniciado uma semana decisiva. De fato, no dia seguinte,

---

[16] O. A. Romero. Omelia ai funerali del padre Grande, 14 de março de 1977. In: Id. *Su pensamiento*, v. I-VIII, Arcebispado de San Salvador, janeiro 2000; v. I-II, pp. 1-5 (nossa tradução).

terça-feira 15, no seminário de San José de la Montaña, se realizou uma assembleia plenária do clero e dos religiosos para decidir o que fazer tendo em vista de tudo que acontecera. O encontro de cinco dias antes agora pertencia a um passado remoto, porque os piores presságios – que talvez ninguém tivesse querido acreditar – tinham se tornado realidade. Assim, naquela reunião, entre diversas propostas, foi discutida também a defendida por algumas comunidades de base: que no domingo seguinte fosse celebrada uma única missa em toda a diocese na catedral, presidida pelo bispo com todos os sacerdotes para exprimir a unidade da Igreja naquele momento de dor. Pretendia, naturalmente, ser uma vigorosa denúncia contra a perseguição lançada contra os setores mais organizados da sociedade e a própria Igreja... mas também um modo de despertar todos que – embora se dissessem cristãos – se recusavam a enxergar a realidade, endossando tais crimes. Romero não se opôs, mas hesitava.

Nunca em El Salvador (e nem mesmo no exterior) havia sido decidido algo do gênero! E, além disso, privar da missa dominical todos os que não pudessem participar seria realmente o melhor modo de venerar a Deus? Os motivos trazidos pelos sacerdotes eram compreensíveis para Romero, e ele não desejava contradizê-los (poucos anos antes o fizera, por muito menos...). Entretanto, em sua mente uma série de dúvidas continuava a turbilhonar. O Padre Juarez, como bom jesuíta, entendeu que para ajudar o arcebispo a superar todo gênero de escrúpulos deveria usar um pouco de uma vigorosa teologia e disse:

"O POVO É O MEU PROFETA"

Veja, penso que todos nós estudamos que a missa é um ato de valor infinito. Que sentido há, então, em ficar preocupado em celebrar muitas missas somando os infinitos? Basta uma. Também acho que Dom Romero tenha razão em nos preocuparmos com a glória de Deus, mas, se não estou errado, lembro-me daquela famosa frase do bispo mártir Santo Irineu, "Gloria Dei vivens homo" [A glória de Deus é o homem vivente].[17]

Isso bastou para tranquilizá-lo e foi tomada a decisão: no domingo, 20 de março, seria celebrada uma única missa (que passou para a história como "a missa única") na catedral, precedida de três dias de suspensão das aulas nos colégios católicos para que alguns alunos refletissem com os professores sobre a situação do país... Foi o fim do mundo.

Quando, um dia depois, quinta-feira 16, acompanhado pelo Padre Jesús Delgado, Romero foi à nunciatura para comunicar a sua decisão ao núncio e receber seu aval, este se enfureceu. Ele entendeu, então, o quanto aquela decisão iria custar-lhe tanto com relação ao núncio (e, portanto, ao Vaticano) quanto à oligarquia (e, pois, ao Estado). Porém, percebeu principalmente que não havia alternativas: devia decidir se estava do lado do poder religioso e civil ou alinhado com os sacerdotes e as comunidades. E não teve dúvidas. Em nome da verdade, não duvidou apenas do lado a ser apoiado, porque, quanto ao mérito da questão, continuava a nutrir perplexidade que, todavia, não deixou transparecer. O núncio involuntariamente acabou por lhe oferecer a ajuda

---

[17] M. López Vigil. *Monsignor Romero. Frammenti per un ritratto*, pp. 79-80.

149

necessária para não retroceder: de fato, por natureza, não havia melhor maneira de fazê-lo se tornar inflexível do que agredi-lo.

Com o máximo de indignação, Romero encarregou Delgado de dar prosseguimento àquela conversa, enquanto ele se pôs provocadoramente a ler o jornal diante deles. Foi assim que chegaram a um acordo para limitar a suspensão das missas somente quando o arcebispo as estivesse presidindo na catedral, deixando a possibilidade de celebrar em outros momentos do dia. Ele, dissimulado, obstinou-se em seu silêncio, dando a entender que estivesse de acordo. Entretanto, foi novamente consultar-se com os padres na sexta-feira e pedir-lhes que rediscutissem a questão... e já que 71 dentre 73 confirmaram a escolha, no mesmo dia voltou à nunciatura, fazendo-se acompanhar desta vez pelo jesuíta Jon Sobrino: uma escolha eloquente para o tipo de colóquio que esperava ter. E estava certo. Na ausência do núncio, recebeu-os um secretário, um jovem italiano que – como muitas vezes acontece com os subordinados – se revelou mais papista que o Papa. O conflito foi pior do que o anterior e de nada valeram as motivações teológicas colocadas pelo jesuíta contra as razões do diplomata que se entrincheirava atrás do âmbito jurídico e canônico. Porém, esse foi seu erro, porque um tradicionalista como Romero conhecia perfeitamente o Direito Canônico e não tinha dúvidas sobre o fato de que numa diocese a última palavra fosse do ordinário, isto é, do bispo. Portanto, a dele. A Igreja, na verdade, não é uma multinacional com sede em Roma e filiais espalhadas pelo mundo... Assim, a certa altura, rompeu a discussão limitando-se a dizer-lhe que comunicasse ao núncio sua irrevogável decisão: no domingo, 20 de março, seria celebrada uma única missa.

Anos mais tarde, Jon Sobrino contará a María López Vigil que, saindo da nunciatura, Romero comentou: "Esses aí são como os da Opus Dei: não entendem!".[18] Uma frase que naturalmente provocou uma grande confusão de quem contesta categoricamente sua veracidade, aos que a empunham por defender uma ruptura radical de Romero com a Opus Dei. E, efetivamente, foi aquele o momento mais crítico entre Romero e seus amigos da Opera, porque foram os únicos a lhe "desobedecerem" naquele dia, celebrando nas capelas dos colégios particulares para não forçarem seus adeptos (todos pertencentes à classe rica) a participar daquela missa subversiva... Pior ainda: a se misturarem com o povo, justo eles. Para Romero constituiu um golpe duríssimo porque, embora não fizesse disso uma questão pessoal, sempre os tinha estimado por sua absoluta obediência e fidelidade para com a hierarquia: pois bem, agora desobedeciam para servir os interesses daqueles que estavam perseguindo a Igreja! A frase mencionada por Sobrino também indica como Romero tinha percebido a realidade; talvez até com um tanto de autocrítica. Na verdade, agora entendia perfeitamente que a complexidade da realidade podia ser observada de diversas perspectivas e, se alguém se deixa aprisionar pelos próprios esquemas, arrisca-se a não compreendê-la. A Opus Dei, a nunciatura e ele próprio, até pouco tempo antes, vendo as coisas do alto (isto é, do ponto de vista dos que têm interesses de qualquer tipo a defender, e que raciocinam com uma mentalidade legalista), não percebiam o quanto o povo estava sofrendo e, inevitavelmente, acabavam por

---

[18] Ibid., p. 81.

sacrificar, ainda uma vez, o bem do indivíduo pelo abstrato dos princípios. Para falar como Jesus: "o homem no sábado".[19] Mais do que um juízo, tratou-se, pois, de uma amarga constatação. De fato, os anos seguintes demonstrariam claramente que Romero não rompeu o relacionamento com a Opus Dei. Porque, não obstante a amarga compreensão (não justificação) implícita naquelas palavras, a consciência que tinha do próprio ministério não o teria jamais permitido. Não obstante, a escolha de um jesuíta como confessor, Padre Segundo Azcue, em substituição do sacerdote da Opera que tivera quando era auxiliar, deverá também significar alguma coisa.

Irritado, o núncio foi no dia seguinte – sábado 19 de março – ao arcebispado para procurar Romero, mas não o encontrou porque ele tinha ido a El Paisnal celebrar o dia de São José, que Rutilio estava preparando com seus paroquianos. Em vez disso, encontrou alguns sacerdotes, seminaristas e leigos encarregados pelo próprio arcebispo de preparar 136 cartazes: um para cada paróquia da diocese. Frustrado, resolveu descontar nos outros. Deixou com Padre Inocencio Alas uma carta que deveria ser-lhe entregue e partiu para a Guatemala, para não estar presente no dia seguinte. O conteúdo e o tom da carta não são difíceis de imaginar: a nunciatura rejeitava sem meios-termos a decisão de Romero, que deveria assumir a responsabilidade daquele gesto isolado e não compartilhado... Porém, inesperadamente, naquele mesmo dia apareceu nos jornais uma carta de apoio do bispo e do presbitério de Santa Ana ao arcebispo e à arquidiocese.

---

[19] Ver Mc 2,27.

Assim, quando finalmente chegou o domingo de 20 de março, mais de cem mil pessoas afluíram à praça da catedral e às outras próximas, enquanto no altar cerraram fileiras em torno de "seu" bispo quase todos os sacerdotes presentes na diocese. Ainda não se tinha passado um mês da primeira celebração em San José de la Montaña e outra história se processava: para Romero foi a verdadeira "tomada de posse" da arquidiocese.

No dia seguinte, respondeu à carta do núncio explicando as razões resultantes da segunda discussão com o clero e ressaltando que, fazendo uma análise atenta do Direito Canônico – para a qual pedira a assistência de alguns peritos –, emergira a veracidade de tudo que já havia declarado a seu secretário: competia a ele, e somente a ele, tomar a decisão, sendo o único a ter autoridade para tanto. Seu Rubicão fora atravessado.[*]

Romero, em vista desses eventos, se colocou uma ulterior consideração sobre o papel que a morte de Rutilio teve em sua evolução. Na verdade, além da compreensível reação emocional e do caráter sagrado daquele martírio – que constituiu uma consagração indubitável de seu ministério episcopal –, mais do que a morte do amigo em si, parece que foram os acontecimentos provocados por ela que levaram Romero a fazer aquelas escolhas que, nada emocionais, mas teologicamente ponderadas, tornaram-se permanentes. Igualmente permanentes e impiedosos passaram

---

[*] Rubicone (em português Rubicão) é um pequeno rio da Itália, que, na época do Império Romano dividia a província da Gália Cisalpina (ao Norte da península) do território especificamente romano. Quando Júlio César o atravessou, em 49 a.C., voltando das conquistas na Gália, violou a lei que proibia os generais romanos, acompanhados de suas tropas, de cruzarem tal fronteira sem autorização do Senado, deflagrando uma guerra civil. A frase "atravessar o Rubicão" passou, então, a ser usada para definir uma decisão importante, arriscada, mas sem volta. (N.E.)

a ser os ataques e o ódio dos setores mais insolentes da oligarquia. Começaram a aparecer nos jornais "matérias pagas" assinadas com nomes falsos ou puramente fantasiosos: "Associação das Mulheres Católicas", "Associação de Cristo Rei"... com calúnias e acusações de vários tipos contra o arcebispo, os sacerdotes (em especial os jesuítas) e também contra seus meios de comunicação *Orientación* e a Radio YSAX.[20]

Alguém se atreveu até a publicar uma prece para a "salvação da alma de Dom Oscar Romero":

> Ó Divino Salvador do mundo, nós te pedimos, misericordioso Senhor, que extirpe o espírito do mal que habita no coração do arcebispo metropolitano a fim de que ele deixe de semear a discórdia entre o povo, para que não nutra com seus sermões o espírito destruidor e criminoso daqueles que desejam destruir a nossa pátria e afundá-la num abismo de sangue e violência.[21]

Alguns meses mais tarde, em 25 de novembro, surgiu inclusive um novo semanário, *La Opinión*, vendido nas ruas e distribuído gratuitamente nos escritórios das grandes empresas, além de ser enviado a alguns departamentos governamentais de vários municípios para que o divulgassem nos respectivos territórios. Com diversos gêneros e estilos, o semanário utilizava inteiramente as suas oito páginas para criticar as homilias e as ações do arcebispo, a quem chamava ironicamente de Dom Marxnulfo Romero.

---

[20] J. Delgado. *Biografia*, p. 98.
[21] M. López Vigil. *Monsignor Romero. Frammenti per un ritratto*, p. 128.

A pastoral "ordinária"

Não obstante a premência dos acontecimentos, Romero dedicou os primeiros meses à reorganização das estruturas diocesanas para melhor acompanhar a que é chamada geralmente de "Pastoral Ordinária", isto é, aquela que cuida das atividades cotidianas, normais de uma comunidade eclesial, presumindo-se que alguma coisa "normal" ainda existisse no país. Cercou-se, pois, de uma equipe de pessoas de confiança, que tiveram um papel muito importante e se tornaram por sua vez famosas. Entre o clero: Dom Rivera y Damas, seu auxiliar desde quando se tornou bispo de Santiago de María; Dom Ricardo Urioste, como vigário-geral, ao lado do qual se colocará Dom Revelo; e Dom Gregorio Rosa Chávez, reitor do seminário interdiocesano, que o Vaticano fará ser reaberto, ressuscitando os problemas de sempre. Como secretárias escolheu duas religiosas, Isabel Figueroa e Silvia Arriola, pertencentes à comunidade "Religiosas para o Povo", uma instituição de caráter diocesano, que nasceu das comunidades de base salvadorenhas e foi reconhecida canonicamente pelo próprio Romero. Silvia Arriola será depois assassinada, em 17 de janeiro de 1981, juntamente com outras enfermeiras e médicos do acampamento guerrilheiro no qual executava seu trabalho. María Julia Hernández ficou encarregada de um setor que – tragicamente – se tornou cada vez mais importante: o dos direitos humanos. Tendo sido transformado em 1983 no Departamento de Tutela Legal do Arcebispado, María Julia o dirigiu até sua morte, em 2007. Enfim, de San Miguel trouxe Doris Osegueda, a quem confiou a responsabilidade pelos meios de comunicação diocesana. Pouco a pouco, muitos outros foram se juntando, com dedicação exclusiva ou meio-período, como profissionais ou voluntários, levando a organização da diocese a níveis totalmente imprevisíveis.

Nesse meio-tempo, começaram a chegar pedidos de todos os tipos: das comunidades que tinham simplesmente necessidade de alguma ajuda, para a aquisição de sementes ou medicamentos, bem como de muitos que denunciavam opressão ou desaparecimentos. Romero não queria que ninguém se sentisse negligenciado e começou a pedir o impossível a seus colaboradores. Quando mais tarde soube que um grupo de advogados havia criado um projeto para dar assistência gratuita a quem não podia pagar a defesa dos próprios direitos em matéria de terras, conflitos familiares, questões cartoriais ou mesmo causas comunitárias, encantou-se e quis institucionalizá-lo no arcebispado. Nasceu assim o Socorro Jurídico. As pessoas, todavia, não escreviam apenas para pedir: muitas o faziam somente para agradecer a homilia que tinham ouvido na rádio ou afirmavam que se lembravam do arcebispo em suas preces. Quem podia, preferia ir pessoalmente e, assim, aos poucos, começou uma verdadeira procissão que afluía para o arcebispado de San Salvador vinda de todos os cantos do país. E porque os camponeses não tinham horários, muitos chegavam nos momentos menos oportunos, obrigando o bispo a atrasar os compromissos. Alguns começaram a ficar impacientes e pediram que o vaivém fosse regulamentado.

Quem teve o desplante de fazê-lo notar o fato recebeu uma resposta cortês, mas que não admitia réplicas:

Vejam, todos os meus irmãos bispos possuem um automóvel, os párocos podem tomar o ônibus e não têm grandes problemas em esperar. Mas e os camponeses? Eles vêm caminhando por léguas, sujeitos a muitos perigos e, às vezes, sem ter comido nada. Ontem chegou um que vinha de La Unión. Enquanto participava de uma reunião cristã, um guarda lhe bateu tão violentamente na cabeça que ele está ficando cego. Veio apenas para me contar... Os camponeses jamais me pedem nada, só me relatam seus assuntos e isso me conforta. Será que posso programar suas aflições?[22]

Foi assim que a tentativa de "otimização do tempo", sugerida naqueles anos, acabou antes de começar. Ele próprio sabia pedir e o fazia para obter conselhos ou informações. Por isso, depois de seis meses de sua posse, inaugurou o que se chamava de "almoço de trabalho", para o qual convidava toda quarta-feira os representantes do senado presbiteral e os membros da Comissão de Justiça e Paz.[23] Um dos mais assíduos, Padre Jerez, se lembra:

Ele nos apresentava problemas nacionais para saber nosso ponto de vista e reunir sugestões; comentava os seus planos pastorais e nos pedia conselhos. Mais do que falar, fazia muitas perguntas para ficar bem informado. "Muitos me acusam", dizia às vezes, "de fazer muitas consultas a gente demais. Mas esta é a acusação mais bela que me fazem e não pretendo me corrigir!".[24]

---

[22] Ibid., p. 104.

[23] O. A. Romero. Diario (5 de abril de 1978). In: Id., *Su pensamiento*. Arcebispado de San Salvador, janeiro de 2000, p. 7 (nossa tradução).

[24] M. López Vigil. *Monsignor Romero. Frammenti per un ritratto*, p. 100.

Primeira visita à Roma

Nesse meio-tempo, o efeito das polêmicas resultantes da "missa única" tinha chegado ao Vaticano, que mandou chamá-lo. Partiu em 26 de março para Roma, fazendo-se acompanhar de Dom Urioste. E já que os jesuítas também tinham pedido a ida do provincial Jerez, a fim de avaliar a situação de seus coirmãos, em vista do assassinato do Padre Rutilio Grande, os três compartilharam algumas visitas aos palácios sagrados.

Logo que chegaram, Romero quis ir às Grutas do Vaticano para rezar nos túmulos dos Papas: em especial, diante do sepulcro de São Pedro e do sarcófago de "seu" Pio XI. "Depois de uma noite inteira de viagem, ficou aqui quase meia hora rezando de joelhos. Eu tive de me levantar depois de 10 minutos, mas ele parecia absorto", contou-me Dom Urioste, quando visitamos o local por ocasião do 25º aniversário de seu martírio. Entretanto, os encontros nos órgãos do Vaticano não foram entusiasmantes; principalmente o que se deu na Sagrada Congregação dos Bispos, no qual foi repreendido pelo Cardeal Baggio – como se fosse um seminarista indisciplinado! – em virtude do conflito ocorrido com o núncio. Mais serenos, e até amigáveis, foram os colóquios com o Cardeal Silvestrini e Dom Casaroli. Todavia, para consolá-lo foram suficientes poucas palavras de Paulo VI que, reconhecendo-o no fim da audiência geral das quartas-feiras, lhe apertou a mão e quis testemunhar-lhe sua confiança com as seguintes palavras: "Coragem, é você quem comanda!". Uma frase que, à luz de tudo que acontecera, foi a mais surpreendente e significativa que poderia ter escutado.

Porém, uma dúvida começava a angustiar Romero e ele certa noite a confessou ao Padre Jerez, enquanto passeavam na via della Conciliazione:

"Padre, acha que me tirarão do arcebispado de San Salvador?". "Escute, Dom Romero, para tirar um bispo devem iniciar um processo e demonstrar que é um simoníaco, um mulherengo, um obsceno, alguém que anda por caminhos errados... no seu caso seria como procurar dente em bico de galinha!". "Então...!" "Então, não creio que isso possa acontecer, porém esqueça qualquer ideia de se tornar cardeal da Santa Madre Igreja!" Riu, e voltou a ficar sério. "Nesse caso, prefiro que me tirem o arcebispado e que eu possa caminhar de cabeça erguida em vez de entregar a Igreja aos poderes mundanos". A essa altura fui eu que fiquei pasmo. Era algo muito sério o que tinha dito. Porque "os poderes mundanos" dos quais estava falando não eram os do governo salvadorenho, mas do governo da Igreja, aqueles do Cardeal Sebastiano Baggio. Parecia decidido a não se submeter a eles.[25]

A voz dos sem voz

Voltando a San Salvador, em 2 de abril,[26] tranquilizado e fortalecido pelo apoio do Papa, em vez de exercer a prudência que lhe haviam "aconselhado" nos palácios sagrados, preferiu praticar a parrésia. Logo, tornar-se-ia "la voz de los sin voz" (a voz dos sem voz), isto é, de todos aqueles que não podiam fazer valer os próprios direitos. Como já tinha feito antes, também como arcebispo

---

[25] Ibid., p. 109.
[26] Em 1977, foi o sábado anterior ao Domingo de Ramos.

utilizou todos os meios possíveis para ensinar, exortar, admoestar e denunciar: a Radio YSAX foi potencialmente fortalecida, até que com seus 10 kw passou a cobrir quase todo o território nacional (provocando o ressentimento de alguns coirmãos); *Orientación*, que já era seu o cavalo de batalha quando era auxiliar, voltou a conter suas reflexões juntamente com as matérias pagas do arcebispado em um jornal de abrangência nacional, *La prensa gráfica*, até quando se negaram... Foram, porém, os sermões e, em especial, as homilias dominicais que adquiriram um papel inédito, não só na história salvadorenha, mas podemos dizer no mundo. Romero, na verdade, celebrava às 8h na catedral (quando esta não estava ocupada por algum grupo de manifestantes, ou na Basílica do Sagrado Coração ou na Igreja do Rosário) e a homilia – que durava de uma a duas horas! – era transmitida pela rádio diocesana. O esquema era geralmente composto de três partes: na primeira explicava as leituras, com palavras simples e um estilo bastante didático; depois comentava os principais eventos eclesiásticos; em seguida, "os fatos da semana". Nem é preciso dizer que era exatamente a última parte que catalisava a atenção de todo o país. Em primeiro lugar nas igrejas, onde as celebrações eram interrompidas – em qualquer momento em que estivessem[27] – para ouvir a homilia do bispo; mas também nas casernas e nos acampamentos guerrilheiros, como se ficou sabendo quando acabou a guerra. Quem passeava pela rua, ou estava no mercado,

---

[27] É inútil se perguntar como eu fiz durante anos, por que não fixavam o horário das missas. Em El Salvador nada é mais impreciso do que o horário dos compromissos... e as missas não constituem exceção!

também conseguia não perdê-la porque a cada passo havia um aparelho ligado.

Logo essas homilias se transformaram na via crucis de todos aqueles que abusavam do poder, promoviam os tiroteios e os assassinatos em El Salvador. Os parentes das vítimas, não tendo alternativa, se dirigiam a ele, que encarregava o Departamento dos Direitos Humanos de investigar os fatos para denunciá-los no domingo seguinte.

Um exemplo para todos foi o desaparecimento de dois jovens que ele denunciou em 2 de julho de 1978:

> Solidarizo-me também com os membros do "Comitê das Mães e Familiares dos Prisioneiros e dos Desaparecidos". Tenho de ser solidário com a denúncia do desaparecimento de Miguel Amaya Villalobos e de Roger Blandino Nerio, às 11h30 da noite de 29 de junho, do Centro Penal de Cojutepeque, onde estavam se solidarizando com a greve de fome de suas mães. Estavam sob a responsabilidade do 4º Juízo Penal e nem a Direção dos Centros Penais quis dar notícias às pobres mães. O Ministro da Justiça tem obrigação de responder à reclamação da família desses desaparecidos, que estavam subordinados a um juiz. Do mesmo modo, denunciamos as manobras para implicar injustamente os prisioneiros da prisão de Santa Ana numa tentativa de fuga.[28] Devemos sentir como nosso o sofrimento daqueles que estão passando fome como meio de receber notícias de seus entes queridos. Uma das mães está em estado muito grave,

---

[28] Ele se refere à chamada "lei da fuga": diziam aos prisioneiros que podiam ir embora e, quando eles saíam, os matavam, alegando uma fuga. Um método usado para se desfazer de muitos deles.

mas ninguém ouve o apelo de sua dor. Em El Paisnal foram assassinados dois camponeses...[29]

Relendo aquelas homilias não admira que o tenham assassinado... mas que tenham esperado três anos para fazê-lo! Se, de fato, até os serviços de segurança paravam para ouvi-lo, o que não era, claro, por devoção, mas porque representava a fonte principal para se saber o que estava acontecendo no país. Claro que não era a única, mas ninguém como ele demonstrava conhecer a realidade e possuir uma credibilidade tão indiscutível: assim, se outras vozes eram facilmente classificadas como "propaganda comunista", era mais difícil chamar de "revolucionária" a homilia de um bispo... de um bispo que podia "se gabar" de um passado como o seu. Por que, então, permitir que denunciasse ininterruptamente durante três anos todo tipo de abuso, a ponto de chamar a atenção internacional para a situação daquele pequeno país?

A resposta mais verossímil me foi dada por um alto funcionário da atual Procuradoria para a Defesa dos Direitos Humanos:

> Num país com longa tradição católica como El Salvador, matar um arcebispo era tudo menos adequado. Já havia sido um grande choque a morte dos padres. Aqui não estávamos na esfera dos países comunistas, mas na dos EUA: como a comunidade internacional reagiria? Nem mesmo o Exército ousou tanto, até que percebeu que se tinham criado condições mais do que oportunas.

---

[29] O. A. Romero. Omelia (2 de julho de 1978). In: Id., *Su pensamiento*, v. V, p. 44 (nossa tradução).

Outro aspecto surpreendente é que, para um ouvinte casual, aquelas homilias poderiam parecer fruto de um temperamento destemido ou de arroubos passionais repentinos. Na verdade, Romero jamais perdeu a timidez inata e muitos se lembram, com renovado espanto, como se transformava somente no momento de subir ao púlpito: antes tão ansioso – porque consciente da gravidade das denúncias – quanto afogueado e envolvente depois. Em resumo, um verdadeiro profeta. Ele teria evitado de bom grado aquele papel, mas estava consciente de não poder voltar atrás por obediência àquele que o tinha escolhido. Por isso, a preparação daquelas homilias se tornou cada vez mais ponderada e resultante de uma reflexão compartilhada.

O Padre Rafael Urrutia se lembra:

> Algo de coletivo, uma participação de ida e volta. Porque Dom Oscar Romero preparava sempre suas homilias em comunidade, em grupo... Reunia-se semanalmente durante várias horas com uma equipe de padres e leigos para refletir sobre a situação do país e, depois, introduzia todas essas reflexões em suas homilias. Nisso havia um núcleo. E havia outro: a prece. Porque quando terminava a reunião, dispensava o grupo e, então, se sentava para organizar suas ideias e se preparar. Mais de uma vez eu o vi em seu quarto, de joelhos, das 10h da noite de sábado às 4h da manhã de domingo, preparando sua homilia. Dormia pouco e às 8h estava na catedral. Jamais escreveu uma homilia. Muitos poderiam achar que o fizesse, mas nunca o fez. No máximo levava para a catedral um resumo, uma folha de tamanho carta com a anotação de uma ou duas ideias. Faz-me rir quando quem não o

conheceu diz que outros preparavam as homilias de Romero. Se alguém as preparava, era o Espírito Santo![30]

A Igreja da Páscoa

Por ocasião da Páscoa, em 10 de abril, Romero publicou sua primeira carta pastoral com o título *A Igreja da Páscoa*. Nela, querendo se apresentar como arcebispo, expôs, em linhas gerais, seu projeto pastoral: o de uma Igreja que cumpre sua própria missão salvífica, levando seriamente em consideração a realidade social vivida e sofrida do povo. Uma realidade que já então se estava tingindo cada vez mais de vermelho... e não no sentido político. Em 19 de abril, as Forças Populares de Libertação (FPL) sequestraram o engenheiro Mauricio Borgonovo Pohl, Ministro do Exterior e Chanceler da República. Como resgate, pediram a libertação de 37 prisioneiros políticos, mas o Presidente Molina, falando na rádio em 29 de abril, reconheceu a existência de apenas três presos, recusando-se também a libertá-los para não legitimar a guerrilha. No entanto, a propaganda voltou a implicar com os jesuítas, acusando-os de ser a fonte ideológica daquela situação.

Assim, alguns dias depois do sequestro de Pohl, num ocasional bloqueio de controle da segurança, a Guarda Nacional prendeu um jovem missionário jesuíta, o padre panamenho Jorge Sarsanedas, detendo-o e torturando-o durante cinco dias:

---

[30] M. López Vigil. *Monsignor Romero. Frammenti per un ritratto*, p. 152.

Jogaram-me algemado no chão de uma cela subterrânea. Agora vão me matar, agora sim... Um pouco depois, veio alguém que não pude ver e que me chutou todo o corpo... Continuou por 10 minutos a dar-me pontapés. E só por divertimento. Foi embora e me deixou ali: eu estava enrijecido e me doía o corpo inteiro. Na segunda noite me amarraram na armação de uma cama com as mãos e os pés algemados na cabeceira. Eu continuava vendado e não me deram nada de comer. Somente um carcereiro, quando eu o chamava, me trazia água. Quando me levavam para fora para ser interrogado, eu pensava: "Agora vão me atirar num barranco!". Muitos interrogatórios a qualquer hora... De noite a angústia era outra: eu podia ouvir como torturavam os outros prisioneiros que mantinham ali. Eu ouvia os golpes, os gritos...[31]

Foram um conjunto de torturas físicas e psicológicas que acabaram por induzi-lo a assinar uma "confissão" de que legitimaria a perseguição contra seus coirmãos. Para azar deles, no entanto, quando o provincial jesuíta, o Padre Jerez, foi buscá-lo, Romero decidiu acompanhá-lo e, vendo-se cara a cara com o Coronel Nicolás Alvarenga, um renomado assassino, teve uma reação imprevisível: assumiu um comportamento tão firme e intransigente que o outro teve que desistir, libertando-o sem obter a "confissão" esperada. Porém, expulsaram-no do país e o próprio arcebispo quis acompanhá-lo – por segurança – ao aeroporto, de onde partiu de volta ao Panamá.

Nesse meio-tempo, o Presidente Molina havia pedido aos bispos para se encontrar com eles para alguns esclarecimentos. Tendo em vista a situação, e não se tratando de um evento oficial,

---

[31] Ibid., p. 112.

Romero também aceitou. O encontro se deu em 20 de abril e se revelou mais tenso do que o anterior. Molina lamentou a deterioração das relações entre o Governo e a Igreja, dando claramente a entender que a responsabilidade fosse unicamente dela: uma acusação gratuita, que Romero percebeu como uma ameaça velada. Os bispos, ao contrário, afirmaram que a espiral de violência na qual o país estava se precipitando era principalmente atribuível aos serviços de segurança, com os quais o Governo devia se preocupar. Romero acrescentou que ainda estava esperando explicações sobre o homicídio do Padre Rutilio Grande e garantiu ao Presidente que enquanto um sacerdote se mantivesse na linha da evangelização teria seu apoio total e incondicional, porque a Igreja nunca chegaria a acordos que comprometessem a própria missão.[32] De fato, a impressão do arcebispo se revelou exata: a partir do dia seguinte, o Governo começou a expulsar alguns sacerdotes estrangeiros para enfraquecer a ação da Igreja, encontrando apoio nas declarações perversas do mais alto cargo eclesiástico da América Central, o Cardeal Casariego, que justificou as medidas afirmando que em El Salvador alguns padres tinham deixado a pastoral para se dedicar à política. Claro que os altos postos da Guarda Nacional não se tinham enganado com relação a sua pessoa.

Saindo do encontro, em 23 de abril o arcebispo publicou um comunicado contra a violência que atormentava o país: para advertir os cristãos que não podia ser esse o modo de realizar o Reino de Deus e para pedir que a FPL desistisse da prática de sequestros. Como resposta, em 5 de maio, uma bomba danificou

---

[32] Ver *Orientación* 4014, 2. In: J. Delgado. *Biografia*, p. 87.

seriamente as estruturas da gráfica diocesana Criterio e recebeu um comunicado oficial com o qual se ameaçava o fechamento da Radio YSAX. Romero reagiu com firmeza, publicando no mesmo dia um novo comunicado – desta vez assinado por todo o clero – no qual repisava tudo que já havia dito ao Presidente (isto é, que a Igreja não pode nunca e por nenhum motivo renunciar à própria missão profética) e listava os males estruturais do país. No domingo seguinte, durante a homilia, voltou a denunciar a campanha difamatória orquestrada em prejuízo da Igreja e a perseguição já existente, anunciando a eminente publicação de um relatório sobre o sequestro do Padre Sarsanedas. Além disso, quis lembrar a todos (cristãos comprometidos, guerrilheiros e autoridades civis) que a missão da Igreja não tinha natureza política, mas que – e aqui citou "seu" Papa, Pio XI – "quando a política atinge o altar da Igreja, a Igreja defende o seu altar". Porém, em El Salvador, o que estava sendo atingido não era o altar, mas a vida das pessoas: portanto, para a Igreja de Romero a vida das pessoas era tão sagrada quanto o altar.

Evidentemente, a FPL não tinha a mesma opinião, pois em 10 de maio jogou o cadáver de Borgonovo perto de Santa Tecla, a 3 quilômetros de San Salvador. O funeral foi celebrado no dia seguinte pelo arcebispo, na igreja de San José de la Montaña, exageradamente abarrotada por uma numerosa representação da oligarquia salvadorenha e vigiada por um número incalculável de guardas. Na homilia, Romero repetiu a mais vigorosa condenação de todo gênero de violência, mas suas palavras foram enfraquecidas por um murmúrio difuso, que no fim da missa se transformou em insultos lançados aos padres "comunistas".

Então, não havia mais dúvidas: aquelas pessoas cada vez mais atribuía à Igreja a causa (nem ao menos remota) das perturbações que abalavam o país... e do ponto de vista delas não estavam totalmente erradas. Na verdade, há menos de um século, o poder tinha passado sem solução de continuidade dos espanhóis para a oligarquia local, que tinha governado consistentemente mediante duas formas de imposição: a militar e o analfabetismo, que funcionavam para evitar que o povo tomasse consciência dos próprios direitos. Com uma Igreja aliada e a religião usada como "ópio do povo", a classe dominante tinha dormido tranquilamente. Porém, desde que a Igreja – depois de Medellín e já com o arcebispo Chávez – começara a estimular a conscientização do povo e assumir o ônus de denunciar todo gênero de violação dos "direitos humanos", a situação estava realmente mudando... Naquela manhã, portanto, na Primera Calle Ponente, apareceram os primeiros panfletos escritos com: "Haga patria, mata um cura" [Seja patriota, mate um padre].

E os patriotas não se fizeram esperar.

Alfonso Navarro Oviedo

Na tarde de 11 de maio, Padre Alfonso Navarro Oviedo – o sacerdote que havia celebrado uma missa na praça Liberdade durante a manifestação de 20 de fevereiro – tinha uma hora marcada no palácio presidencial, pois fora convocado para lhe comunicarem algumas denúncias feitas contra ele com relação às aulas que dava num colégio católico da capital. Era apenas a última e a mais oficial das intimidações: já havia recebido muitas outras nos meses anteriores, inclusive sofrera um atentado que destruíra sua garagem e o automóvel nela estacionado. De lá saindo, passou velozmente pelo arcebispado para informar o fato, e voltou, pouco depois das 18 horas, para a casa paroquial da Igreja da Ressurreição, onde era pároco. A paróquia atendia diversos bairros muito populosos, entre os quais Colonia Miramonte. Ali mesmo, poucas semanas antes, Romero havia celebrado a Páscoa, aceitando o convite do Padre Navarro para presidir a Eucaristia naquela festa especial do "padroeiro". Entrando em seu escritório, ficou entretido lendo até que quatro homens bateram à porta. Abriu-a um rapaz, Luis Torres, que foi imediatamente atingido por tiros disparados à queima-roupa. Ao perceber o que estava acontecendo, o Padre Navarro tentou fugir pulando o muro do jardim, mas foi atingido por sete tiros e morreu enquanto era levado ao hospital, conseguindo, porém, pronunciar algumas palavras de perdão.

No dia seguinte, Romero iniciou a homilia fúnebre com uma alegoria que seria lembrada como a "homilia do beduíno":

> Conta-se que uma caravana liderada por um beduíno, estando desesperada e com sede, procurava água nas miragens do deserto e o guia dizia: "Não lá, aqui". E, assim, várias vezes, até que alguém enraivecido tirou uma pistola e disparou no guia que, agonizando, ainda estendia a mão e dizia: "Não ali, aqui". E morreu assim, indicando o caminho. A lenda se fez realidade: um sacerdote, crivado de balas, morre perdoando, morre rezando, repetindo a todos que agora estão reunidos para seu sepultamento a sua mensagem que nós queremos conservar. E esta imagem é bela, a do apocalipse. Ao menos duzentos sacerdotes vieram de

OSCAR ROMERO: MÁRTIR DA ESPERANÇA

todas as dioceses de El Salvador para acompanhar fraternalmente a dor da arquidiocese e, principalmente, para receber esta grande mensagem de Alfonso Navarro, sacerdote morto, mas que continua a pregar porque a voz de um sacerdote não morre.[33]

O jovem morreu em 13 de maio, no mesmo dia em que a organização clandestina de extrema direita União Guerrilheira Branca (UGB) assumiu o assassinato com um comunicado enviado aos jornais.

A ocupação de Aguilares

O Governo também quis demonstrar que era "patriota", e o pretexto lhe foi proporcionado por uma manifestação de camponeses que ocupou a empresa agrícola San Francisco, em El Paisnal. Em 17 de maio, a Guarda Nacional começou a cercar a região e, no dia 19, ocupou militarmente Aguilares, revistando todas as casas e matando uma centena de pessoas. Quando chegaram à paróquia, mataram também ali um camponês chamado Miguelito que, querendo dar o alarme, tinha subido para tocar os sinos; depois, prenderam e torturaram os três jesuítas que eram coirmãos do Padre Rutilio Grande e os levaram ilegalmente para a Guatemala, sem nada dizer ao próprio arcebispo, ao qual Molina garantira que comunicaria qualquer tipo de providência que envolvesse os religiosos.

---

[33] O. A. Romero. Omelia al funerale del padre Navarro (12 de maio de 1977). In: Id. *Su pensamiento*, v. V, p. 39 (nossa tradução).

170

Romero protestou, pois, junto ao Presidente, que agora não mais considerava como amigo, enviando-lhe uma carta em 23 de maio:

> Não entendo, senhor Presidente, como de um lado se declare católico por formação e convicção diante do povo e, de outro, permita esses ultrajes abjetos dos serviços de segurança num país que chamamos de civil e cristão... Não entendo, senhor Presidente, os motivos que as autoridades militares tiveram para não permitir ao infra-assinado que fosse até a igreja de Aguilares a fim de se informar pessoalmente e garantir a conservação do patrimônio eclesiástico da população católica de Aguilares. Será talvez que até a pessoa do arcebispo pode pôr em perigo a segurança do Estado?[34]

Já no dia anterior, durante a homilia dominical, havia denunciado esse e outros crimes:

> Nesta mesma semana denunciamos a violência em Aguilares; também denunciamos a violência contra o Padre Victor Guevara, que foi levado para o quartel da Guarda Nacional e tratado torpemente. Não foi permitida a entrada do Padre Vides, capelão da Guarda Nacional, enviado pelo arcebispo para buscar o Santíssimo Sacramento na Igreja de Aguilares; também não foi permitido ao próprio arcebispo cumprir seu dever de ir buscar o Santíssimo para evitar sua profanação.[35]

---

[34] M. López Vigil. *Monsignor Romero. Frammenti per un ritratto*, p. 117.

[35] O. A. Romero. Omelia (22 de maio de 1977). In: Id. *Su pensamiento*, v. V, p. 58 (nossa tradução).

No entanto, o que aconteceu: o tabernáculo foi arrancado e as hóstias jogadas no chão e pisadas. Claro que, se comparado ao massacre dos camponeses, não foi o episódio mais grave ocorrido naqueles dias, mas o valor simbólico do ato estava claramente significando o ponto sem volta a que tinha chegado o confronto com a Igreja. A ocupação de Aguilares prosseguiu até o dia 19 de junho, quando finalmente o Exército desocupou a área e Romero pôde ir consolar as pessoas, reconsagrar a igreja e empossar um novo pároco, auxiliado por algumas religiosas.

Esta homilia também permaneceu na memória e no coração de muitos salvadorenhos:

> Compete a mim cuidar da violência, dos cadáveres e de tudo que é resultado da perseguição da Igreja. Hoje compete a mim vir aqui recuperar esta igreja e esta casa paroquial profanada, um santuário destruído e, principalmente, um povo humilhado, vilmente sacrificado.

Suas palavras, porém, não se limitaram à solidariedade. Romero passou para uma interpretação teológica que Ignacio Ellacuría, mais tarde, teria aprofundado em seus estudos dedicados ao "povo crucificado". Disse Romero:

> Estamos todos sofrendo com os que sofreram. Estamos de verdade com vocês e queremos dizer-lhes, irmãos, que sua dor é a dor da Igreja. A primeira leitura de hoje interpretou isso muito bem quando o profeta cantou a desolação de Jerusalém, mas anunciou, ao mesmo tempo, a chuva da misericórdia e da bondade do Senhor sobre o seu povo sofredor. Vocês são a

imagem do Divino Transpassado, do qual nos fala a primeira leitura com linguagem profética, misteriosa, mas que representa o Cristo pregado na cruz e transpassado por uma lança. É a imagem de todos os povos que, como os de Aguilares, serão transpassados, serão ultrajados; se, porém, sofrerem com fé e derem um significado redentor à dor, Aguilares já estará cantando a estrofe preciosa da libertação...[36]

Romero não tinha ido sozinho a Aguilares: centenas de pessoas das comunidades de base e dezenas de sacerdotes o tinham acompanhado a San Salvador. No fim da missa, quase querendo reconsagrar todo o país e não somente a Igreja, convidou-os a sair pelas ruas do centro em procissão, enquanto ele os seguia, levando no alto o ostensório. Chegando à praça, a Guarda tentou parar aquela "manifestação" e a atmosfera voltou a ficar carregada de tensão.

Jon Sobrino, na fileira dos sacerdotes, lembra-se daquele momento:

> Saímos da igreja cantando. Era um dia muito quente e Dom Oscar Romero estava banhado de suor sob a capa de asperges vermelha. Mantinha no alto o ostensório. Diante dele iam centenas de pessoas. Contornamos a praça, cantando e rezando. A prefeitura, diante da igreja, estava cheia de guardas que observavam. Quando nos aproximamos, vários deles se colocaram no meio da rua apontando os fuzis para nós. Chegaram outros. Abriram as pernas num sinal de desafio com suas grandes botas e formaram uma barreira para impedir nossa passagem. Os que

---

[36] O. A. Romero. Omelia, 19 de junho de 1977 (Aguilares). In: Id. *Su pensamiento*, v. V, pp. 97-98 (nossa tradução).

estavam na frente da procissão pararam e, depois, também os que vinham atrás. A procissão parou. Seus fuzis e nós, frente a frente. Quando ninguém mais se mexia, viramos para ver Dom Oscar Romero que vinha por último. Ele ergueu um pouco o ostensório e gritando para que todos o ouvissem, disse: "Em frente!". Então avançamos na direção dos soldados, lentamente, e eles começaram a retroceder pouco a pouco. Nós indo na direção deles, e eles para trás. Foi assim até o quartel. Acabaram por abaixar os fuzis e nos deixaram passar. Desde aquele dia, e como naquele dia, em qualquer acontecimento importante que se deu em San Salvador, para acompanhá-lo ou persegui-lo, sempre se devia voltar o olhar para Dom Oscar Romero.[37]

Passaram-se apenas dois dias e, em 21 de junho, a União Guerrilheira Branca – a mesma organização que tinha reivindicado o assassinato do Padre Navarro – intimou todos os jesuítas a deixarem El Salvador dentro de um mês, sob pena de serem considerados "alvos militares". A ameaça pretendia infligir um golpe destrutivo na própria estrutura da diocese porque – embora tendo sido expulsos cinco anos antes do seminário – os jesuítas continuavam a dirigir a UCA, com cerca de 3.500 estudantes; o Externato São José; a rádio diocesana YSAX; uma fundação que buscava casas dignas para as famílias mais pobres (a Fundação Casa Mínima); além de ocupar diversos cargos em associações religiosas e educacionais e publicar revistas de grande prestígio. Não obstante a veracidade da intimidação, ninguém se moveu e as ameaças, ao menos dessa vez, caíram no vazio.

---

[37] M. López Vigil. *Monsignor Romero. Frammenti per un ritratto*, p. 118.

A escalada da violência

Em 1º de julho de 1977, deu-se a mudança de liderança no país: ao Coronel Molina sucedeu o General Carlos Humberto Romero. Como prometido, o "outro Romero", o arcebispo, não tomou parte nas comemorações oficiais porque as verdadeiras investigações sobre o assassinato do Padre Grande nem tinham sido iniciadas. Isto não só aumentou a acidez da oligarquia com relação a ele, mas deu origem a um feroz debate interno na Conferência Episcopal entre quem apoiava a linha assumida pelo arcebispo e quem o acusava de intransigência. No fim, participaram somente Dom Barrera di Santa Ana, Dom Alvarez, vigário castrense e bispo de San Miguel, e o núncio Gerada.

Não eram, porém, somente os "adversários" – fossem leigos ou religiosos – que julgavam suas posições exageradas; a um amigo que o interpelou, Romero respondeu:

> Doutor, eu sou o arcebispo metropolitano e estão matando os meus sacerdotes: como poderia ficar à vontade com gente desse tipo, se, além de tudo, são tão cínicos que são os primeiros a me darem os pêsames? Eu sou o pai espiritual dos meus sacerdotes, como posso conter-me se matam os meus filhos?[38]

A chegada ao poder do General Romero marcou uma reviravolta radical na condução da política com a instituição de um projeto puramente repressivo e o abandono de qualquer tentativa de reforma, embora por algumas semanas, em julho e agosto de

---

[38] J. Delgado. *Biografia*, p. 77.

1977, o Governo tivesse de relaxar o arrocho – em virtude de fortes pressões internacionais – e permitir algumas manifestações urbanas. Isso proporcionou ao movimento reivindicatório recuperar um pouco o fôlego e, a partir de agosto, tornou-se prática diária a greve e a invasão de terras. Nas zonas rurais, porém, não se percebeu nenhuma tolerância, principalmente onde estavam as organizações camponesas mais fortes. Dirigentes camponeses, catequistas, membros de sindicatos e das comunidades cristãs de base foram perseguidos, presos e torturados. Em diversas comunidades foram impedidas até as atividades religiosas. A guerrilha, por sua vez, se reativou no segundo semestre de 1977, "justiçando" o reitor da Universidade de El Salvador, Alfaro Castillo e executando uma série de sequestros e invasões.

A oligarquia começou então a exigir do Governo medidas mais drásticas que se concretizaram em 24 de novembro de 1977, com a chamada Lei da Defesa e Garantia da Ordem Pública, aprovada pela Assembleia Legislativa. O projeto de repressão do Governo (e da oligarquia) se tornou assim lei... mas serviu apenas para aguçar as tensões sociais que dilaceravam o país e, nos dezesseis meses em que esteve em vigor, houve mais de quarenta greves. As organizações populares também usaram um novo método de luta: a ocupação de fábricas com o respectivo sequestro dos empregados e dos dirigentes mantidos como reféns para facilitar as negociações e se proteger da repressão. Na lógica de uma escalada infinita, todavia, também isso teve como único resultado um novo recrudescimento da repressão, principalmente em prejuízo do movimento camponês. De fato, nas zonas rurais, a ORDEN intensificou as delações, as pilhagens, as capturas, as torturas, os assassinatos e os desaparecimentos. Muitas famílias foram obrigadas a deixar as próprias casas ou buscar formas clandestinas de vida, para não abandonar os locais mais fortemente atingidos, e toda forma de protesto foi considerada uma atividade "criminosa" pelo novo Governo "Romero".

É verdade! Agora havia dois Romeros: respectivamente o chefe da Igreja e o do Estado, ligados por simples homonímia e não parentesco.[39] Surgiu, então, o problema de não confundi-los ao se falar deles. Teria sido suficiente anteceder os sobrenomes pelos títulos, mas o povo foi mais radical: Romero se tornou "Dom" por antonomásia... provocando um ciúme incontrolável de alguns coirmãos. O verdadeiro problema, porém, era que agora o chamavam cada vez mais frequentemente para "recolher cadáveres".

Em 26 de agosto foi a vez de Felipe de Jesús Chacón (Dom Chus, para os amigos). Era um camponês que, tendo se esforçado ao máximo, chegara a ocupar o posto de contador na alfândega do aeroporto. Dom Chus, porém, era principalmente um catequista benquisto, que era ouvido com respeito em seu subdistrito e nos vilarejos limítrofes... e foi isso que o condenou. Ao descer do ônibus, foi capturado pelos serviços de segurança e depois encontrado desfigurado – pelos guardas e por cães – num matagal seco junto com outras duas pessoas sequestradas no mesmo dia e feitas em pedaços com um facão.

Romero o conhecia e estimava há muito tempo:

---

[39] O mesmo não aconteceu na vizinha Guatemala, onde ao bispo mártir da justiça, Dom Juan Gerardi, sucedeu o também valoroso Dom Mario Rios Montt, que teve de lidar com a sangrenta ditadura do irmão, o General Efraín Rios Montt.

O rosto desfigurado de Felipe de Jesús e, o que é pior, difamado pela imprensa como ladrão de gado, quando na verdade se tratava de um catequista valoroso, que soube viver o Evangelho até as mais perigosas consequências.[40]

Tendo ido ao local em que foi achado, quase não o reconheceu, enquanto em sua mente martelava a pergunta que há meses o atormentava: "Por que fazem isso?". O porquê era, infelizmente, claro: "Atingir um para impressionar cem...", mas até essa proporção trágica estava para ser superada, e a Igreja consequentemente não se poderia limitar a qualquer repreensão genérica. Os crimes, perpetrados então cotidianamente, de fato, estavam colocando em discussão não só a práxis, mas também a consciência da própria natureza e missão.

Romero o havia dito claramente vinte dias antes, em 6 de agosto, no dia do padroeiro de El Salvador, ao publicar a sua segunda carta pastoral: *A Igreja, corpo de Cristo na história*. De um total de quatro em seu ministério como arcebispo, foi a de caráter mais marcadamente teológico e, mais do que isso, a que exprime um passo decisivo para a frente em sua pastoral: nos primeiros meses, na verdade, tinha-se limitado principalmente a defender os sacerdotes perseguidos devido a seu empenho a favor do povo; mas, desse momento em diante, se pôs diretamente ao lado dos pobres. Mais ainda: permitiu que os pobres se colocassem a seu lado, não somente como "necessitados" – o que sempre havia feito –, mas como pessoas que tinham muito para lhe ensinar, tanto

---

[40] O. A. Romero. Omelia (25 de agosto de 1978). In: Id. *Su pensamiento*, v. V, p. 152 (nossa tradução).

na compreensão da realidade quanto na da própria Palavra de Deus. E assim, pouco depois, começará primeiro a admitir, e em seguida a proclamar: "Sinto que o povo é meu profeta!".[41]

Com relação a isso, é emblemático o testemunho do Padre Antonio Fernández Ibáñez, que relata sua participação num grupo de estudos da Bíblia organizado por alguns camponeses (entre eles o famoso Polín, secretário-geral das FECCAS-UTC e encarregado da Palavra) ao ar livre, sob uma árvore, no meio de cujas raízes a mantinham enterrada envolta num plástico. Naquela época, de fato, no extremamente católico El Salvador, ter uma Bíblia em casa era suficiente para ser acusado de comunismo e, até mesmo, ser fuzilado no ato. O Padre Ibáñez conta, portanto, que naquele dia Romero ficou distante, escutando... Depois de quase uma hora,

> quando terminaram, me virei e percebi que tinha os olhos lacrimejantes, ele estava chorando. "O que foi, Dom Romero?" "Eu achava que conhecia o Evangelho, mas estou aprendendo a lê-lo de outro modo".[42]

Na verdade o povo tinha se tornado seu profeta. Por isso intensificou as visitas às comunidades, também às mais remotas e de difícil acesso... à custa de caminhadas extenuantes em estradas poeirentas, no calor tórrido do verão tropical ou de grosserias gratuitas dos guardas que não economizavam em revistas inúteis com o cínico pretexto de fazê-lo "para sua segurança".

---

[41] O. A. Romero. Omelia (8 de julho de 1979). In: Id. *Su pensamiento*, v. VII, p. 56 (nossa tradução).

[42] M. López Vigil. *Monsignor Romero, Frammenti per un ritratto*, p. 183.

VII

A OPÇÃO PELOS POBRES

Ano de 1978

Romero já havia compreendido qual o preço a pagar para ser fiel à missão da Igreja naquela situação. Ele o havia declarado abertamente em 25 de novembro de 1977: "Quando a Igreja é perseguida, é sinal de que está cumprindo sua missão".[1] E vai repeti-lo mais tarde, em 30 de junho de 1979, na homilia da conclusão da novena pelo assassinato do Padre Rafael Palacios: "Seria triste que numa pátria, na qual se está assassinando de forma tão horrenda, não contássemos com sacerdotes entre as vítimas".[2]

Com isso, é claro, não pretendia justificar os autores daqueles crimes. Ao contrário, sua opinião estava se radicalizando cada vez mais, como revela o colóquio com um camponês que lhe fora contar sobre as torturas que sofrera durante 24 dias, primeiro na prisão da Guarda, depois na da polícia:

---

[1] O. A. Romero. Omelia (25 de novembro de 1977). In: Id. *Su pensamiento*, v. I-II, p. 339 (nossa tradução).

[2] O. A. Romero. Omelia (30 de junho de 1979). In: Id. *Su pensamiento*, v. VII, p. 30 (nossa tradução).

Aqueles que torturam os próprios semelhantes são agentes do demônio". Foi isso que me disse Dom Romero, triste e sério ao mesmo tempo. E aí começou a me contar a história da Igreja caso a caso e me falou desse caminho que se chama opção pelos pobres, que nos estava causando tanta perseguição. Lembro em especial uma frase que ele repetia continuamente: "O fato de nos colocarmos ao lado dos pobres nos custa o sangue. Tanto sangue é um sinal destes tempos..."[3]

A opção pelos pobres, portanto – ainda antes na prática do que na teoria –, se tornou o princípio inspirador de sua pastoral. Muitos perceberam, não só no país, mas também no exterior. Entre eles, os jesuítas da Universidade Católica de Georgetown (Washington) que, em 14 de fevereiro de 1978, lhe conferiram um título de doutor *honoris causa* em Ciências Humanas. Diz-se que o Vaticano tentou opor-se a que lhe conferissem esse reconhecimento prestigioso, e o comentário malévolo feito pelo Cardeal Baggio, em junho do mesmo ano, a respeito de uma tentativa de sua instrumentalização pelos jesuítas, pareceu confirmar esse boato.

Algo que parece ter feito – com mais sucesso – também por ocasião da candidatura ao Nobel da Paz em 1979, sugerida por 118 parlamentares ingleses durante 1978 e apoiada por um grupo de congressistas norte-americanos em janeiro de 1979. Embora o Nobel daquele ano tenha sido outorgado à Madre Teresa de Calcutá, a simples indicação, bem como a concessão daquele diploma se revelaram oportunidades preciosas tanto no país quanto

---

[3] M. López Vigil. *Monsignor Romero. Frammenti per un ritratto*, p. 124.

no exterior. Em El Salvador, onde o título foi excepcionalmente entregue na catedral, em vez de ser na sala nobre da universidade norte-americana, porque proporcionou a Romero a possibilidade de fazer seu povo sentir-se importante – uma vez na vida! – em âmbito internacional. No exterior, porque a notoriedade que ganhou iria ajudá-lo a advogar algumas causas.

Não teve, porém, nenhum efeito sobre a política do Governo e naquele ano a Semana Santa (19-26 de março) se transformou numa verdadeira semana da Paixão. Alguns camponeses do município de São Pedro Perulapán (no distrito de Cabaña), pertencentes às FECCAS-UTC, tinham, de fato, denunciado publicamente uma série de humilhações infligidas pelos membros da ORDEN. Como represália, a Guarda Nacional ocupou toda a região e iniciou uma operação militar que, segundo uma investigação promovida pelo arcebispado e divulgada pelo próprio Romero na homilia de 9 de março, resultou em seis mortos (quatro dos quais por decapitação), 68 desaparecidos e 14 feridos.

Divisões na CEDES

Dentro da Conferência Episcopal, entretanto, o crescente reconhecimento de Romero só aumentou a inveja de alguns coirmãos. Isso ficou evidente em 3 de abril, quando até mesmo seu recém-nomeado auxiliar, Dom Revelo, passou "estranhamente"[4]

---

[4] Assim, deixando transparecer certa dose de ingenuidade e boa-fé, Dom Oscar Romero anotou em seu diário, em 5 de abril de 1978. In: *Diario de Monsignor Romero*, Arcebispado de San Salvador, janeiro 2000, p. 8 (nossa tradução).

para a tríade que lhe era contrária.[5] A oportunidade surgiu durante uma acalorada discussão a respeito da posição a assumir com relação a uma carta endereçada ao núncio Gerada, em 7 de março, por um número impreciso de sacerdotes e religiosas (de duzentos a trezentos) que o acusavam de escassa demonstração cristã. Esses bispos, querendo proteger o núncio, prepararam um documento de condenação dos religiosos e convocaram uma reunião de urgência. Romero entendeu muito bem que o caráter inesperado daquela convocação valia somente para ele e Dom Rivera, impossibilitado de participar porque estava na Guatemala, de onde enviou um telegrama pedindo que o esperassem. A questão, todavia, fora premeditada e de nada valeram os protestos do arcebispo, que contestou tanto a modalidade da convocação quanto o conteúdo do documento apresentado.

No seu *Diário*, de fato, se queixa de ter ficado imediatamente em minoria quanto ao dever de esperar Rivera e, embora afirmassem que fosse um simples documento preparatório, na realidade o assinaram do jeito em que estava. O arcebispo, por sua vez, não deixou de destacar que em sua opinião Dom Gerada, em diversas ocasiões, tinha se tornado "indesejável", tanto em El Salvador quanto na Guatemala; e contestou a fácil identificação que os outros bispos faziam entre a figura do núncio e o Vaticano, que para Romero significava acima de tudo o Papa.

Naturalmente, sendo quatro contra um, seus protestos não serviram para nada, a não ser torná-lo

---

[5] Aparicio, bispo de San Vicente e presidente da CEDES, Barrera de Santa Ana e Alvarez de San Miguel.

objeto de muitas acusações falsas da parte dos bispos. Disseram-me que faço um sermão subversivo, violento; que meus sacerdotes provocam uma situação de violência entre os camponeses e que, portanto, não nos deveríamos queixar dos abusos cometidos pelas autoridades. Acusou-se a arquidiocese de interferir nas outras dioceses, provocando divisões entre os sacerdotes e o mal-estar pastoral das outras dioceses. Acusaram o arcebispo de semear confusão no seminário e afirmavam ser urgente que os escritórios do arcebispado de San Salvador desocupassem o edifício em San José de la Montaña.[6]

Dois dias depois, aquele documento apareceu nos principais jornais nacionais, apenas com as quatro assinaturas dos autores, tornando assim pública a cisão interna da CEDES.

Ocupações das igrejas

Nesse meio-tempo, a arquidiocese tinha dado guarida numa parte do edifício de San José de la Montaña a muitas pessoas que foram obrigadas a fugir dos distritos de Cabaña e Cuscatlán devido à repressão. Isso criou problemas porque muitos dos hóspedes, pertencendo ao Bloco Popular Revolucionário, tinham na verdade transformado aquele local no quartel-general de suas atividades, recusando-se a se submeter à disciplina da Comissão de Ajuda. Para complicar as coisas, em 11 de abril, o próprio BPR ocupou a catedral e, ao mesmo tempo, as embaixadas do Panamá, Venezuela, Costa Rica e Suíça. A situação na catedral era a mais dramática porque a iniciativa – tomada sem nenhuma

---

[6]   O. A. Romero. Diario (3 de abril de 1978). In: Id. *Su pensamiento*, p. 5 (nossa tradução).

organização – envolvia mulheres e crianças desprovidas do mínimo necessário.

Romero tentou contatá-los no início da tarde de 14 de abril, sexta-feira, mas foi impedido pelo Exército, que controlava as entradas. Enviou, então, o auxiliar Revelo (não se sabe se por virtude ou necessidade) ao Presidente da República para pedir garantias da incolumidade dos ocupantes nas fases de desocupação e de noite voltaram juntos à catedral. Finalmente, puderam entrar, embora devessem aceitar a "proteção" de um tenente que os fez descer do automóvel para obrigá-los a fazer um último trecho da rua a pé: um modo banal de impor a própria autoridade. Dentro da catedral puderam inteirar-se das condições dos ocupantes e discutir aquela ocupação com os seus "responsáveis": tratando-se, porém, de cinco rapazes, que aguardavam ordens de seus superiores que estavam do lado de fora, os prazos para solução se alongaram. Ao saírem, foram atacados pelos protestos do próprio coronel que os tinha acompanhado por causa do "longo tempo de sua permanência": um modo para insinuar uma acusação velada de cumplicidade. Romero, então, respondeu com altivez: "Não há nada de estranho porque estávamos na nossa casa!".[7]

Contrariamente às esperanças do arcebispo, a ocupação só seria resolvida na terça-feira seguinte e, portanto, no domingo, 16 de abril, teve que celebrar a missa na igreja de El Rosario, onde os técnicos da Radio YSAX não conseguiram se conectar e, por isso, limitaram-se a gravar a homilia para transmiti-la mais tarde. Entretanto, Revelo tinha conseguido obter do Presidente as ga-

---

[7] Id. Diario (14 de abril de 1978). In: Id. *Su pensamiento*, p. 20 (nossa tradução).

rantias pedidas, assim os responsáveis pela Cáritas foram encarregados no mesmo dia de levar os artigos de primeira necessidade e depois organizar a desocupação. Revelo se ofereceu para acompanhar pessoalmente os ônibus que reconduziam os manifestantes a seus vilarejos e isso fez Romero mudar de opinião, iludindo-se por pouco tempo com respeito à sua boa vontade de se integrar na pastoral diocesana; tanto que o nomeou vigário-geral equiparando-o a Urioste. Este ficou encarregado das questões jurídicas e do clero (que não perdoava Revelo por ter assinado aquela carta), enquanto Revelo ficou encarregado das questões pastorais. Qualquer esperança, todavia, virou fumaça.

Com um problema resolvido, surgiu de imediato outro: ao mesmo tempo que o BPR deixava a catedral, a FAPU ocupou a igreja do Calvário. A FAPU era outra organização popular constituída por uma frente ampla e pluralista com alianças flexíveis que visavam ao mesmo objetivo: promover uma luta antiditatorial, antifascista, antioligarquia. Romero, fortalecido pela experiência anterior, foi imediatamente falar com eles, descobrindo também desta vez que o objetivo era protestar contra a violência em prejuízo dos camponeses, ocorrida principalmente na região de Suchitoto (departamento de Cuscatlán), logo depois do massacre de San Pedro Perulapán. Queriam também escrever ao Papa para lhe pedir uma carta de condenação da violação dos direitos humanos perpetrada pelo Governo salvadorenho. Esse episódio se resolveu mais rapidamente e com menos consequências, mas a ocupação das igrejas se tornou uma prática frequente segundo uma lógica bem precisa que, Ambresito, um camponês de Aguilares, explicou ao Padre Jon Cortina, inventando na hora um provérbio:

"Quem não chora não mama, e se chora na capela ninguém lhe tira o peito!".[8] Romero o compreendia, mas ao mesmo tempo isso o constrangia grandemente. Na verdade, de um lado não podia compartilhar aqueles testes de poder que impediam a participação normal dos fiéis nos sacramentos; de outro, via perfeitamente que se tratava de gestos extremos, ditados pela necessidade e, em alguns casos, pelo medo. Além disso, não deixaria por nenhuma razão que lhe escapassem palavras de condenação que o Governo poderia utilizar para justificar a repressão.

O "caso" do seminário

A questão destinada a ter maior peso nas relações entre os bispos salvadorenhos permanecia, porém, aquela do seminário. Em 4 de abril, Romero recebera uma carta do Cardeal Garrone, prefeito da Sagrada Congregação para o Ensino Católico, informando-o de que tinha recebido queixas de Aparicio a respeito da administração do seminário, acompanhada de relatos de sacerdotes de várias dioceses que desempenhavam um papel educacional. Naquela correspondência se acusava Romero de semear ideias esquerdistas entre os alunos e da falta de disciplina no próprio seminário, referindo-se à discórdia entre os seminaristas das arquidioceses (que compartilhavam a pastoral de seu bispo) e os de outras dioceses, estabelecidas em posicionamentos mais tradicionais. Para a ocasião, Aparicio teve de abandonar sua ostentação de "homem da esquerda", ostentada até alguns anos

---

[8] M. López Vigil. *Monsignor Romero. Frammenti per un ritratto*, p. 168.

antes: um sacrifício necessário para acusar Romero e se oferecer como paladino da ortodoxia aos olhos do Vaticano!

Por isso, na noite de 24 de abril, Romero convidou para jantarem no *Hospitalito* o reitor do seminário, Padre Gregorio Rosa Chávez, e o monitor dos estudos, Padre Abel Morán, que por sua vez se queixaram da desonestidade de Aparicio e de seus aliados, porque aquelas denúncias tinham sido feitas sem eles saberem, embora fossem os principais acusados juntamente com o arcebispo. Portanto, concordaram sobre uma linha a ser mantida para uma resposta em comum: no que dizia respeito ao tema principal, ou seja, a linha educacional, Romero instituiu uma Comissão de Pastoral Vocacional para enfrentar a questão diretamente com os alunos do seminário maior; já quanto às queixas do uso de alguns locais do seminário pelos escritórios da arquidiocese, não obstante tivesse todo o direito (de fato, o edifício era de propriedade da arquidiocese e não da Conferência Episcopal), Romero decidiu buscar uma alternativa e também os necessários financiamentos. Todavia, isso não poderia ser imediato e, no fim, não teve tempo de realizá-lo.

Proteção e violação dos direitos humanos

Naquele mesmo mês, independentemente do âmbito eclesial, foram iniciadas as bases de uma Comissão para os Direitos Humanos.[9] A iniciativa foi tomada por seis pessoas que por diversos motivos tratavam do problema dos desaparecimentos e de violações do gênero: Marianela García Villas, um diretor de jor-

---

[9] R. La Valle; L. Bimbi. *Marianella e i suoi Fratelli*. Roma: Icone, 2007. p. 71.

nal, um dentista, um professor pertencente à Igreja Protestante de Emmanuel e os pais de Lil Milagros Ramirez, uma amiga e colega de universidade de Marianela. Lil estava entre as primeiras moças a escolher a luta armada e há dois anos era prisioneira nas prisões clandestinas da Guarda. Começaram simplesmente a coordenar a defesa dos prisioneiros políticos e a reunir testemunhas, para depois passarem a desenvolver verdadeiras investigações documentadas. Para isso Marianela muniu-se de uma câmera fotográfica com a qual documentava a descoberta das vítimas... tornando-se para todos "aquela dos direitos humanos".

A máquina da repressão, porém, era invencível: dentro e fora das prisões. Fora, porque nas estradinhas do interior, na estrada litorânea do Pacífico e nos depósitos de lixo apareciam cada vez mais cadáveres com evidentes sinais de tortura, enquanto outros eram jogados de uma ribanceira perto de San Salvador, conhecida como "a Porta do Diabo": tão belo do ponto de vista paisagístico quanto tragicamente gravado na memória dos que viveram naqueles anos. E dentro, porque, também quando não se tratava de verdadeiros desaparecimentos, os advogados de muitos prisioneiros eram impedidos de se encontrarem com seus clientes.

O choque com a Suprema Corte

Informado dos fatos, Romero pegou o touro pelos chifres e denunciou diretamente a Primeira Vara Criminal durante a homilia de 30 de abril de 1978:

> Não nos podemos esquecer de que um grupo de advogados luta
> por anistia e publicaram os motivos que os levaram a pedir esta

A OPÇÃO PELOS POBRES

graça para muitos dos que perecem nas prisões. Esses advogados denunciam também as anomalias no funcionamento da Primeira Vara Criminal, em que o juiz não permite que os advogados se encontrem com os próprios assistidos; no entanto, se permite à Guarda Nacional uma presença que atemoriza o réu, que muitas vezes apresenta sinais evidentes de torturas. Um juiz que não denuncia as marcas de tortura, mas que continua a permitir que exerça pressão com ela sobre o ânimo do réu, não é um juiz justo... diante das injustiças que se veem aqui e ali, até mesmo dentro da Primeira Vara e em muitos tribunais locais – para não falar dos juízes que se vendem! –, o que faz a Suprema Corte de Justiça? Onde está o papel supremo de uma democracia, deste poder que deveria estar acima de todos os poderes e exigir justiça para tudo que seja sua violação? Eu penso que grande parte do mal-estar em nossa pátria tenha aí sua principal razão. No Presidente e em todos os colaboradores da Suprema Corte de Justiça, que deveriam exigir com maior retidão que as varas, os tribunais, os juízes e todos os administradores desta sacrossanta palavra "justiça" fossem verdadeiramente agentes de justiça.[10]

Foi algo inédito: por mais de uma semana El Salvador ficou sem fôlego. Finalmente, com uma carta que ocupava uma página inteira do jornal, a Suprema Corte respondeu pedindo ao arcebispo para apresentar uma denúncia formal contra os juízes que "a seu ver" eram corruptos, a fim de se iniciar um processo que verificasse a veracidade de suas acusações... Naturalmente, queriam processá-lo, não os juízes.

---

[10] O. A. Romero. Omelia (30 de abril de 1978). In: Id. *Su pensamiento*, v. IV, p. 167-168 (nossa tradução).

Romero pediu conselhos aos amigos do Socorro Jurídico que, sentindo-se inadequados para encontrar o fio da meada, recorreram a alguns colegas especializados em direito penal e constitucional. Analisada a questão em todos os seus aspectos, na sexta-feira, 12 de maio, aconselharam-no unanimemente a deixar o assunto de lado, a fim de que o problema se resolvesse sozinho. Assim, dois dias depois, na solenidade de Pentecostes, ele valorizou o conselho... mas a seu modo:

> Quem diria que hoje, neste Pentecostes de 1978, logo a Suprema Corte de Justiça teria funcionado como a tempestade de Jerusalém atraindo a atenção de toda a minha amada audiência? Com sua explicação de caráter público, em toda a República tornou interessante este dia de Pentecostes na Catedral de San Salvador. Sei que a expectativa é grande. O que dirá o arcebispo diante da citação da Suprema Corte de Justiça? Por isso, quero dizer-lhes logo que a Suprema Corte foi hoje o sinal de Deus para atrair a atenção do povo e que está servindo como a tempestade e as chamas de Pentecostes para a interessante notícia eterna que é a Igreja![11]

Passou, então, à parte doutrinária da homilia. Antes de terminar, porém, voltou à questão inicial:

> Não sou eu a pessoa mais indicada para dar os nomes daqueles que a Suprema Corte pode investigar, levando em conta, por exemplo, os bem conhecidos grupos de mães ou parentes de prisioneiros políticos ou desaparecidos ou exilados ou das muitas

---

[11] Id. Omelia (14 de maio de 1978). In: Id. *Su pensamiento*, v. IV, pp. 203 e seguintes (nossa tradução).

denúncias de corrupção publicadas sob a responsabilidade dos meios de comunicação social, não só no país como no exterior... Sem dúvida alguma, de uma gravidade muito maior do que os casos de corrupção são os que demonstram o desprezo absoluto da honorável Suprema Corte de Justiça para com os deveres que a Constituição política impõe e que todos os seus membros se comprometeram a cumprir.[12]

E começou a apresentar a costumeira lista de crimes, acrescentando-lhes as irregularidades judiciárias que existiam no país: torturas nas fases processuais, violações de direitos constitucionais e dos direitos à vida, ao *habeas corpus*, à greve, à sindicalização... para voltar a desafiar a Corte em nome de seu ministério:

Esta denúncia, penso que seja um dever da minha condição de pastor de um povo que sofre a injustiça. O Evangelho a impõe a mim, e por ele estou disposto a enfrentar o processo e a prisão, se bem que com isso não se faria outra coisa a não ser acrescentar mais uma injustiça.[13]

Não lhe deram ouvidos: paradoxalmente foi a própria Corte a seguir o conselho sugerido a ele pelo Socorro Jurídico e deixaram o problema desaparecer por si só.

Segunda visita a Roma

O eco daquele confronto, porém, nesse meio-tempo, tinha chegado a Roma, de onde continuavam a vir informações de um

---

[12] Id. Omelia (14 de maio de 1978). In: Id. *Su pensamiento.*
[13] Ibid.

e de outro dos dois grandes blocos que (embora assimétricos e heterogêneos) se tinham formado em El Salvador: a favor e contra Romero; a favor e contra o núncio. Assim, em 24 de maio, Romero recebeu uma carta também do prefeito da Sagrada Congregação dos Bispos, o Cardeal Sebastiano Baggio, que o convidava a visitar o Vaticano "para conversar sobre a situação da arquidiocese". Não foi preciso dizer duas vezes: foi só o tempo necessário para organizar a viagem e, em 17 de junho, acompanhado de Dom Rivera e Dom Urioste, ele partiu para Roma. Como no ano anterior, a primeira coisa que quis fazer logo ao chegar foi recolher-se e rezar no túmulo de Pedro. Depois, foi para a Casa Generalizia dos jesuítas, onde o esperava o superior-geral da ordem, o Padre Pedro Arrupe, bem informado por seus coirmãos sobre a situação salvadorenha, que o encorajou dando-lhe conselhos quanto a como se comportar naqueles ambientes e colocando à sua disposição alguns sacerdotes, em especial o procurador dos jesuítas, que o ajudaram a preparar os colóquios. Durante a tarde foram à Basílica de São Paulo Fora dos Muros para rezarem também junto do túmulo do Apóstolo dos Gentios.

A anotação feita no *Diário* expressa muito bem o espírito com que Romero enfrentou a viagem que, para outros, teria representado somente uma convocação disciplinar desagradável:

> Sinto que minha visita não é uma simples visita de devoção particular, mas que na realização da visita *ad limina*, levo comigo todos os interesses, as preocupações, os problemas, as esperanças, os projetos e as angústias de todos os meus sacerdotes, das comunidades religiosas, das paróquias, das comunidades de

base, isto é, de toda a arquidiocese que vem comigo prostrar-se, como ontem diante do túmulo de São Pedro, hoje diante do túmulo de São Paulo.[14]

Na segunda-feira, dia 19, iniciou o *iter* nos ministérios do Vaticano e não foi um bom começo. O primeiro encontro, na verdade, se deu na Sagrada Congregação dos Bispos com o secretário, certo Dom Buro, que quase não lhe permitiu falar, atacando-o com uma série de recomendações paternalistas. Isso, porém, lhe permitiu entender que gênero de informações tinha sido enviado de El Salvador, o que se revelou útil em vista do encontro com o Cardeal Baggio. De fato, sabia então o que esperar e, consequentemente, pôde preparar uma "defesa" de sua linha pastoral. Mais tarde, na Congregação para a Educação Católica, encontrou até mesmo um amigo, Dom De Nicolò, ao qual entregou uma cópia da correspondência epistolar trocada sobre a questão do seminário interdiocesano e do qual recebeu ulteriores conselhos sobre como se comportar no ambiente. Se não fosse triste, seria no mínimo curioso que várias pessoas em locais diversos tivessem sentido a necessidade de aconselhar um bispo – perseguido no próprio país e já convocado a "se justificar" – com relação a como se comportar num ambiente no mínimo potencialmente hostil.

Finalmente chegou o dia 21 de junho, o mais esperado por Dom Romero: aquele do encontro com o Papa. Paulo VI o recebeu privadamente, junto com Dom Rivera, depois da audiência da quarta-feira, e falou-lhes sem prender-se a um tema

---

[14] Id. Diario (18 de junho de 1978). In: Id. *Su pensamiento* (Coleção Homilías y Diario de Monsignor Romero), pp. 39-40 (nossa tradução).

determinado, mas com a máxima sinceridade. O próprio Romero confessa:

> Dirigindo-se a mim, apertou minha mão direita e a reteve entre as suas por um longo tempo; eu também apertei com as minhas a mão do Papa. Teria desejado tirar uma foto desse momento porque seria uma demonstração da íntima comunhão de um bispo com o centro da unidade católica. E, apertando assim minhas mãos, falou comigo por um longo tempo. Seria difícil repetir literalmente as palavras de sua longa mensagem, mesmo porque não foi esquemático, mas cordial, amplo, generoso... A emoção do momento foi tal que não me lembro de palavra por palavra, mas as ideias principais foram estas: "Compreendo seu difícil trabalho. É um trabalho que pode não ser compreendido, é preciso ter muita paciência e muita firmeza. Sei que nem todos pensam igual; é difícil, nas circunstâncias do seu país, ter um pensamento unânime; todavia continue com coragem, com paciência, com força moral, com esperança". Ele me prometeu que rezaria muito por mim e pela minha diocese. E que faria qualquer esforço pela unidade. Que, se pudesse ser pessoalmente útil para qualquer coisa, ele o faria de boa vontade.[15]

Portanto, mais uma vez Romero saiu encorajado e confortado daquele encontro com o Papa Paulo VI, a quem entregou alguns presentes: uma fotografia do Padre Navarro, enviada por seu irmão; pequenos objetos do ateliê artesanal de La Palma e as cartas de diversas comunidades de base.

---

[15] Id. Diario (21 de junho de 1978). In: Id. *Su pensamiento*, p. 42 (nossa tradução).

A OPÇÃO PELOS POBRES

Todavia, no dia seguinte teve que voltar a ter os pés no chão durante a visita à Sagrada Congregação para a Educação Cristã, onde o Cardeal Garrone lhe falou abertamente de duas cartas de denúncia sobre o problema do seminário e do arcebispado; e não escondeu como até chegassem a pedir uma visita apostólica para ambas as instituições. Romero se consolou pensando que ao menos tinha tido a possibilidade de se explicar. O encontro com Dom Casaroli foi, ao contrário, mais sereno e, na opinião de Romero, construtivo. Quanto ao mais, os últimos dias em Roma foram dedicados a encontros de caráter amigável: com o cardeal argentino Eduardo Pironio, com o Padre Arrupe e Dom De Nicolò, além de algumas visitas devocionais e turísticas.

Na noite de 29 de junho, dia de São Pedro e São Paulo, deixou Roma, mais uma vez dando testemunho do que aquela cidade significava para ele:

> Embora esteja voltando para a minha pátria, já sinto saudades de Roma. Roma é o lar para quem tem fé e sentido eclesial. Roma é a pátria de todos os cristãos. Ali está o Papa, que é o verdadeiro pai de todos. Eu o senti tão próximo... parto tão agradecido a ele porque o coração, a fé, o espírito continuam a se alimentar desta rocha, onde a unidade da Igreja é sentida tão palpavelmente.[16]

Romero, na verdade, voltou reanimado: talvez pecando por demasiada ingenuidade, porque se Paulo VI tinha a máxima confiança nele, o mesmo não se dava com a cúria vaticana, a qual não constituía um reles detalhe como todas as chancelarias do mun-

---

[16] O. A. Romero. Diario (29 de junho de 1978). In: Id. *Su pensamiento*, p. 48 (nossa tradução).

do, já que também lá – politicamente falando – é a raia pequena que no fim acaba mandando. Romero era um homem de fé e isso lhe bastava: quanto ao mais, a *real politic* não serve para "mudar" a história, mas para "conservá-la": exatamente aquilo de que El Salvador não precisava.

A Igreja e as organizações políticas populares

Ao voltar para San Salvador não perdeu tempo para demonstrar que a prudência, tão cara aos romanos, jamais seria a estrela guia de seu magistério:

> Como era fácil seguir [o Cristo] como fazia Pedro, fugir como estão se esquivando hoje muitos cristãos. É mais fácil se esconder. "É preciso ser mais prudente, não se deve criar conflitos". Mas Cristo não foi dessa opinião e a quem o aconselhou de não se arriscar chamou de Satanás, chamou de escândalo.[17]

E escandaloso foi o comportamento do "bando dos quatro" (Aparicio, Alvarez, Barrera e Revelo), os quais, sabendo há meses que Romero estava preparando sua terceira carta pastoral para ser publicada no dia do Divino Salvador do mundo,[18] decidiram impedi-lo com um documento sobre o mesmo tema, mas com espírito e conteúdo certamente opostos.

---

[17] O. A. Romero. Diario (3 de setembro de 1978). In: Id. *Su pensamiento*, v. V, p. 160 e seguintes (nossa tradução).

[18] 6 de agosto de 1978.

Assim, enquanto Romero e Rivera publicaram em conjunto uma carta para as respectivas dioceses com o título: *A Igreja e as organizações políticas populares*,[19] na qual procuravam resolver o dilema dos camponeses católicos: "É permitido a um cristão fazer parte de uma organização política popular?", visto que elas tinham uma orientação marcadamente de esquerda; os outros publicaram o documento: *Declaração do episcopado de El Salvador sobre algumas organizações populares*, recorrendo a um estratagema dúbio e malicioso.

Em primeiro lugar, a declaração nunca foi discutida na CEDES e por isso deveria ter as únicas assinaturas dos quatro signatários. Todavia, usando o termo genérico "episcopado" e tendo somente a assinatura do presidente e do secretário, dava a entender que fosse um documento comum.[20] Além disso, publicando-a alguns dias antes da anunciada para 6 de agosto, tentaram desacreditar Romero, fazendo-o parecer alguém que sistemática e voluntariamente rompia a unidade do episcopado. O truque, porém, foi útil somente para os jornais, que não perderam a oportunidade de jogar sal na ferida aberta. Quanto ao mais, já que a tinham escrito valendo-se de várias colaborações pedidas a padres, religiosos e peritos, enviando um questionário às comunidades de base das quais tinham recebido centenas de respostas, todos estavam a par e entenderam perfeitamente a manobra. Todavia, o arcebispo tentou conter o escândalo publicando uma interpretação do próprio documento, com o fim de sugerir a ideia de que

---

[19] Era a terceira do arcebispo Romero e a primeira do novo bispo de Santiago de María.

[20] Ver J. Delgado. *Biografia*, p. 121.

os dois textos não fossem opostos como podiam parecer, já que enfatizavam aspectos diferentes. Em outras palavras, ele tentou fazer o impossível:

> O problema das organizações populares é a expressão angustiada de um camponês que tem fome, sofre injustiças e humilhações e luta por justas reivindicações. Não nos esquecemos de seus pecados e por isso lhes falamos de conversão. Mas, em vez de enfatizar seu pecado para condená-lo e tratá-lo como cúmplice da opressão e da repressão que está sofrendo, nos pareceu muito mais pastoral tentar chamá-lo para refletir a fim de que saiba que existe uma Igreja que, sem comprometer sua identidade e missão, está muito próxima dele e se preocupa em entender seus esforços reivindicatórios para justificá-los e inseri-los na libertação global que prega a partir de Cristo.[21]

Solidariedade crítica

O apoio de Dom Oscar Romero às organizações políticas populares não foi, porém, acrítico nem incondicional, embora compreendesse muito bem o drama humano que às vezes as impelia a cometer alguns excessos. Acima de tudo, jamais lhes negou sua solidariedade sempre que dela precisaram. Isso foi uma agradável surpresa para o Padre David Rodríguez, que, na época do caso do Centro Los Naranjos, tinha sido um dos principais "objetivos" de sua investigação. Naquela ocasião, tinha representado um dos maiores motivos de conflito entre Romero e Aparicio

---

[21] Ver *Orientación* 4080, 2. In: J. Delgado. *Biografia*, pp. 122-123.

porque, sendo de San Vicente, pertencia à diocese deste último, mas por ensinar no Centro estava, ao menos parcialmente, sob a jurisdição de Romero. No verão de 1978, Padre Rodríguez já tinha ido para a clandestinidade devido ao comprometimento com as organizações camponesas e ao apoio que havia oferecido durante algumas ocupações. Dom Aparicio – o bispo autodenominado progressista! – o havia suspendido *a divinis** e excomungado.[22] Ou seja: ofereceu-o numa bandeja de prata aos esquadrões da morte. E já que na região oriental do país era muito conhecido, tinha se transferido para as comunidades de base de San Salvador, onde celebrava escondido e continuava a dar algumas de suas famosas aulas. Às vezes, essas reuniões eram no *Hospitalito*, com a concordância da madre superiora das carmelitas, Madre Teresita, que também lhes oferecia um lanche.

O caráter desses encontros era tão secreto, que o próprio Romero não percebeu até que a madre superiora sugeriu ao Padre Rodríguez que lhe contasse. Ele aceitou e com algum temor, dado os precedentes, decidiu dar aquele passo:

> Contei-lhe tudo, para que manter segredos? E ele reagiu como se fosse nada. Um homem diferente. "Tem o meu apoio, meu filho. Eu o conheço, conheço a todos, não se preocupe. Mas, me diga, onde está morando?" "Onde posso, tenho que mudar continuamente, não tenho um lugar fixo para descansar a cabeça! Vou a Zacamil, a Mejicanos, a Marichi..." "Então, venha também para cá, aqui é sua casa." Foi assim que muitas noites

---

* A suspensão *a divinis* significa que o sacerdote continua obrigado aos deveres a ele inerentes, embora esteja suspenso do ministério sagrado. (N.E.)

[22] Evidentemente se trata de uma providência em âmbito diocesano, não universal.

fui dormir no cômodo onde recebia as visitas, em sua casa no *Hospitalito*. Ele gostava disso, então eu lhe contava o que estava fazendo. Nunca lhe disse que era organizado, embora ele devesse saber por causa da vida de fugitivo que me via ter, e nunca me perguntou. Eu lhe contava mais sobre meu trabalho com as comunidades camponesas... Ele se interessava muito por essas experiências e me fazia falar. Para mim, ficar ali era um modo de ser protegido... Certo dia, arrisquei lhe pedir algo a mais. "Sabe como estamos em San Vicente com Dom Aparicio. Ele excomungou vários de nós. Os padres ali têm necessidade de se reunir num território livre, longe daquele homem..." "Esse território é aqui!", ele me disse, rindo. E assim, nós de San Vicente pudemos promover algumas reuniões no *Hospitalito*.[23]

Tantas precauções, porém, não foram suficientes e, em 5 de outubro, Padre Rodríguez foi capturado juntamente com Piquín, um cantor da Radio YSAX, quase na mesma hora em que, em Apopa, era capturado o Padre Trinidad Nieto. Felizmente, o jogo flutuante da política tinha entrado numa fase de propaganda na qual (depois do assassinato dos Padres Grande e Navarro) o Governo queria ser visto como respeitador da Igreja perante a opinião pública. Foram, portanto, libertados o Padre Nieto na mesma noite e os outros dois no dia seguinte.

Em seu *Diário*, Dom Oscar Romero vai registrar com amargura:

Na polícia estava presente Dom Aparicio... Infelizmente, Dom Aparicio, em vez de defender a causa da Igreja, deu razão à

---

[23] M. López Vigil. *Monsignor Romero. Frammenti per un ritratto*, pp. 175-176.

A OPÇÃO PELOS POBRES

polícia, o que é perigoso com relação ao arcebispado, porque pode passar a imagem de que o arcebispo esteja exagerando, que realmente existam infiltrações comunistas e que não somos justos quando denunciamos tantos abusos do povo e da Igreja.[24]

A mesma consideração dada à propaganda não era aplicada aos camponeses. Romero percebia isso durante as visitas pastorais ou simplesmente quando recebia dezenas, centenas de pessoas todos os dias. Para não falar das cartas que lhe chegavam de todos os cantos do país. Entendeu ainda melhor quando, dias depois da libertação do Padre Rodríguez, em 9 de outubro, ao serem encontrados os cadáveres de dois camponeses num subdistrito do município de San Pedro Perulapán, o povo convidou-o para celebrar a missa. Ele naturalmente foi. Durante a celebração apareceram alguns indivíduos com ares ameaçadores, em trajes civis, mas armados com grandes facões, que anotaram – de maneira bastante acintosa – a chapa da caminhonete com a qual o tinham acompanhado.

Naquela noite ele registrou em seu *Diário*:

Agora entendi os temores dos camponeses e porque muitos homens dormem fora de suas casas por medo de serem surpreendidos durante a noite. É uma pena que as autoridades apoiem uma organização (ORDEN, N.T.) contra outros irmãos camponeses.[25]

---

[24] O. A. Romero. Diario (6 de outubro de 1978). In: Id. *Su pensamiento*, p. 54-55 (nossa tradução).

[25] Ibid., p. 56.

203

E acrescentou no dia seguinte:

> Entre as visitas, recebi a de alguns pobres operários camponeses de La Unión, diocese de San Miguel. Um deles trazia os sinais da tortura à qual tinha sido inesperadamente submetido durante uma reunião de cristãos em que a Guarda Nacional, chegando de surpresa, o agrediu na cabeça e depois lhe deu um pontapé no estômago; agora ele está sentindo as consequências em sua saúde. Tem até sintomas de perda da visão... Também recebi a visita do Dr. Hugo López, "cursilhista de cristandade", que desde sábado não sabe onde estão suas duas filhas universitárias, capturadas pelos agentes da Polícia Nacional e das quais não se obtêm informações em nenhum serviço de segurança...[26]

Outras vezes as violações de direitos humanos assumiam contornos menos trágicos, mas com consequências igualmente dramáticas:

> Vieram me ver os representantes dos camponeses organizados para me relatarem a situação dos trabalhadores durante a colheita do café, do algodão e da cana-de-açúcar e as melhorias que solicitaram ao Ministério do Trabalho, pedindo meu apoio para suas justas reivindicações. Eu lhes fiz notar que segundo a Justiça é preciso levar em consideração também a necessidade dos proprietários e eles concordaram; a meu ver, são justas muitas das reivindicações dos camponeses. Razão para continuar este esforço de apoiar o nosso amado povo... Foi interessante a visita do senhor Eugenio Araujo, que quis que estivesse presente Dom Urioste, para explicar seu planejamento de gastos para o

---

[26] Ibid., p. 57.

cultivo da cana-de-açúcar e como o que os camponeses pedem é impossível devido à situação dos proprietários das plantações. Tive a impressão de que estivesse desconfiado e por isso não adiantaria quase nada tentar um diálogo. Como lhe disse, entendia a situação dos proprietários, mas era preciso também entender as necessidades prementes dos camponeses que procuravam buscar soluções inteligentes.[27]

O ano dos três papas

Enquanto isso, no trono de São Pedro tinham se sucedido três papas. Em 6 de agosto de 1978 – o mesmo dia da publicação da terceira carta pastoral – tinha morrido Paulo VI, ao qual se seguiu o pontificado relâmpago de João Paulo I. Portanto, em 16 de outubro o polonês Karol Wojtyla se tornou Papa, com o nome de João Paulo II. Na mente de Romero, como na de muitos latino-americanos, havia dois sentimentos opostos. De um lado, o entusiasmo por ter finalmente um Papa não italiano, que poderia trazer uma nova perspectiva para o modo como Roma via o mundo. Ainda mais um papa que vinha de uma situação de perseguição... De outro, ele constituía uma incógnita. O Papa Wojtyla chegava, de fato, do outro lado do muro: de um mundo em que o vermelho era a cor das ditaduras que perseguiam a Igreja e não a das organizações que lutavam pela liberdade. Será que teria compreendido a recíproca diversidade da América Latina com relação a sua Polônia? E, sobretudo, seria capaz de desenredar-se

---

[27] Ibid., v. V, pp. 60-61.

do labirinto dos departamentos do Vaticano de modo a poder formar um juízo o mais livre e objetivo possível?

Os estatutos da Cáritas

Na sexta-feira, 20 de outubro, à noitinha, os problemas gastrointestinais já crônicos do arcebispo se agravaram e seu médico, Dr. Saca, o internou no Hospital de Emergência e Diagnósticos, onde permaneceu durante dois dias, seguidos de uma semana de convalescência. Dom Aparicio e Dom Revelo aproveitaram para dar um golpe em prejuízo da Cáritas.

A Cáritas de El Salvador, na verdade, era uma pessoa jurídica com estatutos estabelecidos em 1961 pelo Governo e pelo Arcebispo Chávez com os representantes da Cáritas Internacional. O presidente de direito era o arcebispo *pro tempore* de San Salvador, que nomeava um diretor executivo por um período de quatro anos, devendo nomear outro a seu final. No início de 1978, muitos membros da Cáritas Arquidiocesana tinham solicitado a Romero que substituísse o diretor "decadente", que já tinha cumprido ilegalmente um duplo mandato, sendo pessoa ligada de maneira ambígua ao Governo. Na verdade, dizia-se que parte da ajuda acabava nas mãos de sua família e de outros membros da ORDEN.

Romero, porém, levou (e perdeu) tempo fazendo uma série de consultas "democráticas". Assim, logo que teve de se ausentar devido à doença, o diretor modificou os estatutos transferindo a competência do arcebispo para o presidente da Conferência Episcopal (que naquele momento era Aparicio). O Ministro do Interior, a quem competia ratificar essa alteração, teve uma momentânea hesitação, mas tranquilizaram-no afirmando que conforme o Direito Canônico, em caso de doença do arcebispo, seu auxiliar assumiria tudo em seu lugar. Revelo, assim, serviu para apoiar a trapaça e o ministro tornou oficial o novo texto... também porque o Governo, sendo parte na "causa", tinha todo o interesse de ter Aparicio como interlocutor em vez de Romero. Quando ele se recuperou e soube da fraude, protestou vigorosamente com o Governo; o maior problema, porém, era de natureza eclesial... quase "de família", porque a pior traição fora a de seu auxiliar.

Por isso, em 17 de novembro, o Conselho Presbiteral pediu formalmente a Romero que destituísse Revelo do cargo de vigário-geral – foi o que fez nos seis dias seguintes, deixando-o encarregado tão somente de uma paróquia – e também que lhe tirasse o título de auxiliar, que evidentemente não dependia dele. Comunicou-lhe essa providência com uma carta de tom inusitadamente duro:

> Nunca achei que a paróquia devesse ser apenas seu local de residência e de sua família, nem acredito que ser bispo o dispense de tentar oferecer sua contribuição aos esforços paroquiais que a Igreja requer. Além disso, ser bispo impõe a obrigação importante de ser aquele que incute vida à obra pastoral comum.[28]

Com outra carta, informou o acontecido e sua decisão à Sagrada Congregação dos Bispos.

---

[28] J. R. Brockman. *Oscar Romero fedele alla parola*, p. 256.

Enquanto isso, em 7 de novembro, indignado por essas manobras e preocupado com a situação eclesial que já durava anos, Romero escreveu uma longuíssima carta ao novo Papa, o que se revelou um tiro pela culatra. Nela, Romero dera livre curso a todas as suas aflições: queixava-se do comportamento do núncio, reafirmando o princípio defendido na ocasião do confronto sobre a *missa única*, pelo qual ao núncio competia o âmbito estritamente diplomático e ao arcebispo o pastoral; queixava-se do comportamento dos quatro bispos e pedia, em particular, o afastamento de Revelo. Além disso, exprimiu suas preocupações (bastante fundamentadas) sobre a preparação da III Conferência Geral do Episcopado Latino-americano, que teria lugar em janeiro do ano seguinte em Puebla, no México; pedia, enfim, que eventuais investigações sobre candidatos ao episcopado e sobre a própria conduta pastoral não fossem feitas somente através da nunciatura, mas "através de outros canais que conhecem melhor a nossa realidade eclesial e nacional".[29]

Ainda uma vez, portanto, o tom e o conteúdo da carta demonstravam uma confiança extrema na figura do Papa, acompanhada de uma boa dose de ingenuidade. Na verdade, João Paulo II não conhecia Romero nem a intrincada situação salvadorenha e, consequentemente, era de se esperar que a passasse adiante para a Secretaria de Estado, como de fato o fez. Não foi ali que acabou, mas foi interceptada por um zeloso monsenhor lituano (daqueles convencidos de *prestar culto a Deus*,[30] enviando seus seguidores

---

[29] Uma cópia da carta está guardada no arquivo diocesano de San Salvador, citada em: R. Morozzo della Rocca, *Primero Dios*, pp. 289-290.

[30] Ver Jo 16,2.

para serem massacrados), amigo de um patrício "gringo-lituano", que era adido no Departamento de Informações da Embaixada Norte-americana em El Salvador, o qual tinha o costume de fotocopiar tudo que dissesse respeito ao arcebispo salvadorenho, a fim de informar o amigo. O diretor da Radio YSAX descobriu isso quase por acaso, durante uma conversa entre "colegas" e o fato, naturalmente, entristeceu profundamente Romero.

A nova Cáritas

A pedido da Junta Arquidiocesana da Cáritas, após a trapaça dos estatutos, Romero decidiu organizar autonomamente a seção de San Salvador, encarregando o Padre Rutilio Sánchez de pôr em ordem aquela confusão. Este tentou, antes de tudo, descobrir os pontos críticos, a corrupção e o clientelismo e, depois, reorganizou com pessoas de confiança o setor inteiro. Do ponto de vista político, a Cáritas Arquidiocesana passou, assim, de um alinhamento para outro. Se até então, de fato, os auxílios tinham sido repartidos entre as famílias dos próprios adeptos ou destinados a grupos simpatizantes do governo – até mesmo aos esquadrões da morte –, daquele momento em diante iriam primordialmente para os camponeses organizados. Por isso, às vezes, Romero se queixava com "Tilo" durante as discussões serenas e com amplos horizontes:

"Rutilio, você apoia apenas uma organização, as FECCAS-UTC, e sabe muito bem que é um grupo ilegal e pode nos causar problemas...". "É verdade, mas como precisam, continuo a lhes ajudar. Enquanto eu tiver o que comer, nada lhes faltará"...

"Sánchez!" "Dom Romero, essa gente não tem terras onde semear, tem fome e eu não estou lhes mandando armas." "Sánchez, você é só paixão e nem um pouco de razão." "Porém, não lhe contei a principal razão: ajudar a eles é mais educativo também para nós. Porque a esses pobres a quem damos um copo de leite e um pacote de farinha, no fundo, nós os estamos deseducando. Mas a estes camponeses organizados, é o oposto... a luta deles nos educa. Incluindo o senhor mesmo!"... "Esse pensamento radical é o que me preocupa em você, Sánchez." "Está bem, não confie em mim. Verifique o senhor mesmo como essa gente é, a aparência que tem. Venha, vamos visitar a invasão!" "Não é má ideia, mas..." "Por quê? Não tenha medo dos camponeses, guarde seu medo para os guardas." "Você sempre me põe em maus lençóis." Por isso fomos lá na invasão. E ali os camponeses o educaram com suas discussões, com suas razões e com suas paixões.[31]

Entre aqueles que o "educaram" de verdade estava o famoso "Polín". A suntuosidade de seu nome, Apolinario Serrano, exprimia bem a grande figura desse secretário-geral das FECCAS--UTC e encarregado da Palavra, mas o apelido Polín se adaptava melhor ao seu aspecto miúdo e doentio, com os dedos tortos devido aos muitos anos passados colhendo cana-de-açúcar com golpes de facão. Romero quis conhecê-lo para que ele próprio lhe explicasse diretamente – ele que lhe fora apresentado como "organizado"[32] e fervoroso cristão – muitas coisas que não conse-

---

[31] M. López Vigil. *Monsignor Romero. Frammenti per un ritratto*, p. 93.

[32] O termo "organizado", em si, significa simplesmente "pertencente a uma organização". Tratando-se, porém, de organizações trabalhistas e sindicais, que se contrapunham às da classe dominante que abusavam do poder, tornou-se praticamente sinônimo de "revolucionário". Na boca da direita significava também "guerrilheiro".

guia entender. Ficou fascinado pelo carisma do camponês e, além de ouvi-lo com boa vontade, passou a amá-lo como a um irmão. As irmãs do *Hospitalito* lembram-se de como dentre tantos visitantes que Romero recebia naqueles tempos cedia regularmente seu lugar à mesa somente a Polín.

Foi o próprio diretor da Cáritas, Padre Tilo, quem os colocou em contato:

"Abaixo a tirania, viva a revolução", "Ao povo não se faz calar com carros blindados e metralhadoras", "Venceremos". E aquela outra que apareceu certo dia: "Venha, Deus, que o socialismo não basta". Todos os dias nós as víamos escritas nos muros de San Salvador e nas ruas cobertas de sujeira. Dom Romero não gostava daquelas frases e as criticava. Foi Polín quem o fez mudar de ideia: "Explique-me, então, Apolinario", pediu-lhe o arcebispo, "como interpreta essa desordem e veja se consegue fazer com que eu também entenda...". "Veja, Dom Romero, nós não temos um jornal... Em que prédio ou em que lugar teríamos uma *chance* de nos deixarem *colocar algo* por escrito? Na rádio, quanto acha que nos cobrariam para fazer um anúncio? E mesmo que tivéssemos o dinheiro, eles transmitiriam a nossa mensagem? Então, o que fazemos? Alguns companheiros pegam uns cassetetes e um punhal e vigiam a rua, enquanto um outro escreve a mensagem no muro. Se os policiais nos virem, temos que fugir correndo. As frases escritas são comunicação, servem para nos comunicarmos com o nosso povo! Os muros são o jornal dos pobres! Entendeu agora?" Ele conseguiu entender. E também outras coisas. Chegou a se dar tão bem com Polín que às vezes lhe dizia: "Apolinario, hoje em vez de rezar vou falar com você". E passava sua hora de orações conversando com Polín. Uma hora inteirinha.[33]

Não se entendia tão bem com os sacerdotes e as religiosas que, reunidos no grupo da Nacional, acompanhavam, em todo o país, as comunidades de base. Romero quase nunca criticou o trabalho deles, mas não conseguia entender por que devia existir no campo eclesial uma organização quase "paralela" à oficial; ainda mais composta por muitas pessoas que trabalhavam nos dois âmbitos. Na verdade, havia boas razões para isso. A primeira é que uma organização informal era certamente mais livre para tomar iniciativas, tanto com relação à hierarquia eclesiástica quanto ao Estado. Além disso, se fosse coordenada em nível diocesano – como Romero pretendeu fazer, criando uma comissão especial –, seriam excluídos automaticamente os religiosos e as comunidades de outras dioceses que, no entanto – com a única exceção de Santiago de María –, eram as que mais precisavam de ajuda e solidariedade, tendo em vista os bispos que as governavam. Alguns encontros entre a Nacional e a Comissão Arquidiocesana de Coordenação das Comunidades de Base deram em nada: continuaram a trabalhar paralelamente, procurando se influenciar reciprocamente.

Ernesto Barrera

Em 28 de novembro de 1978, um novo golpe atingiu Romero: o Padre Ernesto Barrera, chamado de Neto, comprometido

---

[33] M. López Vigil. *Monsignor Romero. Frammenti per un ritratto*, p. 174.

com os operários na Pastoral do Trabalho, foi assassinado juntamente com três companheiros que estavam com ele: Valentín, Isidoro e Rafael. Foi o terceiro sacerdote assassinado desde que se tinha tornado bispo. Desta vez, porém, não foi somente a dor a perturbar o arcebispo: de repente começou a correr um boato de que Neto fosse um "organizado" morto em combate. A autópsia desmentiu facilmente a versão da morte em combate, tendo sido encontrados diversos sinais de tortura (queimaduras de cigarro) em todo o corpo e o crânio esmagado..., mas as Forças Populares de Libertação, naquela noite, explodiram realmente algumas bombas de propaganda em honra do "companheiro Felipe": o suposto nome clandestino de Padre Neto.

Por mais de um mês Romero ficou atormentado pela dúvida, sem saber se acreditava ou não na filiação de Neto às FPL, como testemunha seu *Diário*. Entretanto, uma decisão improrrogável tinha de ser tomada. O que fazer nos funerais? Muitos sacerdotes da linha tradicional assediaram o arcebispo com a pretensão de que negasse os funerais e o sepultamento dentro de uma igreja; outros, mais condescendentes, o aconselharam simplesmente a não participar "para não ser instrumentalizado". Como sempre, ele pediu muitos conselhos, mas – ainda uma vez – foi a sua própria humanidade a sugerir a solução:

A Senhora Mariíta, mãe de Neto, o que estará pensando? Ela se importa se Neto tinha armas ou não, se era ou não um guerrilheiro? O que a faz sofrer mais? Neto era seu filho e ela era sua mãe e, por isso, a Senhora Mariíta agora está a seu lado. A

Igreja também é mãe de Neto e eu, como bispo, sou seu pai. Por isso devo ficar perto dele.[34]

Ele, então, decidiu ir, despreocupado com as críticas que surgiam de todos os lados. Fez mais: por ocasião da missa do trigésimo dia, quando já se tinha rendido às evidências, quis celebrar uma missa com um grupo de operários, seus companheiros. A anotação que fez naquela noite em seu *Diário* é especialmente significativa de como viveu aquela experiência:

> De tarde celebramos os trinta dias da morte do Padre Neto Barrera, na Domus Mariae, com um grupo de operários que se reuniam com ele, os quais me contaram suas impressões. Sinto muito de verdade que o Padre Neto não tenha sempre desenvolvido uma mensagem puramente sacerdotal, mas cedesse muito aos ideais políticos e revolucionários desses grupos. Não obstante, me disseram que sempre se via nele um esforço para orientá-los como sacerdote. Continua a ser uma incógnita qual era a ideologia profunda deste sacerdote.[35]

Este foi o comportamento constante de Romero como arcebispo com relação aos padres que se dedicavam diretamente à luta política: nunca compartilhou a escolha deles, mas se absteve de pronunciar qualquer juízo que pudesse expô-los ao perigo... tanto que agora já era irreconhecível nele o homem dos anátemas

---

[34] Ibid., p. 179. Este testemunho se encontra também – acompanhado de uma ampla reflexão da relação com a mãe, como mãe e como Igreja – em A. Levi, "Uma luta com a mãe", em *Mosaico di pace* (fevereiro de 1991), a revista promovida pela Pax Christi Italia.

[35] O. A. Romero. Diario (28 de dezembro de 1978). In: Id. *Su pensamiento*, p. 79 (nossa tradução).

contra os jesuítas do externato! Mais ainda, quase como autoconsolo, se esforçava para encontrar todo o bem possível em cada um deles; e quando foi obrigado a se posicionar oficialmente, sempre foi claramente a favor deles.

Foi também essa sua linha de conduta quando roubaram o automóvel do diretor da Cáritas. Havia não só uma agenda cheia de endereços, mas também uma pistola. Durante a difícil reunião que se seguiu, enquanto o vigário-geral, Urioste, se escandalizava com o fato, censurando o comportamento nada evangélico do padre... e este se defendia, admitindo: "Sou bom, mas não bobo! Tenho muita fé, mas também tenho muito medo e farei de tudo para que não me peguem vivo!". Romero se preocupou primordial e muito pragmaticamente com a defesa do sacerdote:

> Irmãos, estamos vivendo uma situação muito difícil e também nós, sacerdotes, somos humanos e temos o direito de ter medo. Sánchez – olhou fixamente para Tilo – sabe que não aprovo armas. Mas não falemos mais disso. Agora o importante é nos solidarizarmos com o Padre Tilo e procurar uma explicação a ser dada ao Governo quanto a essa pistola.[36]

A primeira visita apostólica

Entre dificuldades e sofrimentos, parecia que aquele dramático 1978 estivesse finalmente chegando ao fim, mas as surpresas ainda não tinham acabado. De fato, em 14 de dezembro Dom Antonio Quarracino, bispo de Avellaneda, Argentina, se apresen-

---

[36] M. López Vigil. *Monsignor Romero. Frammenti per un ritratto*, p. 122.

tou sem aviso prévio como visitador apostólico. Qual foi a origem daquela decisão – que presumia, como sempre, certa dose de desconfiança com relação ao bispo local – é difícil saber, porque contribuíram múltiplos fatores. A quantidade de protestos, informações e dossiês enviados a Roma pelas partes envolvidas: oligarquia e Governo, bispos e núncio, comunidades de base... e até mesmo o Cardeal Casariego da Guatemala, que criticava as escolhas pastorais da arquidiocese desde a época do Arcebispo Chávez e, em especial, já hostilizava Romero na época da *missa única*. Ele próprio, todavia, tinha proporcionado involuntariamente o pretexto, ao pedir, na carta ao Papa, que "eventuais investigações... sobre a minha conduta pastoral não sejam conduzidas somente através da nunciatura, mas através de outros canais...".[37]

Todavia, Quarracino se apressou: Romero colocou a sua disposição uma grande quantidade de documentos (homilias, artigos, recortes de jornais, atos da CEDES) e convidou os representantes de diversos organismos diocesanos para encontrá-lo e oferecer-lhe seus testemunhos. Por outro lado, o núncio e os quatro bispos de sempre comportaram-se como "donos da casa", enquanto Rivera y Damas, como de costume, permaneceu fiel a Romero. Quarracino, embora não fosse um diplomata por profissão, soube sair-se bem e com habilidade, evitando emitir qualquer juízo... tanto que Romero – demonstrando ainda uma vez sua falta de instinto nesse tipo de assunto – ficou satisfeito e, quando ele partiu, estava convencido de ter esclarecido tudo.

---

[37] Ver neste capítulo a nota 29.

Na verdade, no mês de maio do ano seguinte, durante uma visita ao Vaticano, João Paulo II e o Cardeal Baggio (que oficialmente tinha promovido a visita) lhe revelaram que Quarracino tinha sugerido a nomeação de um administrador apostólico *sede plena*. Em outras palavras: alguém com plenos poderes que, sem precisar remover o arcebispo, de fato o desautorasse. Mais tarde Quarracino teria negado a paternidade daquela sugestão e... podemos acreditar nele porque a ideia, na verdade, circulava desde o ano anterior, tendo sido sugestão, em diversas ocasiões, tanto de Revelo quanto do Cardeal Casariego.

Tranquilizado pela falta de consequências daquela visita, que interpretou como um aval dado a seu trabalho, Romero recomeçou a se encontrar com os representantes dos diversos estratos sociais, esperando poder contribuir para se chegar a acordos que evitassem o conflito. O espectro de uma guerra civil, de fato, continuava a ameaçar o país.

Tentativas de mediação

Já em 6 de dezembro havia participado de uma reunião promovida pelo Partido Democrata Cristão e pela Associação Nacional de Empresas Privadas e, em março do ano seguinte, interviu num encontro de jovens empresários na Colonia San Benito. Também não se recusou a receber privadamente alguns grandes industriais ou latifundiários, bem como participou de todo tipo de encontro com as diversas organizações sociais. Todavia, ninguém se mostrava disposto a um compromisso mesmo que mínimo: os camponeses, porque não podiam, estando no

217

limite de suas possibilidades; os ricos, porque era algo alheio a sua mentalidade. Enquanto isso, a tensão aumentava e a Igreja continuava a ser acusada de alimentá-la.

VIII

NA CRISE DO PAÍS

Ano de 1979

No aspecto propriamente eclesial, na sexta-feira, 19 de janeiro de 1979, Dom Romero teve uma reunião no seminário de San José de la Montaña para resolver um problema bastante incomum: naquele ano, 27 rapazes pediam para entrar no seminário maior, depois de terem sido preparados no menor por alguns sacerdotes da arquidiocese. Todavia, seis deles haviam recebido um parecer negativo da equipe arquidiocesana que o dirigia, por serem considerados "elementos não aptos para o sacerdócio". Por outro lado, as comunidades de base das quais provinham, juntamente com os seus sacerdotes, se opunham a essa decisão e haviam apelado ao julgamento do bispo. Na verdade, a questão ia além dos casos em pauta: o carisma de Romero, de fato, estava suscitando não só entusiasmo, mas também sinceras vocações, tanto que a certa altura foi preciso pensar numa forma de "externato", porque o seminário não tinha capacidade para acolher todos. Isso desencadeou não só a costumeira inveja de Aparicio,

219

Barrera e Alvarez (Revelo não era titular de diocese), mas também uma fundamentada preocupação dos mais tradicionalistas de que logo predominaria a influência de Medellín no clero nacional. Tanto que, no dia seguinte ao assassinato de Romero, conseguiram o fechamento do seminário e muitíssimos daqueles jovens foram efetivamente mandados de volta para casa.

Padre Octavio Ortiz Luna

Entre os convocados para aquela reunião havia também um jovem sacerdote, o Padre Octavio Ortiz Luna, primeiro sacerdote ordenado por Romero, por indicação de Dom Chávez, em 3 de março de 1974. Participava como responsável pela formação espiritual do seminário menor. Padre Octavio tinha passado a manhã redigindo as conclusões da Semana de Identidade Sacerdotal, da qual haviam participado mais de setenta padres da arquidiocese; tinha, pois, ido para o seminário e de lá corrido para celebrar a missa na paróquia de San Antonio Abad, na qual era pároco. Chegou em El Despertar,[1] a casa dos exercícios espirituais anexa à paróquia, quando já era noite, porém a tempo de dirigir o primeiro encontro de um retiro que duraria dois dias, até o domingo, do qual participavam 28 jovens. Alguns estavam se preparando para receber o sacramento da Confirmação, outros para se tornarem catequistas. Apresentou, então, uma reflexão sobre a fala de Jesus na sinagoga de Nazaré: "Vim para libertar os oprimidos". No fim, mandou todos para a cama, cumprimentou as duas colaboradoras – uma religiosa belga, Irmã Chepita, e uma

---

[1] El Despertar, isto é, "o despertar".

leiga, Ana María – e se recolheu ele também. Às 6h da manhã foram acordados por um estrondo que inicialmente parecia ser um desmoronamento: na verdade, tratava-se de uma explosão com a qual uma unidade do Exército abriu passagem pelo portão a fim de entrar com um carro blindado. Tendo corrido ao pátio para entender o que estava acontecendo, Padre Octavio foi subitamente crivado por uma descarga de metralhadora e seu rosto desfigurado pelo carro blindado. Pouco depois, foram mortos outros quatro jovens: Angelo Morales, um carpinteiro de 22 anos; David Caballero e Roberto Orellana, estudantes de 15 anos; e Jorge Gomez, estudante e eletricista de 22 anos. Todos os demais foram presos e levados para o quartel da Guarda Nacional. Ali, os mais jovens foram liberados graças à intervenção de Marianela García Villas, que alegou a ilegalidade da detenção ou interrogatório de menores de idade ao segundo oficial (na ausência do comandante). Para os adultos, porém, foi necessária a intervenção do juiz que – para sorte deles e de Marianela – era um dos poucos honestos que restavam no país. A audiência levou horas, mas no fim foram todos libertados.

Foi naquela ocasião que Marianela encontrou pela primeira vez o Major Roberto D'Aubuisson, vice-diretor dos Serviços Secretos da Guarda, encarregado de apresentar as falsas provas de que em El Despertar estava-se treinando guerrilheiros: dois pôsteres dos Padres Grande e Navarro, material para entretenimento dos mais jovens, jornais, livros de teologia, uma Bíblia...[2] Montaram uma cena macabra com os cadáveres: levaram-nos para o

---

[2] Ver R. La Valle; L. Bimbi. *Marianella e i sui fratelli*, p. 102 e seguintes.

telhado e os fotografaram com as armas ao lado para sustentar a tese de conflito e "demonstrar", portanto, que eram guerrilheiros. No dia seguinte, as fotografias apareceram nas páginas de todos os jornais. Romero, dessa vez, não se alterou: conhecia muito bem o Padre Ortiz e seu trabalho pastoral para ter qualquer dúvida. Logo que recebeu a trágica notícia, precipitou-se para o necrotério Isidro Menendez, para onde o caminhão do lixo levava todos os cadáveres encontrados pelas ruas, nos canais e nos depósitos de lixo de San Salvador. Em certos dias chegavam a ser seis ou sete; e, às vezes, ninguém os buscava por medo de represálias. Quando chegou lá, o corpo de Octavio ainda estava no chão, junto com os dos outros jovens, numa poça de sangue. Estava irreconhecível, de tal modo que, embora o conhecesse desde menino, sendo ele também originário da região de San Miguel, tiveram que indicá-lo a ele. Então, atirou-se de joelhos e o tomou nos braços, manchando a vestimenta. O arcebispo caiu num choro tão convulsivo que deixou até os guardas atônitos, amontoados na porta para assistir àquela compaixão salvadorenha. Depois de um longo tempo, pediu a um dos presentes que fosse buscar uma câmera fotográfica a fim de que fosse documentada aquela crueldade. Finalmente, providenciou para que os corpos fossem levados para a funerária La Auxiliadora, a fim de serem arrumados e levados para a catedral, onde seriam velados.

No dia seguinte, domingo 21 de janeiro, celebrou uma missa com mais de cem sacerdotes na praça da catedral, porque esta não seria suficiente para conter a multidão que reunida ali. E durante a homilia atacou duramente o Presidente da República, que poucos dias antes tinha declarado a um jornal mexicano

NA CRISE DO PAÍS

que em El Salvador não existia nenhuma forma de perseguição
à Igreja:

> Não obstante, o senhor Presidente disse no México que não
> existe perseguição da Igreja. E força os nossos jornais a colocar
> nas manchetes da primeira página um fato que, agora aqui
> na catedral, está sendo desmentido, provando o quanto é
> mentiroso. O senhor Presidente, no México, denunciou uma
> crise na Igreja devida a clérigos do terceiro mundo. Denunciou
> o sermão do arcebispo como uma pregação política que não tem
> a espiritualidade que outros sacerdotes continuam a pregar... que
> eu estaria me aproveitando dos sermões para promover minha
> indicação ao prêmio Nobel. Como me julga vaidoso! Perguntado
> se em El Salvador existem "as catorze",* o senhor Presidente
> negou, dizendo que não existe nada disso; como também negou
> que existam desaparecidos e prisioneiros políticos...[3]

A Guarda ficou controlando El Despertar durante oito
dias: quando, finalmente se foi, chegou Marianela com alguns
membros da Comissão de Direitos Humanos para fazer uma vis-
toria. Embora a maioria das pistas e vestígios tenha sido destruída
involuntariamente por uma senhora, que julgou prestar daquela
forma um último serviço a seu pároco, o que restou foi suficiente
para desmascarar a mentira da reconstituição oficial.

---

* É famoso o uso do termo "as 14 famílias" em relação a El Salvador para referir-se à oligarquia
cafeeira que dominou o país com sua ideologia tradicionalista e agrária por cerca de um século
(entre 1880 e1979). (N.E.)

[3] O. A. Romero. Omelia (21 de janeiro de 1979). In: Id. *Su pensamiento*, v. VI, p. 135 (nossa
tradução).

A Conferência de Puebla

Nesse meio-tempo Romero havia partido para o México, a fim de participar da Conferência de Puebla.

Tinha preparado aquele evento como poucos outros: enviou (com um ano de antecedência) a todos os fiéis da diocese um questionário para coletar suas observações e aspirações, sobretudo com respeito à evangelização. Esse era, de fato, o tema geral do encontro: "A evangelização no presente e no futuro da América Latina". Além disso, havia nomeado uma comissão especial com a qual se tinha reunido várias vezes para examinar as centenas de respostas recebidas sob várias perspectivas: econômicas, sociais, políticas e eclesiais. Entretanto, se dependesse dele, teria passado despercebido em Puebla. Seu caráter tímido e reservado, na verdade, não o levou nunca a pedir a palavra, a não ser por aqueles poucos minutos que eram seus de direito.

No entanto, os jornalistas o disputaram desde o instante de sua chegada. Contra sua vontade já era bastante famoso e para muitos surgia como um dos mais confiáveis defensores da linha de Medellín, porque a História e a Providência haviam seguido seu curso desde que, quatro anos antes, se afastara drasticamente no último editorial de *Orientación*:

> Preferimos nos ancorar no que existe de seguro... em vez de andarmos por aí como acrobatas audazes e temerários atrás de especulações de pensadores audaciosos e de movimentos sociais de inspiração dúbia.[4]

---

[4] Id. *Orientación* (21 de outubro de 1974).

Também o procuravam para entender o que acontecera: sem nenhuma intenção de ofender as inevitáveis declarações oficiais, muitos na verdade tinham percebido as manobras feitas nas fases preparatórias do encontro não só para contestar a Teologia da Libertação, mas também para limitar a *opção pelos pobres* que – embora não tivesse sido expressa exatamente nesses termos – havia caracterizado a Conferência de Medellín. De fato, será Puebla que cunhará essa feliz expressão para resumir a essência das conclusões de Medellín... acrescentando, porém, um *preferencial* para amenizar a radicalidade. Dessa forma, se em Medellín as Igrejas latino-americanas haviam feito uma escolha inequívoca a favor dos pobres, em Puebla a *preferencial* reabriu a possibilidade de *ter um pé em cada barco*. Não por acaso, um cardeal bastante polêmico (e conhecido opositor das decisões de Medellín) como López Trujillo, colombiano e membro da cúria do Vaticano, se apresentou na Comissão de Evangelização e Promoção Humana que devia tratar desses temas. A mesma da qual Romero também participou.

A popularidade do arcebispo fez com que seu rival mais ferrenho, Dom Aparicio, perdesse o controle e começasse a acusar publicamente os jesuítas de uma série de delitos: das bombas aos sequestros de pessoas..., chegando a dizer que os desaparecidos eram indivíduos que se escondiam voluntariamente para prejudicar o Governo no âmbito internacional. Naturalmente, por detrás dos jesuítas estava o arcebispo, que era realmente a verdadeira causa de todos os males do país... Visto que tais delírios foram publicados pela imprensa salvadorenha em 3 de fevereiro, um grupo de jornalistas amigos organizou às pressas uma coletiva de imprensa para permitir que Romero se defendesse, o que fez com o máximo controle.

E a quem perguntou se eram verdadeiras as divisões internas no episcopado salvadorenho, respondeu com a franqueza costumeira:

> Infelizmente sim, existe essa divisão. Mas creio que exista uma frase do Evangelho em que isso é anunciado, quando Cristo disse que veio não para trazer a paz, mas a espada. E explicando-a disse que numa mesma família haveria divisões. E isso porque a verdadeira união não é um sentimentalismo, não é uma aparência. A união que Cristo pediu aos homens é a união na verdade. E essa verdade às vezes é dura, supõe a renúncia de coisas agradáveis. A verdadeira união pressupõe esse sacrifício. Portanto, não é de se admirar que até mesmo dentro da Igreja haja divisões.[5]

Dois dias depois, em 5 de fevereiro, uma infecção num olho o obrigou a passar o fim de semana num hospital daquela cidade: alguns acharam que era uma reação psicossomática ao estresse. Em Puebla, Romero viu pela primeira vez o novo Papa, mas não teve coragem de solicitar-lhe um encontro, nem sequer se encontrou com o Cardeal Baggio. Todavia, teve oportunidade de conviver com outros grandes bispos do continente latino-americano, entre os quais Dom Leonidas Proaño, o bispo "indigenista" de Riobamba, no Equador; Dom Helder Camara, de Recife, no Brasil; e Dom Sergio Méndez Arceo, de Cuernavaca, no Mé-

---

[5] M. López Vigil. *Monsignor Romero. Frammenti per un ritratto*, p. 165.

xico – o grande patriarca da solidariedade na América Latina –, que no dia seguinte a seu martírio irá fundar o Secretariado Internacional Cristão de Solidariedade na América Latina (SICSAL)[6] para ajudar os exilados salvadorenhos que fugiam da guerra civil.[7] Terminada a Conferência, em 13 de fevereiro, os bispos voltaram para seus países,[8] ainda mais divididos, porém, de acordo com a valorização daqueles documentos aos olhos do povo. Assim, decidiram levá-los ao altar da Virgem da Paz, em San Miguel, para que fosse ela a abençoá-los, já que era a padroeira do país. Sem dúvida alguma, Nossa Senhora abençoou aqueles papéis, mas, apesar de seu título, não conseguiu promover a paz entre os bispos, que continuaram a dar mau exemplo até mesmo ali. Mesmo sendo "o mais graduado", Romero foi acintosamente deixado de lado durante toda a celebração e, por muitos terem percebido, no fim o aclamaram com mais vigor do que de costume. Dom Barrera então, com extremo mau gosto, do altar criticou a multidão com o resultado que bem podemos imaginar!

Para um bispo que tentou fazer com que não chegasse ao pastor a voz do povo, desconhecidos "piratas do ar" conseguiram impedir que a voz do pastor chegasse ao povo... ao menos para aqueles que o ouviam pelo rádio. Interferências "casuais", de fato, ocorreram por três domingos consecutivos, exatamente e apenas na hora da missa, atrapalhando o sinal da Radio YSAX.

---

[6] Com relação a isso, ver os sites: <www.sicsal.net> e <www.sicsal.it>.

[7] Id.

[8] Mais precisamente, Dom Romero partiu em 22 de janeiro, o dia seguinte ao funeral do Padre Ortiz, e voltou em 16 de fevereiro.

OSCAR ROMERO: MÁRTIR DA ESPERANÇA

Naturalmente houve protestos em todo o país, mas a ANTEL,[9] o órgão estatal das telecomunicações, fazia ouvidos de mercador. O descontentamento, porém, chegou a tal nível que, para evitar desordens generalizadas e porque o Governo não queria parecer impotente num setor tão estratégico como aquele dos meios de comunicação, foi preciso desistir... e os problemas desapareceram tão repentinamente quanto tinham aparecido.

Terceira visita a Roma

Na ocasião da beatificação do Padre Francisco Coll (29 de abril de 1979), o fundador de sua ordem, as Irmãs Dominicanas da Anunciata presentes em El Salvador e na Guatemala ofereceram a Dom Oscar Romero uma viagem a Roma. O arcebispo aceitou de boa vontade porque aquela viagem lhe proporcionaria a possibilidade de ir ao Vaticano para discutir uma série de problemas – em especial as questões da alteração dos estatutos da Cáritas e da destituição de Revelo como vigário-geral. Além, naturalmente, das observações feitas durante a visita apostólica. Portanto, chegou à Itália na tarde de sábado, 28 de abril, e no dia seguinte pôde celebrar em conjunto com muitos outros bispos a missa da beatificação presidida pelo Papa.

Roma desencadeou em seu coração as emoções de sempre: aproveitou para visitar diversas congregações religiosas, entre as quais a Casa Generalizia dos Jesuítas, onde foi fraternalmente recebido pelo Padre Arrupe, e iniciou uma verdadeira ação de pressão sobre a Casa Pontifícia (todos os dias, de 30 de abril a 5

---

[9] Administração Nacional de Telecomunicações.

228

de maio!) para conseguir uma audiência com o Papa. Ali, inevitavelmente lhe explicavam as dificuldades de agendamento devido ao elevado número de visitas *ad limina*... e continuaram com esse refrão também quando o próprio João Paulo II, cumprimentando-o brevemente no fim da Audiência Geral da quarta-feira, disse que desejava encontrar-se com ele. Finalmente, na segunda-feira, 7 de maio de 1979, pouco depois do meio-dia, puderam se encontrar.

Chegamos aqui ao episódio mais controvertido da vida de Romero. As já citadas "interpretações opostas" de sua vida, na verdade, neste ponto deram o melhor de si. De um lado, há quem tenha descrito um João Paulo II duro e quase insensível com relação à tragédia humana da qual o arcebispo salvadorenho falava; de outro, quem, de maneira até patética, retratou Romero como um indivíduo tão frágil psicologicamente que podia ser facilmente desencorajado e, por isso, não ter entendido o sentido das palavras que o Papa lhe dirigiu. Ambas as posições, porém, parecem um tanto corrompidas pela necessidade de salvaguardar os respectivos mitos.

Talvez fosse mais verdadeiro admitir simplesmente que, às vezes, até os grandes personagens não conseguem se entender: como aconteceu até mesmo com os dois padroeiros de Roma, Pedro e Paulo, em Antioquia.[10] Queiramos ou não, Romero e Wojtyla vinham de mundos cultural, social e politicamente distantes, e se encontravam em momentos diversos de sua vida hu-

---

[10] Ver Gl 2,11 e seguintes. Naquela ocasião Pedro estava errado.

mana e ministerial: Romero estava *terminando sua corrida*,[11] enquanto Wojtyla apenas iniciava seu pontificado. O arcebispo de Cracóvia estava marcado pela experiência de décadas de ditadura comunista, e o arcebispo de San Salvador não poderia esperar que ele entendesse como a situação latino-americana fosse o reverso daquela do leste europeu, a fim de relatar-lhe o martírio de seu povo e de seus padres. Além disso, a cúria do Vaticano certamente não os ajudava a se entenderem. Daquele encontro, visto que foi estritamente privado, resta-nos apenas o que foi registrado por Romero em seu *Diário*. Para dizer a verdade, resta-nos também o testemunho de María López Vigil, que Romero encontrou em Madrid,[12] na viagem de volta, em 11 de maio, a quem contou alguns detalhes do encontro.[13] Trata-se, porém, da versão mais contestada pela facção de Wojtyla e, por isso, não a levamos em conta, embora, conhecendo María, eu não tenha motivo para duvidar de sua absoluta confiabilidade.

Romero contou, pois, que o Papa lhe disse para ficar à vontade e pediu-lhe que falasse sobre a situação do país; ele o fez consultando um dossiê que havia levado consigo. O Papa sorriu ao ver a pasta – bastante volumosa – na qual Romero reunia diversos testemunhos e juízos imparciais de representantes não salvadorenhos; em especial, o relatório da Organização dos Estados Americanos (OEA), que continha uma "recomendação" para que o Governo evitasse a perseguição sistemática contra a Igreja Católica. Enfim, Romero entregou ao Papa a fotografia do Padre

---

[11] Ver 2Tm 4,7.

[12] O. A. Romero. Diario (11 de maio de 1979). In: Id. *Su pensamiento*, p. 168.

[13] Ver M. López Vigil. *Monsignor Romero. Frammenti per un ritratto*, pp. 203-205.

Octavio, tirada no necrotério, juntamente com muitas informações sobre aquele homicídio. O Papa admitiu como era difícil o trabalho pastoral num ambiente político como o salvadorenho e, por isso, recomendou-lhe "muito equilíbrio e prudência, sobretudo nas denúncias concretas; que era melhor se ater aos princípios porque seria perigoso cometer erros ou enganos ao fazer as denúncias reais".[14] Romero respondeu que existem, todavia, situações – como aquela do assassinato do Padre Ortiz – em que não se pode deixar de ser realista, porque a injustiça e a violência são muito concretas... e o Papa acabou por concordar. Naquela altura, talvez para demonstrar participação e validar aos olhos de Dom Romero a própria compreensão, o Papa apresentou como exemplo a situação vivida por ele na Polônia, fazendo uma comparação entre os dois governos despóticos e a mesma necessidade de salvaguardar, naquelas situações, a unidade do episcopado. Com isso, o Papa mostrou uma considerável sensibilidade, tentando identificar-se com a situação de seu interlocutor, embora a comparação ao mesmo tempo revele como a experiência polonesa constituía – ainda e inevitavelmente – para ele a única interpretação da complexa realidade internacional. Referiu-se, então, à visita apostólica, dizendo que Dom Quarracino "havia recomendado como solução para os problemas pastorais e a falta de unidade entre os bispos um administrador apostólico *sede plena*".[15] As conclusões foram as de praxe: a costumeira troca de presentes e a

---

[14] O. A. Romero. Diario (7 de maio de 1979). In: Id. *Su pensamiento*, p. 161 (nossa tradução).

[15] Ibid., p. 161.

O termo "administrador apostólico sede plena" refere-se a um prelado nomeado pelo Papa para ocupar uma sé quando o bispo encontra-se incapacitado por motivos de saúde ou outras razões sérias e especiais. (N.E.)

inevitável foto. Portanto, a receita de Roma não mudava: "Audácia e coragem, mas, ao mesmo tempo, ponderadas por prudência e equilíbrio necessários".[16] Outros teriam perguntado se tinha valido a pena atravessar o oceano para escutar um conselho tão previsível: não Romero, que teria julgado tal pensamento muito irreverente, e que considerou o encontro de qualquer maneira "muito útil porque muito sincero e eu aprendi que não se deve sempre esperar uma aprovação total, mas que é mais útil receber indicações que possam melhorar o nosso trabalho".[17]

Isso não o impediu de admitir que "a primeira impressão não foi totalmente satisfatória"[18] e de confidenciar no dia seguinte ao Cardeal Baggio:

> Disse-lhe que aquelas palavras me davam muita coragem e que o desânimo sentido logo depois da audiência com o Santo Padre encontrava ali, naquele diálogo com ele, uma esperança de que minha situação e a de minha diocese pudessem ter uma solução se continuássemos a buscá-la com boa vontade e amor pela Igreja.[19]

Se há algo que impressiona no comportamento de Romero é a extrema ingenuidade que o dominava tão logo adentrava as portas do Vaticano. O homem que em seu país consultava meio mundo e ponderava, de maneira quase maníaca, cada aspecto antes de tomar uma decisão e cada palavra antes de formular um

---

[16] Ibid.
[17] Ibid.
[18] Ibid.
[19] Ibid., p. 163 (nossa tradução).

juízo, chegando ali perdia toda a autodefesa. Foi tão grande o entusiasmo que lhe tinham provocado as palavras do cardeal Prefeito da Sagrada Congregação para os Bispos que escreveu: "O cardeal foi muito cordial comigo e me disse: 'Não estamos lidando com inimigos (bondade sua!, N.T.), mas com trabalhadores da mesma causa, e agora estamos de acordo em 90%. Cem por cento, de fato, é a verdade e o Evangelho'".[20] Romero discutiu com ele também a questão dos estatutos da Cáritas: Baggio reconheceu que Revelo tinha se comportado muito desonestamente, mas censurou-o por ter sido excessivamente severo ao tomar a decisão de destituí-lo. Enfim, confirmou a proposta feita por Quarracino quanto a um visitador apostólico, dizendo-se, porém, pouco convencido de sua possibilidade de realização.[21]

Portanto, saiu satisfeito do encontro com o cardeal e casualmente[22] encontrou o amigo Dom De Nicolò, ao qual "disse que queria conversar com ele sobre meu estado de ânimo de ontem e de hoje de modo confidencial e como orientação espiritual".[23] Aquele, como no ano anterior, lhe deu alguns conselhos sobre como se comportar no ambiente e lhe recomendou que não tivesse

> uma reação demasiadamente espetacular, porque a insinuação da ideia de um visitador apostólico poderia ter sido apenas um

---

[20] Ibid.

[21] Anos mais tarde, Dom Quarracino negaria a paternidade daquela proposta. Mentia para salvar sua reputação ou no Vaticano estavam dando uma de "policial mau e policial bonzinho"?

[22] Para dizer a verdade, no Diario Dom Oscar Romero escreveu: "providencialmente".

[23] O. A. Romero. Diario (7 de maio de 1979). In: Id. *Su pensamiento*, p. 163 (nossa tradução).

modo de o Papa e o Cardeal Baggio avaliarem minha reação; e uma reação negativa poderia estragar tudo.[24]

Esperamos que tivesse razão quem afirmou ser essa apenas uma hipótese bizarra de alguém que ainda não conhecia bem o novo Papa,[25] pois seria realmente muito triste que um bispo, já perseguido em seu país, tivesse de ser "tentado" ali também. Embora, é verdade, seja difícil pensar que os truques palacianos usados não fossem bem conhecidos.

No dia seguinte, quinta-feira, 9 de maio, Romero visitou também o amigo Cardeal Pironio, argentino e prefeito da Sagrada Congregação para os Religiosos, que o recebeu fraternal e cordialmente, tanto que

> somente este encontro teria bastado para encher-me de consolo e coragem... Ele me abriu seu coração contando-me o que ele também deve sofrer: o quão profundamente sofre com os problemas da América Latina e como o entristece que não sejam totalmente compreendidos pelo Ministério Supremo da Igreja e como, todavia, se deva continuar a trabalhar para informar o máximo possível sobre a verdade de nossa realidade. E me repetiu várias vezes: "A pior coisa que pode fazer é desanimar. Coragem, Romero!".[26]

---

[24] Ibid., p. 164.
[25] R. Morozzo della Rocca. *Primero Dios*, p. 299.
[26] O. A. Romero. Diario (9 de maio de 1979). In: Id. *Su pensamiento*, p. 165 (nossa tradução).

Ainda repressão e venenos

Naquela mesma noite iniciou a viagem de volta a San Salvador. Ali, no dia anterior, a Guarda tinha aberto fogo contra uma manifestação de apoio ao Bloco Popular Revolucionário, que desde 2 de maio estava ocupando a catedral e as embaixadas da França, Venezuela e Costa Rica, matando 23 pessoas e ferindo outras setenta. Nove cadáveres foram depositados na catedral. Uma cena semelhante iria repetir-se em 22 de maio, quando os serviços de segurança metralharam um grupo de estudantes diante da embaixada da Venezuela, com um saldo de catorze mortos e muitos feridos.

Além disso, no mesmo mês foram assassinados Carlos A. Herrera Rebollo, Ministro da Educação, e seu motorista; assim, durante a homilia de 27 de maio, o arcebispo lamentou um saldo de "85 mortos e 86 feridos desde 1º de maio até hoje, devido ao conflito entre o Governo e algumas organizações populares".[27] Por fim, o Governo declarou estado de sítio.

Com respeito aos fatos na catedral, Romero foi informado por Dom Urioste um pouco antes de sair para o aeroporto. No entanto, não sabia que pouco depois de sua partida, em 5 de maio, Aparicio, Alvarez, Barrera e Revelo haviam enviado a Roma um longo documento (*A situação político-religiosa em El Salvador*), no qual acusavam Romero de se deixar manipular pelos padres marxistas ligados a FECCAS-UTC e BPR, *in primis* os jesuítas. Padre Grande e Padre Navarro eram descritos como

---

[27] Id. Omelia (27 de maio de 1979). In: Id. *Su pensamiento*, v. VI, p. 387 (nossa tradução).

militantes de esquerda, mortos por seus próprios companheiros por serem suspeitos de traição; o Padre Ortiz, um treinador de jovens guerrilheiros. O Governo, em vez de perseguidor da Igreja, era apresentado como um órgão incapaz de garantir a ordem, exatamente por estar enfraquecido pelas acusações orquestradas do arcebispo...[28] Era horripilante imaginar que bispos pudessem distorcer a realidade a esse ponto, alterando os respectivos papéis de carniceiros e vítimas.

Romero não se alterou e anotou no *Diário*:

> Dom Rivera me fez uma agradável surpresa e conversei com ele sobre o documento secreto de denúncia dos quatro bispos contra mim, no qual, na Santa Sé, me acusaram até em questões de fé, de imprimir caráter político, de ter uma pastoral com bases teológicas falsas e um conjunto de acusações que põem totalmente em dúvida o meu ministério episcopal. Apesar da gravidade disso tudo, senti uma grande paz. Reconheço perante Deus os meus erros, mas acredito ter trabalhado com boas intenções e longe das coisas graves de que me acusam. Deus dirá a última palavra e espero tranquilo, continuando a trabalhar com o mesmo entusiasmo de sempre, já que sirvo à Santa Igreja com amor.

E, talvez, nas palavras que teria pronunciado no início da homilia de domingo, 27 de maio, celebração da Ascensão do Senhor, se ocultasse uma sutil advertência dirigida exatamente a eles: "O nosso ambiente está muito tenso. Há muitos mortos que

---

[28] Ver J. R. Brockman. *Oscar Romero fedele alla parola*, p. 307.

já se apresentaram diante do tribunal de Deus para prestar contas de suas próprias ações...".[29]

No dia seguinte, recebeu um telefonema com uma ameaça de morte e um cartão-postal com uma suástica impressa no qual o intimavam a mudar a maneira de pregar: que criticasse o marxismo e defendesse os serviços de segurança, caso contrário sua morte seria certa. Romero não se deixou intimidar, embora os esquadrões da morte cada vez mais frequentemente fossem vistos a segui-lo e a Guarda não perdesse ocasião de pará-lo e revistá-lo, fingindo não o conhecer. Chegaram a interromper as transmissões radiofônicas para anunciar sua morte num acidente de trânsito, e como de fato estava visitando outras comunidades, na volta encontrou o *Hospitalito* cheio de gente aflita. Isso foi só o começo. Em outras ocasiões disseram que havia morrido envenenado ou num atentado a bomba. Embora jamais se deixasse condicionar por aquelas intimidações, ele as levou seriamente em consideração, porque naqueles tempos era comum anunciarem (nos jornais ou no rádio), com mensagens aparentemente inúteis mas alusivas, o nome de quem pretendiam matar.[30]

Padre Rafael Palacios

Foi por isso que Padre Rafael Palacios ficou preocupado quando desenharam uma mão branca[31] em seu carro, poucos dias depois do assassinato do Major De Paz, um militar bastante in-

---

[29] O. A. Romero. Omelia (27 de maio de 1979). In: Id. *Su pensamiento*, v. VI, p. 375 (nossa tradução).
[30] O torpe costume ainda não desapareceu totalmente...
[31] Símbolo da União Guerreira Branca.

fluente e com fama de ser um grande criminoso. Porém, qualquer precaução se revelou insuficiente e ele também foi assassinado em 20 de junho, às 8h40 da manhã, em pleno centro de Santa Tecla, na rua que leva à igreja El Calvario.

Padre Palacios era originário de San Vicente, mas desde o fim dos anos 1960 tinha se transferido para a capital, a fim de seguir as comunidades de base. Exercia o seu ministério principalmente em "Santa Lucia" e fazia parte do grupo da Nacional. Por isso, desde o início não se quis encarregar diretamente de uma paróquia, mas, quando as expulsões começaram a empobrecer as fileiras do clero, aceitara ser incorporado à de San Francisco.

Para Romero, a morte de Padre Palacios foi um novo golpe duríssimo, também porque sua "fórmula pastoral", que ensinava política aos leigos sem transformar a paróquia em centros de atividade política, lhe parecia ótima, um modelo a "exportar".

Seu assassinato, portanto, o privou daquela possibilidade. Não obstante, depois de ter considerado a gravidade do assassinato de um sacerdote – "Acontecimento inconcebível num povo que se diz cristão"[32] – pediu a todos que ouvissem como o sangue derramado do Padre Rafael emitia

> uma mensagem de esperança para o nosso povo... [porque] nele vemos o homem novo e o desejo que tinha de criar estes homens novos que servem hoje na América Latina: não se trata só de mudar as estruturas, mas principalmente de mudar os corações.[33]

---

[32] O. A. Romero. *Omelia al funerali di Padre Palacios* (21 de junho de 1979). In: Id. *Su pensamiento*, v. VII, p. 2 (nossa tradução).

[33] Ibid., v. VII, p. 6 (nossa tradução).

Dezessete meses de perseguição da Igreja (Rafael era o quarto padre assassinado desde que se tinha tornado arcebispo e tinha perdido as contas de quantos leigos já haviam morrido) e as divisões e traições no próprio episcopado não foram suficientes para apagar nele a luz da esperança... ao contrário, seu olhar agora ultrapassava os confins da pátria para abarcar o subcontinente inteiro. Nisto, Puebla certamente tivera um papel importante.

A vitória sandinista

Assim, no domingo de 22 de julho, quase com os mesmos conceitos e preocupações expressos por ocasião do funeral de Padre Palacios, Romero saudou o sucesso da revolução sandinista na Nicarágua:

> Acredito interpretar o sentimento comum se em primeiro lugar nesta manhã saúdo nossa república irmã da Nicarágua. Eu a saúdo com o sentimento de oração fraterna e solidariedade, porque hoje mais do que nunca tem necessidade deste apoio espiritual! A alegria que nos dá o início de sua libertação também nos deixa preocupados para que este alvor de liberdade não venha a se transformar numa frustração, mas que o Senhor, que foi benévolo, continue a ser a inspiração para o povo nicaraguense. Nesta consideração cristã é preciso também levar em conta o que custou esse momento. Mais de 25 mil mortos não são um brinquedo com que se distrair do presente de Deus oferecido neste momento. Por isso creio que a imagem da Nicarágua represente um melhor pano de fundo para a nossa meditação em Cristo, rei e pastor, como nos oferece o Evangelho de hoje.[34]

---

[34] Id. Omelia (27 de maio de 1979). In: Id. *Su pensamiento*, v. VII, p. 95-96 (nossa tradução).

Todavia, para El Salvador o dia da libertação demoraria outros treze anos... ou para ser mais preciso, outros trinta.

Padre Alirio Napoleón Macías

No sábado, 4 de agosto, foi assassinado outro sacerdote, Padre Alirio Napoleón Macías, na igreja paroquial de San Esteban Catarina, a cidade natal de Dom Rivera, na diocese de San Vicente. Desta vez não se tratava de um padre da arquidiocese e, além disso, pertencia ao presbitério de Aparicio.

Não obstante, arriscando ferir novamente sua suscetibilidade, Romero decidiu lembrá-lo na homilia de domingo:

> A missa de hoje pretende ser um gesto de solidariedade para com a diocese irmã de San Vicente, que está de luto, porque ontem de manhã foi assassinado o Padre Alirio Napoleón Macías, pároco de San Esteban Catarina. Como bom sacerdote, ele estava limpando o altar quando percebeu que tinham chegado diante da igreja aqueles que o martirizariam. O povo diz que o padre gritou: "Cuidado, são justiceiros!", e logo depois houve disparos na igreja, onde entraram fingindo uma visita particular. Sua amada mãe correu angustiada e disse que ainda o viu abrir os olhos. Das narinas saíram dois filetes de sangue e morreu... A mãe Igreja também chora por seu cadáver. Severa, chama os assassinos para a conversão, pronunciando mais uma vez a pena da excomunhão para os autores físicos e intelectuais deste novo sacrilégio que macula a nossa pátria...[35]

---

[35] Id. Omelia (5 de agosto de 1979). In: *Su pensamiento*, v. VII, p. 128 (nossa tradução).

E tornou a recordá-lo no dia seguinte, 6 de agosto de 1979, durante a celebração solene do dia do padroeiro Divino Salvador do Mundo, dia em que publicou sua quarta e última carta pastoral, intitulada *A missão da Igreja na crise do país*. Nela, como já na anterior, Romero enfrentou o tema das principais causas dos males do país: o capital e o pretexto da segurança nacional, qualificando-os como ídolos. Analisou, pois, suas consequências: os conflitos e a violência reinantes, a repressão do povo e a perseguição à Igreja... e preveniu quanto a não transformarem em ídolos as próprias organizações sociais.

Mesmo diante do transbordamento da injustiça e da violência, com o Evangelho nas mãos, Romero estava ainda buscando motivos para manter a esperança e soluções baseadas no diálogo: muitos o entenderam – a maioria empobrecida e oprimida do país – e receberam com alegria e emoção aquele texto. E o entenderam também aqueles que o repeliram, encontrando mais uma oportunidade para acusá-lo de comunismo. Mas a acusação de comunismo começava a cansar Romero e ele achou modo de dizê-lo, também para lançar uma forte provocação aos que se diziam cristãos, mesmo justificando e tirando vantagem daquela situação.

A oportunidade lhe foi oferecida por uma passagem no livro de Tiago, segunda leitura da liturgia do domingo, 9 de setembro:

> É inconcebível que alguém se diga "cristão" e não assuma, como Cristo, uma opção preferencial pelos pobres. É um escândalo que os cristãos de hoje critiquem a Igreja porque ela pensa nos

pobres. Isso não é cristianismo... Muitos, caros irmãos, creem que quando a Igreja fala "em favor dos pobres" esteja se tornando comunista, esteja fazendo política, seja oportunista. Não é assim porque esta é a doutrina de sempre. A leitura de hoje não foi escrita em 1979. Tiago escreveu-a há vinte séculos. Acontece que nós, cristãos de hoje, nos esquecemos das leituras que devem guiar a vida dos cristãos. Quando dizemos "a favor dos pobres", não pretendemos – prestem bastante atenção – tomar partido com respeito a uma classe social. O que dizemos – foi afirmado em Puebla – é um pedido dirigido a todas as classes sociais, sem distinção entre ricos e pobres. Dizemos a todos: levemos a sério a causa dos pobres como se fosse a nossa própria. Mais ainda – como realmente é –, como a própria causa de Jesus Cristo, que no dia do juízo final pedirá que sejam salvos somente aqueles que cuidaram dos pobres com fé nele: "Tudo que tiverem feito a um destes pobres marginalizados, cegos, aleijados, surdos, mudos, o fizeram a mim".[36]

Aqueles que, todavia, não se importavam com o juízo de Deus,[37] reservaram-lhe ainda um duríssimo golpe em 29 de setembro, quando assassinaram seu amigo Polín. Mataram-no com tiros de fuzil, juntamente com outros três dirigentes da União dos Trabalhadores do Campo (UTC), José López e o casal Patricia Puentas e Félix García, na rua Panamericana, diante do quartel da Cavalaria de Opico. Na verdade, embora fosse um dos dirigentes populares mais procurados do país, havia sempre se recusado a ir para a clandestinidade: "Eu vou morrer se me tornar um clan-

---

[36] Id. Omelia (9 de setembro de 1979). In: *Su pensamiento*, v. VII, p. 232 (nossa tradução).

[37] Neste caso, os membros de um esquadrão da polícia.

destino; vou morrer se me impedirem de ficar entre as pessoas",[38] confessara pouco tempo antes a Romero, que lhe recomendava prudência:

"Fique atento, Apolinario, querem matá-lo". "O senhor também, Chespirito![39] Vamos ver quem faz primeiro a viagem", lhe respondia. Quem fez a viagem primeiro foi ele.[40]

O golpe de 15 de outubro e a Primeira Junta

Nesse meio-tempo, a repressão ficava cada vez mais feroz, suscitando preocupação e indignação até mesmo em alguns jovens oficiais, que decidiram pôr um fim a tanta brutalidade, derrubando o Governo do General Romero. Organizaram-se, então, no Movimento Militar Revolucionário (2MR) para promover um projeto de reformas que previsse o envolvimento dos setores mais moderados da oposição e o início de um diálogo com os grupos guerrilheiros. O golpe de 15 de outubro de 1979 foi, pois, o único de seu tipo na história salvadorenha, porque desde o início participaram também alguns civis. No entanto, o plano que o inspirava acabou enfraquecido poucos dias antes de sua realização, quando, após o Coronel Abdul Gutiérrez se impor em substituição a um colega mais jovem, entraram alguns oficiais

---

[38] M. López Vigil. *Monsignor Romero. Frammenti per un ritratto*, p. 220.

[39] Apelido com o qual os membros do BPR batizaram Dom Oscar Romero, fazendo referência ao apelido de Roberto Gómez Bolaños, criador de Chaves e de Chapolin, personagem que sempre conseguia escapar de seus inimigos, e ao nome do programa que reunia vários quadros humorísticos com o mesmo elenco das séries.

[40] M. López Vigil. *Monsignor Romero. Frammenti per un ritratto*, p. 219.

ligados à direita, criando um desequilíbrio interno que iria condicionar fortemente o seu sucesso.

A Junta Revolucionária de Governo foi, assim, composta por dois militares, os coronéis Adolfo Majano e Abdul Gutiérrez, e três civis, Román Mayorga, Guillermo Ungo e Mario Andino. Román Mayorga, engenheiro eletrônico e reitor leigo da UCA (que na ocasião deixou a direção da universidade), condicionou sua participação à depuração do Exército, à introdução de mudanças socioeconômicas e à presença de um membro que representasse as forças sociais progressistas. Por isso, os militares escolheram o social-democrata Guillermo Ungo, do Foro Popular, uma aliança cívica formada naquele mesmo ano pelos partidos da UNO (incluindo o Movimento Nacional Revolucionário, do qual Guillermo Ungo era o secretário) com outras organizações de classe, universitárias, sindicais e religiosas, para formar uma frente comum contra as medidas repressivas que atingiam a vida social e política do país. O empresário Mario Andino foi, ao contrário, escolhido diretamente por Adolfo Majano e Abdul Gutiérrez com a concordância da empresa privada. Os cinco formaram um ministério, considerado o mais brilhante e progressista que o país já tivera, composto também por figuras conhecidas do catolicismo salvadorenho, como Rubén Zamora no Ministério do Interior e Héctor Dada Hirezi no Ministério de Relações Exteriores.

Romero tinha sido informado da preparação do golpe desde 17 de setembro e o via com esperança, embora não soubesse a data exata em que se daria. Somente na madrugada de 15 de outubro foi avisado – através do Padre Jesús Delgado – pelos próprios jovens militares que, às 8h, ocupariam todos os quartéis e ordenariam a deposição do Presidente. Assim, Romero passou ansioso toda a manhã, porque um novo fracasso significaria uma catástrofe. Foi à paróquia de San Juan Cojutepeque para assistir a um curso sobre a Bíblia na escola paroquial e lá, ao meio-dia, chegou a notícia de que o golpe estava em curso sem derramamento de sangue, mas que seria perigoso voltar a San Salvador. De qualquer maneira decidiu ir e, chegando à cidade, ficou preocupado pelo oposto: estava tudo calmo demais para ser verdade! Acaso havia fracassado? Por volta das 17h se divulgou a notícia, depois confirmada, de que o Presidente fugira para a Guatemala. Por isso, na mesma noite, decidiu reunir-se com o vigário-geral, Dom Urioste, e outros sacerdotes e leigos para combinarem o posicionamento da diocese. Estes o aconselharam a esperar para tomar uma posição oficial, mas lançar um apelo "pastoral" pedindo a todos que não cedessem à violência. Temia-se, na verdade, que a esquerda se aproveitasse para desencadear uma insurreição geral e a direita reagisse ainda mais violentamente com relação às reformas econômicas e sociais prometidas no manifesto da nova Junta.

Romero elaborou, portanto, um comunicado que seria transmitido ao meio-dia pela rádio diocesana; porém, desde a manhã – tendo-lhe sido pedido pela própria Junta que dirigisse um apelo por calma, porque nos municípios metropolitanos de Mejicanos e Soyapango já se registravam episódios de violência – antecipou os conceitos expressos no comunicado num diálogo radiofônico com o Padre Delgado. Naquele "Apelo pastoral diante da nova situação do país", depois de alguns instantes em prece a Deus, Romero pedia em primeiro lugar que o povo assumisse um comportamento prudente e paciente para não se impedir a possibilidade de avaliar adequadamente aqueles acontecimentos inesperados. Dirigiu-se, em seguida, à oligarquia, com palavras inequívocas:

> O nosso apelo se dirige também àqueles que, para defender injustamente os próprios interesses e privilégios econômicos, sociais e políticos, se tornaram culpados de tanto mal-estar e violência. Lembrem-se de que a justiça e a voz do povo devem ser escutadas por vocês como a própria causa do Senhor, que chama à conversão e que será juiz de todos os homens.[41]

Àqueles que, ao contrário, militavam nos partidos ou organizações políticas populares, pediu um sinal de "maturidade política, flexibilidade e capacidade de diálogo" para permitir que a nova Junta demonstrasse com fatos as próprias intenções. Enfim, pediu ao novo Governo que não frustrasse as esperanças do povo. Uma hora depois, à 1h da tarde, Majano e Gutiérrez foram até ele para agradecer as palavras e ordenaram que fossem transmitidas por todas as rádios nacionais. Romero aproveitou para pedir à nova Junta a anistia geral, o retorno dos exilados e informações precisas sobre as pessoas desaparecidas. Eles prometeram fazê-lo, mas o próprio Romero comentou: "Ainda se nota neles a inexperiência para um cargo tão difícil, assumido quase improvisadamente...".[42] Apesar disso, quis acreditar neles.

Romero efetivamente foi confiante e por algumas semanas se iludiu de que ainda houvesse uma saída pacífica para os muitos

---

[41] O. A. Romero. Diario (16 de outubro de 1979). In: Id. *Su pensamiento*, p. 278 (nossa tradução).
[42] Ibid., p. 279 (nossa tradução).

conflitos que dilaceravam o país. Tanto que sugeriu a suspensão de uma missão para observação dos direitos humanos, pedida por ele próprio alguns meses antes a Jean Goss, um promotor evangélico da não violência, membro do Movimento Internacional para a Reconciliação (MIR). Havia aderido àquela missão também o Movimento Católico Internacional pela Paz, a Pax Christi, que tinha como presidente um italiano, o bispo de Ivrea, Dom Luigi Bettazzi. Será esse mesmo, no dia seguinte à morte de Romero, que reconsiderará a ideia e orientará uma missão de observadores, entre junho e julho de 1981, ampliando-a também para as vizinhas Guatemala e Nicarágua.[43]

As esperanças de Romero não foram, todavia, compartilhadas – e com razão – pelos grupos guerrilheiros e pela maioria das organizações populares que perceberam muito bem que a Junta – além das boas intenções de alguns de seus membros – não tinha capacidade para controlar o Exército e muito menos os serviços de segurança. Nem mesmo os padres e religiosos da Nacional o apoiaram e, ao invés, naqueles meses chegaram ao confronto mais duro, acusando-o de ter se "vendido". A comunidade de base de Zacamil, a mesma com a qual já tinha clamorosamente brigado quando auxiliar e com a qual, depois, como arcebispo, havia feito as pazes, chegou ao ponto de não mais distribuir os exemplares de *Orientación* como represália contra uma revista "que apoiava a Junta". Entretanto, foram lhe contar a respeito dos homicídios que a Guarda havia cometido na comunidade. Entre os mortos estavam algumas jovens, pouco mais que crianças, que ele havia

---

[43] Ver L. Betazzi. *In dialogo com i lontani.* Roma: Alberti, 2008. p. 91.

conhecido pouco meses antes, durante uma visita pastoral. Nas semanas entre 1979 e 1980, Romero se viu entre fogos cruzados. Acusado pela esquerda e pela direita, por amigos e inimigos... e pagou um preço altíssimo por sua obstinada esperança e seu inexorável desejo de evitar uma guerra de resultados incertos para todos. Ao menos quanto a isso a história lhe daria razão: doze anos de guerra civil para se chegar aos "acordos de paz" de 1992 sem vencidos nem vencedores, mas com um balanço de oitenta mil vítimas, muitíssimas das quais horrivelmente torturadas.

Entre as primeiras iniciativas tomadas pela Junta, para honrar o compromisso de depurar o Exército, foi suprimida a Agência de Segurança Salvadorenha (ANSESAL) e expulso do Exército seu vice-diretor, o Major Roberto D'Aubuisson. Com ele foram expulsos também outros oitenta oficiais. A decisão se revelou tão ingênua quanto impulsiva, porque equivalia a demitir o diabo com a pretensão de que ele não reagisse! De fato, secretamente, D'Aubuisson, por um acordo com o Coronel Gutiérrez, transferiu o arquivo da agência (fruto de anos de pesquisas do Exército e também da ORDEN) da Casa Presidencial para o quartel-general do Exército, para evitar que os civis da Junta tivessem acesso ele, e ali o copiou. Nesse meio-tempo, o Chefe do Estado Maior, General René Emilio Ponce, reorganizou a Agência no interior do Exército, simplesmente mudando o nome para Direção Nacional de Inteligência (DNI), mas mantendo-a estreitamente vinculada à CIA. Enfim, nas últimas semanas do ano, D'Aubuisson, apoiado pela oligarquia, fundou uma nova estrutura político-militar clandestina, a Frente Ampla Nacional (FAN), para apoiar o Exército e sua ideologia neofascista. A repressão deu, então, um novo salto inesperado, equivalente à reação das várias organizações guerrilheiras, enquanto a Junta se revelava cada vez mais impotente diante da escalada da violência.

O arcebispo também precisou perceber isso, prosseguindo nas homilias a denunciar os desaparecimentos e assassinatos – os perpetrados pelos governos anteriores e jamais esclarecidos, mas também os que se multiplicavam desde 15 de outubro. No mesmo dia de seu primeiro comunicado de "apoio condicional" à Junta, depois dos tumultos em Soyapango, a Guarda havia feito uma série de prisões, entre as quais a do pároco e do sacristão: o pároco foi imediatamente libertado, mas o sacristão figurava entre os desaparecidos. Assim, em 26 de outubro, o Coronel Gutiérrez teve que voltar a Romero para admitir as dificuldades que criavam obstáculos para o cumprimento dos compromissos assumidos com ele, em especial as investigações relativas aos desaparecidos.

Foi nesse contexto que em 24 de outubro o Bloco Popular Revolucionário ocupou o Ministério do Trabalho e o Ministério da Fazenda para pedir a libertação dos prisioneiros políticos e algumas melhorias na economia de base. Depois de vários dias de tratativas, as organizações obtiveram efetivamente algumas libertações e em 6 de novembro desocuparam os locais invadidos, anunciando uma trégua com a Junta. A FAPU não foi da mesma opinião e depois de apenas três dias anunciou a continuidade das hostilidades, também porque nesse meio-tempo acontecera uma nova tragédia.

Ainda e sempre a repressão

De fato, em 29 de outubro, os serviços de segurança tinham atacado uma manifestação pacífica de camponeses que apoiavam as Ligas Populares (LP-28 de fevereiro) que, assim como a FAPU, haviam negado seu apoio à Junta de Governo. O balanço foi de uns setenta mortos e um número impreciso de feridos. Vinte e três cadáveres foram levados para o átrio da igreja do Rosário, a mesma do massacre de 1977, da qual provinha o nome da organização. A igreja ficou, portanto, ocupada por cerca de trezentas pessoas, que pretendiam enterrar os mortos tão logo fosse feito o reconhecimento pelos familiares e que iniciaram uma coleta para comprar os caixões para aqueles que ainda estavam enfileirados em simples esteiras. Entre os primeiros a lhes socorrer estava Marianela, que levou dinheiro para os caixões e gêneros de primeira necessidade para os invasores.[44] O dia transcorreu tranquilo, mas, à noite a Guarda – sob as ordens do Capitão Denis Morán, famoso por seus crimes – cercou a igreja, aprisionando os ocupantes e criando uma situação alarmante, porque os cadáveres começavam a se decompor. Marianela voltou acompanhada de alguns membros da Comissão de Direitos Humanos, mas suas alegações jurídicas de nada valeram diante da prepotência dos militares.

Ao contrário, a situação se precipitou tão logo descobriram que dois de seus companheiros infiltrados em trajes civis haviam sido descobertos: um conseguiu escapar, mas o outro foi feito prisioneiro. Além disso, alguns provocadores espalharam o boato de

---

[44] Ver R. La Valle; L. Bimbi. *Marianella e i suoi fratelli*, p. 131 e seguintes.

que este fora torturado e até mesmo morto. O Capitão Morán ordenou, então, o envio de alguns carros blindados para derrubar a grade, mas, felizmente, Romero chegou antes. Nem a ele foi reservada uma boa acolhida: o comportamento ameaçador do capitão, ao qual se juntou outro grande criminoso (um torturador conhecido pelo apelido de Cara de Niño), fez Marianela temer o pior, e ela implorou que não tocassem no arcebispo. Não ousaram tanto, mas, assim como a deles, sua tentativa se revelou sem influência alguma. Juan Bosco Palacios, um seminarista que o acompanhava, relata[45] que, depois daquela primeira tentativa inútil, se retiraram para o convento dos dominicanos, anexo à igreja.

Romero, assustado, começou a rezar o rosário nervosamente e de vez em quando o interrompia para discutir como poderiam se salvar, caso a situação se precipitasse. Rezada, porém, a última Ave-Maria, saiu e então se repetiu o milagre de quando subia ao púlpito: o medo o deixou e enfrentou de modo decidido os militares que, no fim, o deixaram passar. Assegurando-se de que o prisioneiro estava ileso, assumiu sua custódia e o conduziu até os oficiais que – ressentidos por aquela solução inesperada que frustrava seus planos – quiseram examinar cada cadáver para verificar se entre eles não havia algum camarada: um pretexto para verificar quem estava ali dentro e quantos estavam armados.

Romero e Marianela tiveram assim de acompanhá-los naquela inspeção macabra, que ao menos serviu para pôr fim ao cerco. Quando amanheceu, puderam finalmente iniciar os funerais, mas o cortejo foi interrompido logo que chegou a notícia de que

---

[45] M. López Vigil. *Monsignor Romero.Frammenti per un ritratto*, pp. 226-228.

toda a região do cemitério estava dominada pelos militares. Decidiram, pois, voltar a Rosário, onde, retirado o mármore do chão, escavaram uma grande cova para todos aqueles pobres mortos.

Novas ameaças e presságios

Em 5 de novembro, depois de apenas quatro dias, Romero recebeu do Vaticano, através do núncio em Costa Rica, o húngaro Lajos Kada, uma carta que o prevenia de um possível atentado contra sua pessoa, planejado por um grupo de esquerda, com a intenção de criar problemas para a Junta. O arcebispo levou a ameaça muito a sério: discutiu-a com Urioste e com dois representantes do Governo, chegando à conclusão de que, caso aquele plano fosse realmente verdadeiro, devia tratar-se de uma trama da direita, visando corroborar uma futura atribuição à guerrilha de um assassinato perpetrado por ela.

De qualquer maneira declinou da oferta de proteção (que incluía um carro blindado) do Governo, repetindo-lhes tudo que já havia dito ao Coronel Iraheta em 7 de setembro de 1979, dia em que fora assassinado o irmão do Presidente Romero e se temiam represálias do esquadrão da morte: "prefiro continuar a correr os mesmos riscos do meu povo e não seria nada edificante gozar de uma segurança desse tipo".

Finalmente, o repetiu ao núncio Gerada, que insistia para que ele aceitasse.

Romero, na verdade, não estava nada seduzido pela ideia de martírio, ao contrário, o temia e não fazia mistério algum de seus medos: sentia-se aterrorizado pela ideia de ser sequestrado e torturado. Mas, mais forte do que qualquer temor, era a preocupação de dar um testemunho contrário, aceitando uma garantia negada ao povo. E quase a confirmar aquele triste presságio, ou melhor, a indicar-lhe a oportunidade de se preparar espiritualmente para o evento, aconteceu naquelas semanas um episódio bastante misterioso:

> Relatou Dom Iniesta, auxiliar de Madri: "Certa manhã fui beijar aqueles objetos sagrados e consagrados daquela morte. Ao me inclinar, vi sob o altar uma coroa de espinhos. Perguntei sobre ela à religiosa do hospital que me acompanhava. Contou-me um episódio gracioso praticamente desconhecido em El Salvador. Uma velhinha salvadorenha vinha de vez em quando de muito longe para assistir à missa matutina do arcebispo e depois ficava um pouco com ele e lhe oferecia frutas que costumava trazer. Certo dia, na última vez em que veio vê-lo, então vários meses antes, trouxe-lhe como sempre as frutas que entregou no fim da missa. Desta vez, porém, lhe trouxe um crucifixo, que depositou em seu colo, e uma coroa de espinhos retirados de uma planta chamada *izcanal*,[*] com espinhos de dois ou três centímetros, pedindo-lhe que a pusesse na cabeça. Romero concordou e, enquanto o arcebispo mantinha a coroa de espinhos na cabeça e o crucifixo no peito, o abençoou". Este episódio nos faz pensar na unção de Maria de Betânia, com aquela diferença que garante a autenticidade, eliminando qualquer forma de atração analógica.[46]

---

[*] Uma espécie de leguminosa do gênero da acácia, denominada *acacia cornigera*, nativa da América Central e México. (N.E.)

[46] A. Levi. Sentire cum ecclesia, il ministero episcopale di Oscar Romero. In: *La Rivista del Clero Italiano* 5 (maio 2000).

Num plano mais estritamente terreno e político, também Romero percebia já claramente o hiato entre as boas intenções da Junta – ao menos dos membros civis – e a sua efetiva capacidade de realizá-las. Um último suspiro de esperança ele teve em 10 de dezembro, quando o ministro da Agricultura, Enríque Alvarez Córdova, anunciou o decreto do Governo que estabelecia a reforma agrária que devia ser feita o quanto antes em todo o país. Segundo os dados do ministério, na verdade, em El Salvador menos de duzentas famílias – 0,7% dos proprietários – possuíam 40% das terras: exatamente aquelas que interessavam ao plano da reforma. Romero quis acreditar, apesar de os acontecimentos revelarem cada vez mais a existência de um governo paralelo dentro do Exército e a crescente impotência da Junta. Aquele plano parecia, portanto, tão fantasioso quanto tinha sido a pretensão de depurar o Exército. Assim, as organizações populares insistiam com o arcebispo, algumas tentando convencê-lo, com bons modos, a renegar publicamente a Junta, e outras – as Ligas Populares – ocupando o arcebispado em 19 de dezembro. Romero, porém, se recusou a encontrar-se com elas, sentindo-se ofendido por um ato que julgava injusto com relação à disponibilidade que sempre havia demonstrado.

A crise de Governo

De fato, o plano de reforma se dissipou e com ele os motivos para os civis participarem do Governo, legitimando com sua presença os crimes dos militares. Portanto, em 27 de dezembro, os civis da Junta e dos ministérios, juntamente com outros funcionários do Estado, enviaram uma declaração solene ao Comando Supremo das Forças Armadas, no qual condicionavam sua permanência no Governo ao fim da repressão e da realização das reformas – profundas e estruturais – contidas na declaração de 15 de outubro. Na verdade se tratava de um *ultimatum*. E já que de ambas as partes eram feitos pedidos contínuos de reuniões com o arcebispo para obter conselhos e solicitar sua mediação, Romero – ciente da delicadeza do momento para os destinos do país – cancelou uma série de compromissos pastorais, alegrando-se com a compreensão de todos.

Assim se chegou ao último dia de 1979. De manhã, depois do café da manhã, recebeu os jovens militares do Conselho Permanente das Forças Armadas, com os quais falou francamente sobre os riscos que via e aos quais indicou o que, em sua opinião, devia ser urgentemente mudado. Depois, com Dom Urioste, foi ao aeroporto receber o Cardeal Aloisio Lorscheider, arcebispo de Aparecida (Brasil), que chegava com a tarefa de visitador apostólico – o segundo em apenas dois meses! O fato, em vez de entristecer Romero (como teria sido normal), o deixou cheio de alegria e conforto porque Lorscheider era um amigo e sempre se comportara como tal, desde o primeiro instante, pedindo ao arcebispo que o hospedasse em sua casa a fim de que ficasse claro para todos com que espírito viera. E, de fato, mais tarde, o Cardeal Pironio lhe teria confirmado o bom relatório enviado por Lorscheider, o qual iria simplificar as relações durante a última visita ao Vaticano. Enfim, de tarde, se encontrou com Dr. Badía, ministro da Saúde, que lhe propôs ser promotor de um encontro entre as partes – militares e civis – dentro do Governo. A ideia agradou Romero que, por sua vez, lhe pediu que se encarregasse de convocar os civis, enquanto ele cuidaria dos militares.

IX

"CESSEM A REPRESSÃO!"

Ano de 1980

Foi exatamente essa divisão de tarefas que criou alguns equívocos. Romero, de fato, como sugerido pelo Coronel Gutiérrez, estendeu o convite aos membros do Alto Comando das Forças Armadas, os quais chegando ao encontro de 2 de janeiro ficaram surpresos com a presença dos civis e opuseram grande resistência. O Coronel Gutiérrez teve que mediar e, no fim, foram convencidos a entrar. Depois da saudação inicial do arcebispo, na qual Romero explicou a natureza pastoral e a finalidade de sua mediação, Doutor Zamora, ministro do Interior, expôs o problema de fundo: o desvio para a direita dos militares, fato que não o deixava sentir-se à vontade no Governo, reforçando a intenção de sair, caso não fosse encontrada uma solução. A discussão foi muito franca e Romero saiu satisfeito do encontro e confiante numa boa solução do conflito. Mas naquela mesma hora – eram 2h da tarde – a rádio divulgou a resposta do Conselho Permanente das Forças Armadas, com a qual os militares reafirmavam sua adesão à declaração solene de 15 de outubro, mas rejeitando como anticonstitucional diversas solicitações feitas pelos ministros. Quando depois, às 3h, voltaram a se reunir para receber a resposta dos militares, estes sequer apareceram... fazendo a rádio transmitir um novo comunicado que reafirmava o anterior. Os primeiros dois ministros renunciaram de imediato: um deles, até aquele momento o Ministro da Educação, Salvador Samayoa, juntou-se à guerrilha nas Forças Populares de Libertação. No dia seguinte se demitiram também três civis da Junta: Ungo, Andino e Mayorga (que partiu para o México), iniciando oficialmente a crise. Logo em seguida, saíram outros nove civis e um militar, o Coronel Guerra, que por sorte escapou de um atentado poucos dias depois. Naquela manhã, porém, no café da manhã, um membro da Junta, Doutor Chávez, revelou ao arcebispo que há dias havia tratativas secretas para a participação do Partido Democrata Cristão no Governo, em substituição aos civis demissionários. Detalhe este depois confirmado pelos Coronéis Majano e Gutiérrez, que foram encontrar-se com ele no sábado, 5 de janeiro, numa tentativa de ganhar seu apoio também para a Segunda Junta.

Todavia, a experiência tinha sido útil e, como resposta, Romero na homilia dominical pediu a demissão de um dos poucos que ainda restavam, o Coronel José Guillermo García, ministro da Defesa, além do envolvimento das forças populares:

> Aqueles que o fizeram baseados na lealdade [que se demitiram, N.T.] ofereceram também uma esperança que deve estimular o Governo a buscar uma solução na linha encetada. Por isso, penso que, com a mesma honestidade e testemunho que se

busca o verdadeiro bem, se deveria demitir também o ministro da Defesa... A sua permanência, além de causar má impressão no exterior para o Governo e as Forças Armadas, pode constituir um verdadeiro estorvo para esse mesmo Governo.[1]

Entretanto, já pairava no ar a guerra civil e Romero se recusava a se render aos maus presságios, mais por dever do que por razões fundamentadas: na verdade, quando se exaure qualquer ponto de apoio racional, a esperança sempre resta como dever ético. Por isso continuou a receber quem quer que pedisse para conversar com ele, entre os quais, inesperadamente, as Ligas Populares, que naqueles últimos meses o visitaram quase semanalmente. No início, o relacionamento foi tenso e desajeitado, depois se deslindou e ele chegou até mesmo a sentir afeição pelos rapazes, advertindo-os como um pai: "Espero sempre revê-los. E fiquem atentos para que nada lhes aconteça, rapazes. E fazia o sinal da cruz no ar para se despedir deles".[2] Nesses encontros, naturalmente secretos, ajudaram-no a perceber como a situação já era irreversível e como aquilo que até então havia sido uma simples luta de guerrilha poderia se transformar, de um momento para o outro, numa verdadeira insurreição popular.

Romero entendeu e tirou suas conclusões:

> "Veja" – disse Dom Romero a Milton –, "quando acontecer essa insurreição, não quero estar nem separado nem longe do povo e muito menos de outro lado... Quando chegar a hora, vou querer

---

[1] O. A. Romero. Omelia (6 de janeiro de 1980). In: Id. *Su pensamiento*, v. VIII, p. 127 (nossa tradução).

[2] M. López Vigil. *Monsignor Romero. Frammenti per un ritratto*, p. 233.

estar ao lado do povo. Claro que nunca vou empunhar um fuzil, porque não sirvo para isso, mas posso cuidar dos feridos, assistir os moribundos... Posso recolher os cadáveres. Poderei ajudar nisso tudo, não é verdade?" Ficamos mudos. "O que acham do progresso do velhinho?", perguntou Milton a nós. E nós todos, juntos: "Olha só o Chespirito! Que cara valente!".[3]

A Segunda Junta

A negociação entre o Partido Democrata Cristão e os militares chegou a bom termo em 9 de janeiro de 1980. Nasceu assim a Segunda Junta civil-militar, da qual fizeram parte ainda os Coronéis Majano e Gutiérrez, do Exército, Dada Hirezi e Morales Ehrlich, do PDC, e o independente Ramón Ávalos. Essa solução garantiu uma substancial continuidade à situação política precedente: a direita militar ficava dividida em várias correntes, que tinham como líderes respectivamente Gutiérrez e García, D'Aubuisson e Carranza e Vides Casanova, enquanto Majano foi ficando cada vez mais marginalizado. Também a esquerda revolucionária continuou por alguns meses dividida numa miríade de organizações populares e grupos guerrilheiros, o que foi por muitas vezes criticado pelo próprio Romero. Garantiu também a contínua incapacidade substancial da Junta em controlar os serviços de segurança e os esquadrões da morte, portanto, sem cessar a propagação da violência. Por isso, mais tarde, até Dada Hirezi desistiu definitivamente, deixando o cargo ao mais audacioso, Napoléon Duarte, propugnador convicto da inevitabilidade (isto

---

[3] Ibid., p. 235.

é, da necessidade) de certo nível de violência para obter as reformas. Era o "realismo" democrata-cristão na versão salvadorenha que ainda por muitos anos proporcionaria uma cobertura "democrática" ao poder terrorista excessivo do Exército.

Na verdade, já no mês de novembro precedente, quando Marianela García Villas fora à Itália para o Congresso da Federação Internacional para os Direitos Humanos, para a qual fora eleita vice-presidente, havia deixado repletas as salas e praças das principais cidades. Mas foi justamente a Democracia Cristã – na qual ela própria tinha sido militante – que lhe bateu a porta na cara em nome da oposição ao "expansionismo soviético" e também porque em El Salvador o PDC estava no poder. Em tempos de compromisso histórico, no entanto, não foi apoiada sequer pelo Partido Comunista.

Romero, ao contrário, tentava tudo que era possível e também o impossível. Convocou os sacerdotes mais ligados às organizações populares para lhes pedir que exercessem sua influência na tentativa de dissuadi-las de uma insurreição cujo êxito era dos mais incertos:

> Dediquei a manhã a uma reunião com cinco sacerdotes da arquidiocese, com os quais há algumas dificuldades para uma comunhão mais íntima em virtude de aspectos políticos de sua pastoral. Todavia, dialogando muito profundamente e procurando sinceramente uma solução para essas dificuldades e desconfianças, encontrei muitos valores humanos, cristãos e sacerdotais que continuaremos a cultivar em sucessivas reuniões. Lembro que estavam ali o Padre Rogelio, Padre Benito Tovar, Padre Trinidad Nieto, Padre Rutilio Sánchez e Padre Pedro

Cortez; estavam presentes também o Padre Juan Macho e o Padre Walter Guerra, que me proporcionaram uma boa ajuda com suas informações bem acertadas e sacerdotais.[4]

Mas, diante do cenário inquietante mostrado pela implementação da Segunda Junta, as diversas organizações surgidas naqueles anos, em vez de contemporizar, preferiram coordenar-se tendo em vista uma nova e mais decisiva ofensiva. Assim, em 11 de janeiro de 1980, criaram a Coordenação Revolucionária de Massa (CRM), que, por sua vez, em 10 de outubro daquele mesmo ano, se fundiria com a Frente Farabundo Martí de Libertação Nacional (FMLN). Faziam parte a Frente de Ação Popular Unificada (FAPU, 1974), o Bloco Popular Revolucionário (BPR, 1975), as Ligas Populares 28 de fevereiro (LP-28), aos quais se uniram o Partido Comunista Salvadorenho e a União Democrática Nacionalista. Em seguida, juntou-se o Movimento de Libertação Popular.

Representou uma surpresa – que indicava quais eram as verdadeiras forças em campo, mas não destinada a mudar a história – uma carta enviada ao arcebispo por um grupo de militares nos primeiros dias do ano:

> Recebi uma carta muito expressiva de um grupo de soldados. Muito reveladora! Vou ler a parte que mais pode interessá-los. "Nós, um grupo de soldados, pedimos que torne público os problemas que temos e os pedidos que fazemos aos senhores oficiais, aos comandos e à Junta do Governo e ficamos antecipadamente gratos

---

[4] O. A. Romero. Diario (4 de janeiro de 1980). In: Id. *Su pensamiento*, p. 347 (nossa tradução).

por sua ajuda. O que desejamos é tentar obter uma melhora das tropas da FAES: 1) Melhora da comida; 2) Que se evitem o uso do cassetete e outros ultrajes contra a tropa; 3) Que sejam melhoradas as fardas da tropa; 4) Que o salário seja aumentado, porque o que recebemos de fato são 20 ou 30 colóns por mês, considerando os descontos, e não nos sobra nada; 5) Que não nos mandem mais reprimir o povo... Caros soldados, neste aplauso do povo podem encontrar uma mão estendida a estas suas angústias; 6) Que não sejam feitos cortes na manutenção da tropa; 7) Que nos seja dita a razão pela qual nos mandam combater...; 8) As Forças Armadas são constituídas por tropas, comandos e oficiais, mas somente os comandos e os oficiais são responsáveis pela opressão do povo..."[5]

O massacre de 22 de janeiro de 1980

A opressão voltou a efetivar-se dois dias mais tarde. Para o 48º aniversário do massacre de 1932, as organizações populares tinham marcado uma grande manifestação para mostrar ao Governo com que base podiam contar e fazê-lo notar que sem o consenso popular ninguém iria conseguir governar. Portanto, cem mil pessoas se articularam em 22 de janeiro, num cortejo de quase 8 quilômetros, que percorreu pacificamente as ruas de San Salvador. Desde o começo a Força Aérea sobrevoou a multidão lançando gases venenosos. Os mais atingidos tiveram que desistir, mas a maioria conseguiu chegar ao centro da capital, onde, porém, os franco-atiradores, postados no telhado do palácio pre-

---

[5] Id. Omelia (20 de janeiro de 1980). In: Id. *Su pensamiento*, v. VIII, p. 172 (nossa tradução).

sidencial, começaram a disparar. Repetiu-se, então, uma cena já conhecida, com correrias, gritos e, principalmente, o sangue dos mortos e dos feridos que caíam por toda parte. Muitos, para se salvarem, refugiaram-se na catedral e na igreja do Rosário; mais de quarenta mil na Universidade Nacional. Em poucas dezenas de minutos a cidade parecia um campo no fim de uma batalha. Romero, no *Hospitalito*, estava em contato telefônico com Marianela e juntos planejavam uma solução incruenta a ser proposta ao Governo. Enquanto isso, um número indeterminado de mortos já cobria as ruas.

No domingo seguinte, o arcebispo celebrou a missa na Basílica do Sagrado Coração, porque a catedral ainda estava ocupada. Durante a homilia não conseguiu conter sua indignação, à qual quis imprimir a forte marca da esperança cristã:

> Como pastor, e como cidadão salvadorenho, me entristece profundamente que se continue a massacrar o setor organizado de nosso povo somente pelo fato de sair ordenadamente às ruas para pedir justiça e liberdade. Tenho certeza de que tanto sangue espalhado e tanta dor causada às famílias de tantas vítimas não serão em vão... É sangue, e sofrimento, que irrigará e fecundará as novas e sempre mais numerosas sementes de salvadorenhos que tomarão consciência da responsabilidade que têm de construir uma sociedade mais justa e humana, que trará frutos para a realização de reformas estruturais audazes, urgentes e radicais das quais nossa pátria necessita... O grito de libertação deste povo é um clamor que se eleva até Deus e que agora nada nem ninguém pode calar... Aqueles que caem na luta, se o fazem com amor sincero para com o povo e em busca de uma

verdadeira libertação, devemos considerar sempre presentes em meio a nós. Não só porque ficam na lembrança dos muitos que continuam sua luta, mas também porque a transcendência de nossa fé nos ensina que com a destruição do corpo não termina a vida humana... mas, pela misericórdia divina, esperamos atingir, depois da morte, a libertação plena e absoluta. As libertações temporais serão sempre imperfeitas e transitórias, têm valor, e vale a pena lutar por elas somente quando refletem na terra a justiça do Reino de Deus... À violências das Forças Armadas devo recordar o seu dever de estarem a serviço do povo e não dos privilégios de poucos... Queremos ver que reprimam com igual fúria a subversão da direita, que é mais criminosa do que a da esquerda... e pode ser melhor controlada pelos serviços de segurança... Para esta violência intransigente da direita, torno a repetir a severa advertência da Igreja que a responsabiliza pela cólera e desespero do povo... São elas o verdadeiro germe e o verdadeiro perigo do comunismo que hipocritamente denunciam...[6]

Aliás, não poderia ter sido mais claro como quando havia contestado João Paulo II: "Existem situações... em que não se pode deixar de ser realista, porque a injustiça e a violência são muito concretas".[7] E esta era exatamente uma daquelas. As mesmas observações ele repetiu num diálogo privado com o Coronel Majano, que lhe tendo pedido um encontro, fora convidado para um almoço no *Hospitalito*. Ele confidenciou a Romero suas preocupações e o arcebispo renovou ao Governo o pedido de levar

---

[6] Id. Diario (7 de maio de 1979). In: Id. *Su pensamiento*, v. VIII, pp. 197-199 (nossa tradução).
[7] Ibid, p. 161 (nossa tradução).

muito a sério as organizações populares, cada vez mais reprimidas pela Guarda e por outros serviços de segurança. O arcebispo reconhecia a boa-fé de Majano, mas já então seu papel dentro da Junta tinha se reduzido a pouco mais do que mera aparência.

Indo para Louvain

No dia seguinte Romero partiu para Louvain (Bélgica), acompanhado pelo Padre Jesús Delgado, para receber o título de *doutor honoris causa* da prestigiosa universidade daquela cidade. A dúvida sobre conveniência de empreender aquela viagem o tinha atormentado. Seria o caso de deixar o país naquela situação? E, por outro lado, não seria a ocasião propícia para chamar a atenção do mundo sobre a situação salvadorenha e, portanto, ganhar algum apoio precioso para a causa de seu povo? Amigos e conselheiros estavam divididos entre as duas posições. No fim, ele decidiu ir e ficar o menos tempo possível.

Aquela passagem pela Europa foi a sua última oportunidade para visitar Roma. Chegou no fim da manhã da terça-feira, 29 de janeiro e, como de costume, em primeiro lugar foi aos túmulos dos Papas para rezar por seu país, a Igreja e o seu ministério. Na manhã seguinte, foi cumprimentar o Cardeal Pironio, que o tranquilizou quanto ao ótimo resultado da visita apostólica do Cardeal Lorscheider e – quase como um pressentimento – encorajou-o com as palavras dirigidas por Jesus a seus discípulos: "Não temam aqueles que matam o corpo, mas que não podem matar a alma".[8] Foi, então, à audiência geral da quarta-feira, no salão de Paulo VI,

---

[8] Ver Mt 10,28.

onde o Papa no momento das saudações disse que desejava falar com ele. Teve, então, felizmente, que esperar que um circo (sua grande paixão!) desse um espetáculo naquela sala em homenagem ao Papa, para depois ser levado a uma sala privada.

Romero saiu daquele encontro revigorado:

> Entendi que o Papa estava muito de acordo com tudo que eu lhe dizia; ele me deu um abraço muito fraterno e me disse que rezava todos os dias por El Salvador. E ali senti a confirmação e o poder de Deus com relação ao meu pobre ministério.[9]

As preocupações de João Paulo II, no entanto, não tinham mudado com relação ao ano anterior:

> Recebeu-me com muito afeto, disse-me que compreendia perfeitamente as dificuldades da situação política da minha pátria e a defesa da justiça social e o amor pelos pobres, mas que mesmo o que podia ser o resultado de um esforço reivindicatório popular da esquerda, poderia ter como resultado um mal para a Igreja. Eu lhe disse: "Santo Padre, é precisamente este equilíbrio que busco salvaguardar, porque, se de um lado defendo a justiça social, os direitos humanos, o amor pelos pobres, de outro sempre me preocupo muito também com o papel da Igreja, e não é pelo fato de defender os direitos humanos que podemos sucumbir a certas ideologias que destroem os sentimentos e os valores humanos". Acrescentei que estava muito de acordo com os seus discursos...[10]

---

[9] O. A. Romero. Diario (7 de maio de 1979). In: Id. Su pensamiento, p. 376 (nossa tradução).
[10] Ibid., p. 376 (nossa tradução).

Naquilo tudo Romero não precisou forçar a verdade porque efetivamente ninguém como ele, entre muitos que em El Salvador defendiam os direitos humanos, estava livre de qualquer ideologia... exceto a evangélica, a qual, todavia, nem todos estavam dispostos a (ou capazes de) entender. Saindo de lá, encontrou-se com o Padre Arrupe, que lhe renovou o apoio incondicional dos jesuítas e lhe contou que o Papa também lhes tinha repreendido, mas somente porque "quer muito bem a Companhia e deseja precavê-la contra possíveis erros".[11] No dia seguinte foi à Secretaria de Estado, onde o Cardeal Casaroli o recebeu com muita cordialidade e com o qual enfrentou de novo os temas do colóquio com João Paulo II. O secretário de Estado lhe revelou também que o embaixador dos Estados Unidos na Santa Sé tinha se queixado da posição do arcebispo de San Salvador, simpatizante para com os revolucionários, mas – satisfeito por suas explicações – concluiu peremptório que "de qualquer modo a Igreja deve agir não para agradar as potências da terra, mas segundo a própria fé e a sua consciência baseada no Evangelho".[12] Foi, então, para a Sagrada Congregação para a Educação Católica a fim de discutir o caso do seminário. Havia decidido, com a equipe de formação, retirar os seminaristas de San José de la Montaña, mandando-os para lá apenas para a formação acadêmica, como faziam várias organizações religiosas, reservando à arquidiocese a sua formação pastoral. Ali foi recebido, porém, somente por um secretário, assim como na Sagrada Congregação para os Bispos, onde Baggio mandou

---

[11] Ibid., p. 376 (nossa tradução).
[12] Ibid., p. 378 (nossa tradução).

Dom Moreira recebê-lo. Voltou rapidamente para o Pensionato Romano, onde estava hospedado, recolheu seus pertences e partiu para a Bélgica. Nunca mais voltaria a Roma.

Enquanto isso, a repressão se propagava em El Salvador. Padre Octavio Ortiz, que sucedeu Rutilio Grande como pároco de Aguilares, lembra-se daqueles dias:

> Iniciou-se a caça de um modo terrível por toda a região de Aguilares... Era pior do que de costume! Mais sangue, mais repressão. A partir de fevereiro de 1980, foram rios de sangue. O primeiro caso próximo que tivemos naquele fevereiro foi o de uma enfermeira do ambulatório paroquial e sua irmã. Pegaram-nas de noite em casa e, de manhã, apareceram estupradas, torturadas e assassinadas nos canaviais de Apopa. E não pararam mais de matar gente. Entre fevereiro e dezembro de 1980, contamos 680 pessoas assassinadas em nossa região. Muitas delas eram dirigentes. Cristãos carismáticos, capazes de organizar a comunidade. "Dos 250 que se reuniam com o Padre Rutilio Grande naquela bela comunidade, restaram três", disse-me José Obdulio Chacón. Jogavam os cadáveres nas estradas, nos riachos, nas ruas. E ninguém se arriscava a recolhê-los, porque quem fosse pegá-los seria morto na noite seguinte. A situação nos subjugava, não conseguíamos sequer celebrar missas para os defuntos.[13]

Chegou a Louvain marcado pelas notícias que recebera sobre El Salvador – Dom Urioste o atualizava constantemente – e recebeu o diploma em 2 de fevereiro, dando uma *lectio magistralis*

---

[13] M. López Vigil. *Monsignor Romero. Frammenti per un ritratto*, p. 248.

sobre o tema "A dimensão política da fé a partir da opção pelos pobres":

> Eu venho do menor país da longínqua América Latina. Venho trazendo no meu coração de cristão salvadorenho e de pastor a saudação, a gratidão e a alegria de compartilhar experiências vitais... O nosso mundo salvadorenho não é uma abstração, não é mais um caso do que se entende por "mundo" nos países desenvolvidos como o vosso. É um mundo que na sua enorme maioria é formado por homens e mulheres pobres e oprimidos. E é neste mundo de pobres que dizemos que está a base para compreender a fé cristã, a ação da Igreja e a dimensão política desta fé e desta práxis eclesial. Os pobres são aqueles que nos dizem o que é o mundo e qual seja o serviço eclesial para o mundo. Os pobres são aqueles que nos dizem o que é a "polis", a cidade e o que significa para a Igreja viver realmente no mundo... Agora conhecemos melhor o que é o pecado. Sabemos que a ofensa a Deus é a morte do homem. Sabemos que o pecado é verdadeiramente mortal: não só pela morte interna de quem o comete, mas também pela morte real e objetiva que produz. Lembramos assim o dado profundo da nossa fé cristã. Pecado é aquilo que deu a morte ao Filho de Deus e pecado continua a ser o que dá a morte aos filhos de Deus... Os antigos cristãos diziam: "A glória de Deus é o homem que vive". Nós podemos atualizar, dizendo: "A glória de Deus é o pobre que vive".[14]

Uma aula que, como observou justamente Jon Sobrino, continha "os princípios fundamentais teológicos sobre a essência

---

[14] VV.AA. *La voz de los sin voz*. San Salvador: UCA, 2001. pp. 183, 185, 189, 193.

e a missão da Igreja"[15] no pensamento de Romero. Os mesmos que se encontram declinados sob a forma de juízos concretos na interpretação da realidade salvadorenha contida em suas cartas pastorais e nas homilias dominicais. Sobrino, aliás, não se cansava de identificar estes aspectos de suas intervenções, porque – juntamente com o companheiro jesuíta Ignacio Ellacuría – foi um dos "peritos" mais consultados por Romero no último período de seu ministério; embora, como confessará humildemente o reitor da UCA em 1995 (por ocasião da concessão póstuma de um doutorado *honoris causa* ao arcebispo mártir pela universidade jesuíta salvadorenha),

> [...] certamente Romero pediu nossa colaboração em múltiplas ocasiões e isso representa para nós uma grande honra: para quem a pede e para a causa para a qual é pedida... Mas em todas essas colaborações não há dúvida de quem fosse o mestre e quem o auxiliar; quem o pastor que indica as diretrizes e quem o ajudante; quem era o profeta que dissecava o mistério e quem o seguidor; quem era o animador e quem o animado; quem era a voz, quem era o eco.[16]

Uma colaboração – por muitos atestada – suficiente para afugentar tantas afirmações irrefletidas com respeito à relação de Romero com a Teologia da Libertação. Romero, é claro, não foi um teólogo da libertação pela simples razão de que seu ministério não era o de teólogo. Mas afirmar – como ainda fazem alguns

---

[15] Id., p. 65.

[16] I. Ellacuría, citado em J. Sobrino. *El Padre Ellacuría sobre Monseñor Romero*. El Salvador: Adital (24 de março de 2005).

OSCAR ROMERO: MÁRTIR DA ESPERANÇA

– que "rejeitava teoricamente a Teologia da Libertação" é igualmente ridículo, tendo em vista os colaboradores com quem se reunia no momento de elaborar os documentos mais importantes. Ellacuría e Sobrino representavam, de fato, o próprio rosto da Teologia da Libertação salvadorenha. Nesse sentido, então, é mais correto dizer que Romero não foi um teólogo, mas um bispo da libertação.

As últimas semanas

Voltando a El Salvador, Dom Oscar Romero entendeu que a situação havia saído do controle de todos aqueles que não fossem dos esquadrões da morte. Entretanto, não quis renunciar a repetir a natureza e, portanto, a prática da libertção cristã:

> Quando Maria canta em seu *Magnificat* que Deus liberta os humildes, os pobres... ressoa a dimensão política quando diz: Deus manda embora de mãos vazias os ricos e cobre de bens os pobres. Maria também chega a pronunciar uma palavra que hoje seria "insurreição". Derruba do trono os poderosos quando estes são um obstáculo para a tranquilidade do povo...! Esta é a dimensão política da nossa fé: viveu-a Maria, viveu-a Jesus, que era um autêntico patriota de um povo que estava sob dominação estrangeira e que ele, sem dúvida, sonhava como livre...[17]

Também insistiu pedindo ao Partido Democrata Cristão que avaliasse sua posição na Junta:

---

[17] O. A. Romero. *Omelia* (17 de fevereiro de 1980). In: Id. *Su pensamiento*, v. VIII, p. 245.

Peço à Democracia Cristã que analise não só as suas intenções, que sem dúvida podem ser muito boas, mas os efeitos reais que a sua presença no Governo está provocando. Sua presença está encobrindo, principalmente em âmbito internacional, o caráter repressivo do atual regime. É premente que, como força política de nosso povo, veja onde seria mais eficaz usar essa força a favor de nossos pobres: se isolados e impotentes num governo dominado por militares repressores ou como uma força a mais que se incorpora num amplo projeto de governo popular, cuja base de apoio não são as atuais forças armadas, cada vez mais corrompidas, mas que seja o consenso majoritário de nosso povo.[18]

Enfim, sem intenção de ofender as preocupações e mau humor expressos pelo embaixador norte-americano na Santa Sé, naquela mesma homilia de 17 de fevereiro, Romero leu uma carta que havia escrito ao Presidente Carter pedindo – em nome de sua fé e do alardeado desejo de proteger os direitos humanos – que suspendesse todo tipo de ajuda militar ao Governo salvadorenho:

> Senhor Presidente, nestes últimos dias apareceu na imprensa nacional uma notícia que me deixou muito preocupado, segundo a qual o seu Governo estaria estudando a possibilidade de apoiar e ajudar econômica e militarmente a Junta de Governo. Sendo o senhor um cristão, e tendo declarado que deseja defender os direitos humanos, ouso expor o meu ponto de vista pastoral a respeito dessa notícia e dirigir-lhe um pedido concreto... Como salvadorenho e arcebispo da arquidiocese de San Salvador, tenho por obrigação estar vigilante para que reinem a fé e a justiça no

---

[18] Ibid., v. VIII, p. 245.

meu país, por isso peço-lhe que, se realmente deseja defender os direitos humanos, proíba estas ajudas militares ao Governo salvadorenho e garanta que o seu Governo não intervenha, direta ou indiretamente, com pressões militares, econômicas, diplomáticas... Espero que os seus sentimentos religiosos e a sua sensibilidade na defesa dos direitos humanos o levem a atender o meu pedido, evitando assim um maior derramamento de sangue neste país sofredor. Atenciosamente, Oscar Romero.[19]

Naquele dia a homilia durou uma hora e quarenta e cinco minutos, como ele mesmo confessou em seu *Diário*.

As chancelarias de meio mundo ficaram sobressaltadas: ninguém jamais havia ousado tanto. Em menos de 24 horas o Departamento de Estado dos EUA comunicou as próprias queixas à Secretaria de Estado do Vaticano, definindo como "devastadoras" as afirmações do arcebispo salvadorenho. Trouxeram-lhe a notícia na noite seguinte os Padres Ellacuría e Estrada, tendo-a ouvido do provincial jesuíta da América Central, Padre Jerez, que naquele momento encontrava-se no Panamá, e ao qual o Padre Arrupa a tinha comunicado. Também lhe prometeram que pediriam ao Padre Jerez que fosse pessoalmente a Roma, se necessário, para explicar a situação à cúria do Vaticano e advogar sua causa. Portanto, os jesuítas – ao menos eles! – não o deixaram sozinho. Quem poderia tê-lo imaginado somente seis anos antes, na época da questão do externato? Ellacuría e Estrada se demoraram, depois, a explicar-lhe o modelo de guerra que os EUA tinham decidido combater no país: uma "guerra de baixa intensidade",

---

[19] Ibid., v. VIII, pp. 243-245 (nossa tradução).

que consiste em eliminar de maneira homicida todos os esforços das organizações populares, sob o pretexto de comunismo ou de terrorismo. Essa guerra quer não só eliminar as pessoas diretamente responsáveis, mas todas as famílias que, segundo esse conceito, estão completamente corrompidas por estes princípios terroristas e, portanto, devem ser eliminadas.[20]

No entanto, *in loco*, a reação àquele sermão foi menos diplomática e mais explosiva: alguém colocou uma bomba na base das instalações de transmissão da Radio YSAX que, na madrugada de terça-feira, 19 de fevereiro, foi totalmente pelos ares.

Para alguém acostumado "a recolher cadáveres", os destroços da YSAX ao menos não jorravam sangue, mas o semblante de Romero, ao vê-los, traiu toda a sua perturbação: aquela rádio, na verdade, representava a única possibilidade de fazer chegar uma palavra de consolo ou de denúncia a todos os cantos do país. "E, agora, o que faremos?", perguntou-se desconsolado. Ainda uma vez foram os jesuítas a se encarregar da situação, chamando de Honduras um coirmão norte-americano, Padre Pick, que tinha grande experiência com rádios. Para a ocasião, ressuscitaram um velho aparelho, comprado de terceira ou quarta mão e desprovido de instruções, que tentaram pôr de novo em funcionamento. Antes de qualquer coisa, era preciso desobstruir as ruínas, depois construir um novo prédio... e já era terça-feira! Para o primeiro domingo, portanto, nada podia ser feito, a não ser pedir a todos que possuíssem um gravador para trazê-lo e, depois, levar a homi-

---

[20] Id. Diario (18 de fevereiro de 1980). In: Id. *Su pensamiento*, p. 400 (nossa tradução).

lia "gravada" para ser ouvida nas próprias comunidades..., mas já no domingo seguinte inventaram um sistema genial:

> Uma boa ligação via telefone com a Radio Noticias do Continente, na Costa Rica, e, assim, a homilia era ouvida em ondas curtas em Salvador e dali, na América Central, o sinal chegava até a Colômbia e a Venezuela. Nós nos internacionalizamos, mas tudo de modo artesanal, porque tínhamos que pôr um telefone sobre o altar, com um cabo longuíssimo; ele pregava ao telefone para a Costa Rica e um coroinha passava tanto tempo segurando o fone que sua mão ficava adormecida devido àquelas longas homilias. Passaram-se os dias e o novo aparelho não queria funcionar.[21]

Entretanto, o sangue voltou a correr dois dias depois, em 21 de fevereiro, e desta vez foi o de Mario Zamora, morto em sua própria casa. Zamora era uma das figuras mais lúcidas e corretas de que a Democracia Cristã salvadorenha pudesse se gabar, dedicado há anos à defesa dos direitos humanos e à criação do partido. Não era um extremista, mas acabou achando que Romero tivesse razão com respeito àquela experiência política: o PDC devia deixar o Governo... e tão logo o disse, foi assassinado. O fato impressionou muitíssimo a opinião pública, principalmente porque Zamora era uma pessoa estimada, até mesmo fora do partido; também porque no início do mês "aquele diabo do D'Aubuisson" (como muitos o chamavam... Sua irmã, todavia, usava a expressão "aquele homem que foi meu irmão") apareceu

---

[21] M. López Vigil. *Monsignor Romero. Frammenti per un ritratto*, p. 253.

na televisão lendo uma lista de duzentas pessoas "contaminadas pelo comunismo". A primeira era Zamora, a segunda, Romero.

Nesse ínterim, em 23 de fevereiro, o núncio de Costa Rica voltou a comunicar a Dom Romero que havia recebido novas informações sobre um possível atentado contra ele. Decidiu, então, escutar pelo menos um dos conselhos dados pelos representantes do Governo, com quem tinha se encontrado em 7 de setembro, e, no dia seguinte, denunciou essas ameaças durante a homilia. Os padres mais "peritos na matéria" pediram-lhe que tomasse no mínimo algumas precauções simples: não manter hábitos, nem mesmo quanto ao horário das missas, frequentar somente as grandes igrejas e não a capela do *Hospitalito*, não dirigir o automóvel sozinho... Nisso, na verdade, não tinha pensado. Dito e feito: a partir daquele dia não permitiu quase a mais ninguém que o acompanhasse para não deixar que outros corressem o mesmo perigo.

Da segunda-feira 25 à sexta-feira 29 tinha programado alguns dias de retiro com um grupo de sacerdotes na Guatemala, mas, devido à situação, preferiu não sair do país e pediu hospitalidade às irmãs passionistas, que tinham uma casa num local chamado Planes de Renderos. Ali, meditando sobre as ameaças que lhe chegavam agora de diversas maneiras (por carta, na rádio, ao telefone... diretamente ou através do arcebispado... pior ainda: através das irmãs do *Hospitalito*, para amedrontá-las), registrou no *Diário*:

> Outro de meus temores diz respeito aos riscos pela minha vida. É-me difícil aceitar uma morte violenta, que nestas circunstâncias é muito possível; até o núncio de Costa Rica me avisou dos

perigos iminentes para esta semana... Assim, coloco toda a minha vida sob a providência amorosa de Deus e aceito, com fé nele, a minha morte por mais difícil que possa ser. Quero dar-lhe um sentido, como desejaria, para a paz no meu país e para o florescimento de nossa Igreja... para que o Coração de Cristo saiba dar-lhe a finalidade que queira. Para ser feliz e confiante me basta ter certeza de que a minha vida e a minha morte estão nele; que, não obstante os meus pecados, depositei nele a minha confiança e não ficarei confuso, e que outros prosseguirão com mais sabedoria e santidade o trabalho na Igreja e no país.[22]

E, de fato, a conjuntura tinha se tornado favorável para seu assassinato: sua obstinada determinação de buscar um caminho não beligerante para o conflito (enquanto na direita e na esquerda todos queriam combater) e, principalmente, o fato de não estar disposto a se envolver com qualquer dos três projetos políticos existentes (do Governo, da oligarquia e das organizações popula-res), por continuar a julgar à luz do Evangelho e dos direitos hu-manos, tinham lhe rendido hostilidade em diversos setores. Seria por isso bastante fácil atribuir ao campo adversário a responsabi-lidade daquele homicídio. O Exército era particularmente espe-cializado em jogar a culpa nos outros, como tentará fazer a pro-pósito do massacre ocorrido durante os seus funerais e, nove anos mais tarde, o da UCA. Se ainda acrescentarmos o ressentimento dos EUA, que lhe foi expresso claramente por um funcionário da embaixada, a divisão entre os bispos, motivada quase que exclu-sivamente por inveja e rancor pessoal, e o comportamento "pru-

---

[22] O. A. Romero. *Quaderno spiritual* 3, 41-51. Citado em: J. Delgado. *Biografia*, pp. 190-191 (nossa tradução).

dente" da *real politic* do Vaticano (que certamente não exagerava – para usar um eufemismo! – quanto à defesa dos religiosos que em todo o continente apoiavam as lutas de libertação de seus povos)... estava faltando somente a data.

Alguns dias depois, em 3 de março, fracassada uma última tentativa, também Dada Hirezi, democrata cristão e pessoa próxima de Romero, demitiu-se da Junta, declarando que, devido à incapacidade do Governo em controlar as Forças Armadas, sua permanência serviria apenas para legitimar aquele bando de assassinos. Não foi da mesma opinião seu companheiro de partido Napoléon Duarte que – depois de distinguir-se pelo silêncio na ocasião do homicídio de Zamora – aproveitou para tomar seu lugar. Dada Hirezi foi, portanto, aumentar as fileiras de todos que, desiludidos, haviam abandonado a Democracia Cristã, como já fizera Marianela. Fez ainda mais: logo que foi fundada, juntou-se à FMLN. No entanto, os EUA se concentraram na figura de um líder forte e populista como Duarte, decidindo ditar algumas iniciativas à Junta recomposta, numa tentativa extrema de evitar o pior. Entre elas uma espécie de reforma agrária que, comparada com aquelas tentadas por Molina no fim de seu mandato e pela Primeira Junta em dezembro de 1979, malogrou ainda antes de nascer. Na verdade, depois de tantos anos, a reforma agrária continua a representar o problema principal e não resolvido de todo projeto político, mas aquele fracasso ficou sendo o mais paradoxal. Ditada do exterior, isto é, pelos EUA, por motivos que certamente não satisfaziam os critérios de justiça ou favorecimento em relação aos camponeses (por isso Romero negou o apoio oficial que lhe foi pedido por alguns técnicos especializados que para isso vieram dos EUA), a reforma agrária também enfrentou a oposição da oligarquia, que em sua proverbial obtusidade não estava disposta a ceder um metro de terra, por medo de perder tudo.

Enquanto isso, aumentava o número de homicídios e desaparecimentos. Dia após dia eram mortos principalmente os dirigentes sindicais e políticos, mas também simples camponeses, com o objetivo de provocar intimidação. Assim, um grupo de duzentos religiosos e leigos das comunidades de base decidiu fazer um jejum de três dias na igreja do Rosário, a ser encerrado com uma missa no domingo seguinte. Mais do que tudo, esta queria ser uma forte denúncia da situação e, por isso, inicialmente, a modalidade da escolha não agradou a Romero, que nunca tinha visto com bons olhos certas misturas entre religião e política. Portanto, tentou dissuadir os responsáveis, mas depois de ter-se encontrado com eles e ouvido suas razões, acabou por ir ele mesmo celebrar a missa conclusiva.

Todavia, não conseguia era se entender de jeito nenhum com os quatro irmãos bispos. Em 12 de março, no terceiro aniversário do martírio de Rutilio Grande, a CEDES convocou uma reunião na Casa dos Salesianos de Ayagualo, com a presença do núncio de Costa Rica, que tinha sido enviado especialmente pela Santa Sé para tentar resolver aqueles conflitos. Celebrada a missa, passaram a manhã inteira e parte da tarde explicando as respectivas posições. Romero justificou a pastoral da arquidiocese como uma necessidade de fidelidade ao Evangelho e não um simples capricho pessoal, relembrando também que os conflitos e críticas já estavam presentes na época de Dom Chávez. Rivera, naturalmente, o apoiou, enquanto os outros recaíram em suas queixas de sempre. Porém, chegaram a um acordo: antes de publicar qualquer comunicado que afetasse todo o episcopado, teriam que se confrontar. Em seguida, formularam alguns bons propósitos de unidade... imediatamente negados no momento de votar para um novo presidente e vice-presidente da CEDES. Como decidido numa eleição anterior, Romero propôs eleger Álvares como presidente (logo, um deles) e Rivera, vice-presidente. O acordo parecia existir, mas na votação substituíram Rivera por Aparicio... logo, nada tinha mudado. Trataram, enfim, da questão dos escritórios do arcebispado. Até o núncio pressionava para que fossem transferidos, e Romero confirmou a intenção de fazê-lo logo que possível, condicionando o prazo à obtenção dos fundos necessários. Mas o que lhe faltou foi tempo.

Prêmio da Paz de 1980

Um prenúncio da ameaça que pairava sobre o arcebispo já existia desde o domingo anterior, 9 de março. De manhã, durante a missa celebrada na Basílica do Sagrado Coração, uma delegação da Ação Ecumênica Sueca lhe havia concedido seu "Prêmio da Paz de 1980".

A razão daquele reconhecimento – ou seja, seu empenho na defesa dos direitos humanos – estava tragicamente representada ali, diante dos olhos de todos, na nave central da igreja: de fato, naquela semana, haviam sido horrivelmente torturados e mortos dois cônjuges, Roberto Castellanos – réu por ser filho do secretário-geral do Partido Comunista Salvadorenho – e sua jovem esposa dinamarquesa, Annette Matieson. A mãe de Roberto pedira que os caixões fossem levados à missa do arcebispo e só teve o cuidado de avisá-lo antes que seu filho era comunista.

Romero mostrou-se simplesmente preocupado de que o clima festivo daquela cerimônia não ofendesse seus sentimentos, mas, quando a senhora respondeu que para ela não haveria problema, mesmo porque seu filho apreciava aquelas celebrações, o arcebispo concluiu peremptoriamente: "Comunista ou não comunista, eu não me importo. São todos filhos de Deus".[23] Terminada a cerimônia, foi para uma sala vizinha, para a habitual coletiva de imprensa do domingo, acompanhado e assistido pelo Padre Ellacuría. Às 17h voltou para a basílica, a fim de celebrar uma missa de sufrágio para Mario Zamora, pedida pela família. Estava presente toda a diretoria dos democratas cristãos. Ninguém notou nada, mas no dia seguinte foi encontrada uma bomba que não explodira, feita com 72 bananas de dinamite e colocada próximo ao altar lateral de Santa Marta: "Suficiente para explodir não só a basílica, mas o quarteirão inteiro".[24]

Portanto, se tivesse explodido, de um só golpe teriam matado o arcebispo e feito em pedaços a Junta. Tendo saído ilesa, a direção democrata cristã continuou a agarrar-se ao poder, enquanto o arcebispo voltou a denunciar a calamitosa cobertura que daquela forma estava proporcionando ao Exército. Ele o fez também em 15 de março, por ocasião de sua última entrevista privada:

---

[23] M. López Vigil. *Monsignor Romero. Frammenti per un ritratto*, p. 263.

[24] O. A. Romero. Omelia (17 de fevereiro de 1980). In: Id. *Su pensamiento*, v. VIII, p. 347 (nossa tradução).

É preciso explicar bem no exterior o que está acontecendo em El Salvador, porque fora daqui se pensa que existe no país um Governo reformista com a Democracia Cristã no poder, e que, portanto, a situação é positiva, mas não é assim. O povo sofre uma duríssima repressão que precisa acabar.[25]

Cessem a repressão!

Em 21 de março, a nova Radio YSAX finalmente ficou pronta: apenas a tempo de transmitir a homilia do domingo, 23 de março. A última. Apesar das recomendações que choviam de todos os lados, Romero continuou a visitar as comunidades, fazendo-se acompanhar somente quando era necessário. Foi assim que fez uma das últimas visitas com o Doutor Jorge Lara Braud, um protestante norte-americano, o qual, desde que fora convidado em junho de 1977 para vir a El Salvador pelo Conselho Nacional das Igrejas dos Estados Unidos, e pelo Conselho Mundial das Igrejas, para avaliar como poderiam demonstrar solidariedade, não mais abandonara esse compromisso.

À noitinha, quando voltavam, arriscou perguntar a Romero sobre a magnitude das ameaças, recebendo uma confidência que ultrapassava a simples cortesia:

"Sim, são sempre mais numerosas e as levo muito a sério." Ficou em silêncio por alguns minutos. Percebi nele uma espécie de nostalgia quando jogou a cabeça para trás, fechou os olhos e me disse: "Doutor, vou lhe dizer a verdade: não quero morrer. Ao

---

[25] Agência ANSA, San Salvador, 25 de março de 1980. Citado em: R. Morozzo della Rocca. *Primero Dios*, p. 332.

menos, não por ora, não quero morrer agora. Nunca amei tanto a vida! Eu lhe digo sinceramente: não tenho vocação para mártir, não tenho. É claro que se for o que Deus me pede... Então, eu peço somente que as circunstâncias da minha morte não deixem dúvida alguma sobre o que é a minha vocação: servir a Deus, servir ao povo. Mas, morrer agora não, quero um pouco mais de tempo...".[26]

Uma confidência importante porque revela dois aspectos do comportamento que teve no encontro da morte. O primeiro, profundamente humano: Romero não era um temerário, ao contrário, era um homem frágil, com seus medos... e quanto ao martírio, preferia não passar por ele! Isso esclarece ainda mais o caráter profético de suas homilias. A força daquelas denúncias, de fato, não vinha de um desejo incontrolável de protagonismo – como sustentavam seus detratores, os bispos *in primis* – nem de um temperamento impulsivo: cada palavra era resultado de uma profunda luta interior, motivada somente pela consciência de ter que realizar a própria vocação. "Ai de mim se não pregar o Evangelho",[27] poderia dizer com São Paulo. Um segundo aspecto, embora possa parecer paradoxal, era a necessidade de afugentar toda possível dúvida sobre o próprio eventual martírio.

Na verdade, tratava-se de uma preocupação comum a outros bispos ameaçados no continente. Em outras duas ocasiões, de fato, me disseram: "Tive que aceitar a escolta, porque se viesse

---

[26] M. López Vigil. *Monsignor Romero. Frammenti per un ritratto*, p. 267.

[27] Ver 1Cor 9,16.

a acontecer, não poderiam dizer: 'Ele procurou por isso; nós tentávamos protegê-lo, mas ele quis morrer como mártir'".

E Romero não esquecia as tentativas de conspurcar o martírio de seus padres!

No sábado, 22 de março, repetiu-se o ritual de preparação da homilia dominical. Romero passou grande parte da noite a revê-la e, ao amanhecer, levantou-se para rezar. Pontualmente às 8h do domingo, 23 de março de 1980, a celebração teve início na Basílica do Sagrado Coração, porque a catedral estava novamente ocupada. Naquele dia, pareceu que até a tecnologia quis se colocar a serviço daquele evento memorável. A nova Radio YSAX, de fato, finalmente em operação, atingia todos os cantos de El Salvador; mas também a Radio Noticias do Continente – embora também tivesse sofrido um atentado – conseguiu transmitir aquelas palavras destinadas a entrar para a história:

> Desejo fazer um apelo especial aos homens do Exército e, em especial, às bases da Guarda Nacional, da polícia, dos quartéis: irmãos, vocês são do nosso povo, matam seus irmãos camponeses e, diante da ordem de matar dada por um homem, deve prevalecer a lei de Deus que diz: não matarás... Nenhum soldado é obrigado a obedecer a uma ordem contrária à lei de Deus... Uma lei imoral ninguém é obrigado a cumprir... Agora é hora de recuperar sua consciência e obedecer à sua consciência em vez da ordem do pecado... A Igreja, defensora dos direitos de Deus, da lei de Deus, da dignidade humana, da pessoa, não pode ficar em silêncio diante de tanta abominação. Queremos que o Governo considere seriamente que não servem para nada as reformas se são obtidas com tanto sangue... Em nome de Deus, portanto, e

em nome deste povo sofredor, cujos lamentos se elevam aos céus cada dia mais revoltosos, eu lhes suplico, eu lhes peço, eu lhes ordeno em nome de Deus: cessem a repressão![28]

Terminada a missa, ficou ainda um pouco no átrio para cumprimentar as pessoas, depois foi ao encontro dos jornalistas para a coletiva de imprensa. Por volta de 1h da tarde foi com o amigo Salvador Barranza para a casa dele, onde – como fazia sempre – se colocou à vontade: pôs os chinelos, tomou um aperitivo e brincou com as crianças, assistindo aos desenhos animados na TV e esperando pelo almoço. Quando se acomodaram à mesa, porém, aconteceu algo estranho: um ataque repentino de tristeza o paralisou. Fitou Eugenia por um bom tempo (a mulher do amigo, que havia cuidado dele quando se hospedara ali "em recuperação" durante três meses, em 1970), como se quisesse dizer-lhe alguma coisa, mas não disse nada. Começou a chorar baixinho, mas de forma visível, tanto que Guadalupe (a filha dos Barranza que desde pequena tinha sido a sua preferida) o repreendeu. Então, começou a falar dos amigos mais queridos. Salvador Barranza observaria depois que jamais haviam compartilhado um almoço tão triste e desconcertante como aquele. E, de fato, de tarde, depois da siesta, Romero se justificou, confidenciando à jovem que estava muito preocupado com a gravidade das ameaças. O casal o acompanhou a Calle Real, um vilarejo na periferia de San Salvador, onde estava programada uma missa de primeira comunhão e crisma. Recuperou-se a tempo de poder conversar

---

[28] O. A. Romero. Omelia (23 de março de 1980). In: Id. *Su pensamiento*, v. VIII, p. 385 (nossa tradução).

com as pessoas, mas, voltando para o lar dos Barranza, a tristeza o assaltou de novo e de uma forma bastante imprevisível: a TV transmitia um espetáculo de circo (o seu preferido), mas, ao ver um palhaço que se queixava de estar velho e abandonado por todo mundo, comentou: "É verdade, chega um momento em que já não servimos para nada, apenas para atrapalhar...".[29]

Jantaram mais ou menos às 20h30 e se deixou acompanhar até o *Hospitalito*. Ali as irmãs o esperavam para brindar a "nova YSAX" e ele não quis decepcioná-las: ficou conversando ainda um pouco com elas. Às 22h, despedindo-se do amigo, foi para seu quarto.

"Soou um 24 de março e de agonia"

E o dia 24 de março amanheceu. Como todos os dias, Romero foi primeiro rezar na capela do *Hospitalito*, depois tomar o café da manhã com as irmãs. Elas lhe pediram, brincando, que as levasse com ele, porque sua túnica branca fez com que entendessem que estava indo à praia.[30] Igualmente brincando, ele respondeu com uma citação evangélica que as irmãs, só de lembrá-la, se emocionariam: "Para onde eu vou, vocês não podem ir".[31] Era a frase com a qual, no Evangelho de João, Jesus se dirige aos judeus aludindo à própria morte.

Passou pela cúria, para consultar a agenda e cumprimentar os colaboradores mais chegados... depois foi ao litoral em compa-

---

[29] J. Delgado. *Biografia*, pp. 199-200. O testemunho inteiro de Salvador Barranza sobre aquela tarde de 23 de março de 1980 está contido neste texto nas pp. 196-201.

[30] Ver J. Delgado. *Biografia*, pp. 201-205.

[31] Ver Jo 8,21.

nhia de alguns sacerdotes da Opus Dei (entre os quais seu futuro segundo sucessor como arcebispo de San Salvador, o então Padre Fernando Sáenz Lacalle), para uma manhã de estudos e repouso. À tarde voltou para San Salvador, passou em casa para tomar um banho, e foi ao médico para cuidar de uma dorzinha no ouvido. Saindo de lá, por volta de 16h30, dirigiu-se a San Tecla, à Casa dos Jesuítas, onde morava seu confessor, o Padre Azcue, a quem cumprimentou com uma frase inconscientemente profética, como aquela da manhã: "Venho, padre, porque quero estar limpo perante Deus".[32]

Finalmente, voltou para o *Hospitalito*, onde havia prometido celebrar uma missa de sufrágio do primeiro aniversário da mãe de um amigo jornalista, Jorge Pinto, cujo semanário *El Indipendiente* – como a Radio YSAX – sofrera um atentado poucas semanas antes. Ao chegar encontrou as irmãs agitadas, porque desde cedo estavam recebendo uma sucessão de telefonemas intimidadores por causa da homilia do dia anterior, intercalados por outros que aconselhavam não celebrar aquela missa, divulgada com demasiado destaque em todos os jornais da manhã: o ritual macabro costumeiro do prévio anúncio de uma execução. Pediram-lhe, então, que não fosse celebrar a missa. Romero ficou perplexo, mas em seu coração sabia muito bem que, embora muito arriscado, por nada no mundo jamais renunciaria a celebrar uma missa. Limitou-se, pois, a tranquilizar as irmãs, prometendo que o faria rápido, e a missa se iniciou pontualmente às 18h. Por um costume um tanto exagerado, em El Salvador os que po-

---

[32] Ver J. Delgado. *Biografia*, p. 204.

dem pagar contratam serviços fotográficos não só nas ocasiões de casamentos ou primeira comunhão, mas também nos funerais. Assim, embora se tratasse apenas de uma simples missa de sufrágio, e sendo do ramo, os parentes da falecida contrataram um fotógrafo, que também gravou a homilia, deixando-nos, assim, um testemunho acústico de suas últimas palavras, seguidas de um disparo de arma de fogo, e as fotos do martírio.

Quanto ao mais a celebração foi muito simples, quase familiar: além dos parentes estavam presentes algumas irmãs e alguns doentes. Depois do Evangelho, Romero falou do exemplo deixado pela falecida, a senhora Sarita, e da esperança na vida eterna. Enquanto isso, um veículo de cor vermelha, tendo a bordo alguns indivíduos, adentrou o hospital, subiu pela viela ultrapassando sua moradia, chegou ao quintal sobranceiro, fez uma pequena curva e se posicionou diante do portão da igreja, onde o arcebispo estava terminando a breve homilia com estas palavras:

> Esta Eucaristia é precisamente um ato de fé. Com fé cristã sabemos que, neste momento, a hóstia de trigo se transforma no corpo do Senhor que se ofereceu para a salvação do mundo e que, neste cálice, o vinho se transforma no sangue que foi o preço da salvação. Que este corpo imolado e este sangue sacrificado pelos homens nos sustentem para darmos também nós o nosso corpo e o nosso sangue ao sofrimento e à dor, como Cristo, não por si mesmo, mas para oferecer conceitos de justiça e de paz ao nosso povo. Portanto, vamos nos unir estreitamente com fé e esperança neste momento de prece pela Senhora Sarita e por nós mesmos.[33]

---

[33] Nossa tradução do áudio.

Passaram-se pouquíssimos segundos nos quais o arcebispo, já no centro do altar, inclinou-se. Foi uma reação instintiva, por ter visto fora da pequena igreja o assassino? Ou o fez para estender o corporal no ato de ofertório? Na verdade, aquilo se tornou o "seu" ofertório, porque imediatamente soou um tiro. Faltando poucos minutos para as 18h30, Romero caiu entre o altar e o tabernáculo, numa poça de sangue aos pés do grande crucifixo. Uma só bala de calibre 22, mas de fragmentação, que penetrou na altura do coração cravando-se numa costela, provocando uma hemorragia interna. De nada serviu correr até o hospital, como se desvelaram em fazer os presentes: ele morreria pouco depois de chegar à Policlínica Salvadorenha. Como alguém observou com exatidão, na história bimilenária da Igreja era o segundo arcebispo a ser morto no altar. O primeiro foi Thomas Becket, assassinado pelos sicários de Henrique II, na Catedral de Canterbury, por ter defendido os direitos da Igreja; o outro foi ele, Romero, morto na capela de um hospital, por ter defendido os direitos dos pobres. A Igreja mais verdadeira.

Logo a notícia se espalhou e "o coração de El Salvador bateu um 24 de março de agonia", como escreveria num poema o bispo brasileiro Dom Pedro Casaldáliga. Incredulidade, dor, raiva, desespero, mas também alegria, propagaram-se por todos os cantos do país. Alegria também, porque quando o carneiro é imolado, os lobos fazem a festa. E assim, naquela noite algumas senhoras "de bem" da capital organizaram uma festa, na colônia San Benito, com música e dança: o convidado de honra foi o Major Roberto D'Aubuisson.[34] Entretanto, outros decidiram festejar de forma mais macabra: dois dias depois, em três subdistritos de Ciudad Barrios, a Guarda Nacional do quartel de Chapeltique e os esquadrões da morte locais sequestraram e assassinaram nove jovens, espalhando-os nas montanhas, sem qualquer motivo aparente além de serem "conterrâneos" de Romero.[35]

E, assim, naquela noite, repetiu-se uma cena já vista três anos antes, no dia da eleição de Dom Oscar Romero: os ricos festejaram e os pobres choraram..., mas os motivos estavam definidamente invertidos. Na sequência dos fusos horários, a notícia deu a volta ao mundo. Na Europa ficou-se sabendo no dia seguinte. Entretanto, chegou aos EUA na mesma noite, onde o Doutor Lara Braud havia acabado de combater e perder a última batalha combinada com quem já se tinha tornado seu arcebispo também:

> Naquela segunda-feira, 24 de março, estava sendo discutido perante um comitê da Câmara dos Deputados dos EUA a renovação da ajuda militar do Governo norte-americano ao Governo de El Salvador. Eu estava em Washington naquele dia para comparecer perante o comitê, quando recebi a notícia de sua morte. Lembrando-me da grande vontade de viver de Dom Romero, falei em seu nome. Para nada. Poucos dias depois a ajuda militar foi aprovada, por larga maioria.[36]

---

[34] Ver M. López Vigil. *Monsignor Romero. Frammenti per un ritratto*, p. 275.
[35] R. R. Membreno. *Monsignor Romero en el testimonio de sus paisanos*, p. 30.
[36] Ver M. López Vigil. *Monsignor Romero. Frammenti per un ritratto*, p. 277.

Os restos mortais de Dom Romero foram levados na manhã seguinte para a Basílica do Sagrado Coração, aguardando que o Bloco Popular Revolucionário desocupasse e limpasse a catedral e, na quarta-feira, 26 de março, foram levados para lá por uma procissão de cinco mil pessoas. Iniciou-se, assim, uma peregrinação ininterrupta: durante quatro dias quase todo país passou diante daquele caixão.

> Sete filas se iniciavam em diversos pontos do parque Barrios e chegavam ao portão ocidental do templo nacional máximo. Depois de ter passado perto do féretro, levando flores, o público, comovido e aos prantos, abandonava o local pelas portas laterais de oriente e poente. Nesse primeiro dia houve um movimento de cem pessoas por minuto, que entraram na catedral das 10h30 da manhã até as 7h30 da noite, e calcula-se que 54 mil salvadorenhos acorreram para despedir-se de seu pastor. Fontes da cúria arquidiocesana anunciaram que o corpo ficaria exposto na catedral até domingo, dia 30, quando se celebrariam as exéquias e o sepultamento.[37]

Um grupo de padres, religiosas e leigos das comunidades de base iniciou uma vigília permanente de jejum na catedral e pendurou na fachada do templo uma faixa escrita: "Não queremos a presença do embaixador yankee, da Junta, de Aparicio, Alvarez, Revelo e Fredy", os quais, na verdade, tomaram cuidado de não serem vistos. Os colégios católicos ficaram fechados por três dias em sinal de luto e a Conferência Episcopal emitiu um comunicado no qual denunciava como o assassinato do arcebis-

---

[37] Ibid., p. 281.

po era o ponto ao qual se chegara depois de anos de perseguição contra a Igreja. Os governos do mundo inteiro protestaram pelo ocorrido, enquanto a Junta ficou quase paralisada pelo embaraço de uma situação certamente não desejada (porque decidida pelos altos comandos militares, então único e verdadeiro Governo) e, além do mais, não atribuível à guerrilha, porque a autópsia já havia claramente revelado que o tipo de projétil usado era exclusivo do Exército.

O funeral de Dom Romero foi celebrado no domingo seguinte, 30 de março (Domingo de Ramos), na praça da catedral. Foi presidido pelo Cardeal Ernesto Corripio, do México, enviado como representante do Papa, juntamente com diversos bispos que tinham vindo de todo o mundo e cerca de trezentos padres; participaram também cerca de 250 mil pessoas, que ocuparam a praça da catedral e as adjacentes. Iniciada a missa, chegou uma manifestação organizada pelos membros da Coordenação Revolucionária de Massa, cujo representante foi colocar uma coroa aos pés do caixão, aplaudido por todos. Depois se retiraram para um lado da praça e a missa continuou em paz. Quando o Cardeal Corripio estava pronunciando a homilia, uma bomba explodiu num ângulo da praça e todos começaram a sair em disparada. Alguns dizem o contrário, ou seja, que um grupo de manifestantes (de esquerda) iniciou o tumulto, aproveitando-se da confusão para explodir a bomba. Também nesse caso as versões foram diferentes, cada uma interessada em atribuir ao outro lado (Exército ou grupos guerrilheiros) a responsabilidade pelo acontecido. Assim, no fim, faltou uma reprodução unanimemente aceita. Para outros, na verdade, foram os franco-atiradores postados no telhado do palácio presidencial (que ocupa o lado direito da praça) a abrir fogo. O que é certo é que no fim morreu um grande número de pessoas (31 segundo os dados oficiais, mais de cinquenta segundo muitos jornais, muitos mais segundo os presentes), a maioria pisoteada pela confusão criada pelo pânico fora e dentro da catedral. Um fato curioso é que as "narrativas" ainda hoje propostas por alguns prelados salvadorenhos evitam dar atenção a duas considerações. A primeira é de tipo motivacional. Que propósito poderiam ter as organizações populares para explodir uma bomba no meio do povo, onde eles também estavam? Que misterioso interesse ter-lhes-ia impelido a atingir o povo em vez do Exército? A segunda diz respeito ao testemunho de 24 visitantes estrangeiros (oito bispos e dezesseis leigos), que na mesma noite se reuniram no seminário interdiocesano e – depois de terem comparado seus pontos de vista – divulgaram um comunicado no qual desmentiram categoricamente a tese defendida pelo Governo, garantindo, ao contrário, que tanto os disparos quanto a bomba tinham vindo do palácio presidencial.

A esse respeito impressionou-me a versão que me foi dada por um ex-guerrilheiro, porque coincidia quase totalmente com o relatado por um repórter italiano presente num ataque militar dos aliados no Iraque:

> Efetivamente os disparos partiram do palácio presidencial, porém, pode ser que não tenham sido ordenados, nem premeditados, apenas aconteceram devido a uma simples crise nervosa de algum militar, que se encontrava no telhado há horas, submetido a uma fortíssima pressão física e psicológica. Além

disso, um único instante é suficiente para que o pânico domine a todos: a quem foge e a quem atira, de cima e de baixo.[38]

Num minuto a catedral foi tomada de assalto por todos que buscavam refúgio. Doutor Lara Braud, que voltara apressadamente para El Salvador, lembra-se daqueles eventos:

> Eu estava na segunda fileira de pessoas a contar da parede, entre elas o Cardeal Corripio à minha direita. À minha esquerda, na fileira atrás de mim, uma mulher estava morrendo e implorava a Deus. Só consegui virar a cabeça em sua direção e nada mais. Como leigo presbiteriano, improvisei um ritual da Igreja Católica para os moribundos: "Os teus pecados estão perdoados, vá na paz de Deus", rezei. Embora a mulher estivesse morta, ficou de pé porque não havia espaço no chão onde cair. Em alguns casos, as pessoas podiam apenas erguer o corpo de alguém desmaiado ou morto e passá-lo por cima das próprias cabeças, embora ninguém soubesse onde colocá-lo. A certa altura, enquanto lutávamos para sobreviver, comecei a ouvir um grito acima do ruído das bombas, dos tiros e das orações. Traziam alguma coisa nas mãos erguidas sobre as cabeças. Esforcei-me para ver o que era aquilo que avançava. Logo, todos na catedral se uniram num canto que anunciava sua chegada: "O povo unido jamais será vencido, o povo unido...". Finalmente pude ver o que anunciava aquele canto: era o caixão de Dom Oscar Romero que entrava na sua catedral, transportado nas pontas dos dedos de todos, abrindo caminho para o local de seu último repouso...[39]

---

[38] Entrevista feita por nós.
[39] M. López Vigil. Monsignor Romero. *Frammenti per un ritratto*, pp. 284-285.

E María Julia Hernández acrescenta:

Depois de algumas horas, quando a catedral já estava cheia de mortos, mas ainda mais atolada de gente, o Cardeal Corripio, com outros bispos e sacerdotes, se aproximou do caixão para tentar terminar a liturgia. Estavam cobertos de suor. Muitos, com febre... Então, o bispo de Chiapas, Samuel Ruiz, tirou da bolsa um livrinho de preces que serviu para rezar ao menos alguma coisa antes de sepultá-lo. Tudo foi feito às pressas. O túmulo já estava aberto. Puseram apressadamente o caixão ali. E, ainda mais velozmente, os pedreiros começaram a colocar cimento e tijolos, tijolos e cimento... até cobrir tudo.[40]

Assim, o povo que havia educado e caminhado com seu pastor, não o abandonou nem mesmo na hora do martírio. No paraíso, Dom Oscar Romero não entrou sozinho, mas acompanhado de uma representação abundante dos seus. E, com certeza, não é exagero afirmar que não teria jamais se tornado profeta e mártir, se não lhe tivesse sido atribuído ser o pastor de um povo que já o era antes dele. "Sinto que o povo é o meu profeta", precisamente.

Morto o arcebispo, ficou claro para todos que nenhum regime democrático impediria o transbordamento da repressão, e as organizações populares compreenderam o erro estratégico de sua divisão. Anos depois, um importante líder guerrilheiro me confessou, com uma boa dose de desgosto: "Se naquela noite estivéssemos prontos a lançar um apelo pela insurreição geral, tería-

---

[40] Ibid., p. 286.

mos economizado doze anos de guerra civil e oitenta mil mortos, mas ainda estávamos muito divididos".[41] Que o povo, frustrado e assustado, tivesse respondido ao apelo é, no mínimo, discutível – já que não reagiria nem mesmo em 1989, quando já contava nove anos de guerra nas costas –, mas era inegável que daquele modo não chegariam a lugar nenhum. Iniciaram, então, um percurso que em 10 de outubro daquele mesmo ano os levaria a se fundirem com a FMLN.

As investigações

Iniciaram-se também as "investigações", cuja história mereceria ser tratada em separado. O juiz que as iniciou entre mil dificuldades, Atilio Ramírez, depois de apenas poucas semanas, teve que fugir para a Venezuela, de onde acusou o Major D'Aubuisson. Nos anos seguintes, as etapas mais significativas foram marcadas pelo relatório da Comissão da Verdade (criada em seguida aos Acordos de Paz de 1992), publicado em 15 de março de 1993, que acusou o mesmo Major D'Aubuisson de ser o mandante e o maestro de toda a operação, cuja execução confiou a seus homens:

> Os capitães Álvaro Saravia e Eduardo Ávila, que tiveram uma participação ativa no planejamento e condução do assassinato, bem como Fernando Sagrera e Mario Molina. Amado Antonio Garay, motorista do ex-capitão Saravia, foi encarregado de transportar o atirador escolhido para a capela [do hospital onde Romero celebrava a missa e, também, morava, N.T.]. O senhor

---

[41] Entrevista feita pelo autor.

OSCAR ROMERO: MÁRTIR DA ESPERANÇA

Garay foi testemunha do momento em que, de um automóvel Volkswagen vermelho de quatro portas, o atirador disparou uma só bala calibre 22 com alto potencial para matar o arcebispo...[42]

O mesmo relatório apresentava a hipótese de que Walter Antonio Alvarez, apelido "Musa", um justiceiro, tivesse sido o executor material. Chegaram a conclusões análogas duas investigações sucessivas da Corte Interamericana dos Direitos Humanos, respectivamente em 26 de março de 1993 e 13 de abril de 2000. Foi depois a vez do Departamento de Tutela Legal, dirigido por María Julia Hernández, que em 1999 publicou os resultados de uma investigação própria, na qual foram definitivamente confirmados os suspeitos na Comissão da Verdade sobre Alvarez, do esquadrão da morte. Por fim, em 20 de março de 2002, também a Procuradoria para a Defesa dos Direitos Humanos em El Salvador (outra instituição criada pelos "Acordos de Paz") confirmou os resultados das investigações precedentes no *Relatório sobre a impunidade no assassinato de Dom Oscar A. Romero, por ocasião do XXIII aniversário de sua arbitrária execução*. Em seguida, em 6 de setembro de 2004, um tribunal da Califórnia – com base na denúncia da ONG The Center for Justice & Accountability (CJA) e da empresa Heller Ehrman White & McAuliffe LLP – condenou como cúmplice do homicídio de Dom Oscar Romero o então ex-capitão Saravia, sobre o qual tinha jurisdição porque, fugindo de El Salvador, havia se estabelecido em Modesto (Ca-

---

[42] In: *Extracto del Reporte de la Comisión de la Verdad para El Salvador*. IV. Caso y Patrones de Violencia. D. Asesinatos de los Escuadrones de la Muerte. Caso ilustrativo: Arzobispo Romero.

lifórnia). Naquela ocasião, o juiz Oliver Wanger, presidente do tribunal, definiu o assassinato de Romero como um "crime contra a humanidade" e condenou o acusado a pagar 10 milhões de dólares norte-americanos, parte dos quais destinada aos familiares. A condenação, porém, foi à revelia porque nesse meio-tempo haviam-se perdido suas pistas.

O processo canônico

Em outros locais, entretanto, foi iniciado um processo de tipo diferente: o da canonização, do qual se demorou a vislumbrar a conclusão.* Por que a Igreja levou tanto tempo a reconhecer o que para o povo era evidente, ou seja, que Dom Oscar Romero morreu como mártir, permanece um mistério no campo das hipóteses. A mais comumente alegada, e que atribui a causa à tradicional prudência da Igreja na avaliação das "virtudes heroicas" dos candidatos à santidade, parece a outros uma desculpa.

A vida de Romero, na verdade, é tão conhecida – nas virtudes e nos defeitos – que os trinta e cinco anos de espera parecem

---

* No dia 3 de fevereiro de 2015, o Papa Francisco autorizou o Cardeal Angelo Amato, prefeito da Congregação para as causas dos santos, a promulgar o decreto que reconhece o martírio de Dom Oscar Romero, "assassinado por ódio à fé". O Arcebispo Vincenzo Paglia, presidente do Pontifício Conselho para a Família e postulador da causa de sua canonização, ao anunciar a data da beatificação marcada para o dia 23 de maio, disse: "É um fato providencial que isso aconteça sob o pontificado do primeiro Papa da América Latina", um Pontífice que afirmou que queria uma "Igreja pobre para os pobres": uma realidade que abre um caminho, que "alarga o horizonte da América Latina", um continente que, a partir do testemunho de Romero, "tem algo importante para dizer ao mundo inteiro". Segundo ele, foi o Papa Emérito Bento XVI quem retomou a causa de canonização, mas que esta sempre contou com o apoio do Papa João Paulo II. Disponível em: <http://www.osservatoreromano.va/pt/news/o-arcebispo-romero-sera-beatificado>; <http://www.osservatoreromano.va/pt/news/foi-aberto-um-caminho> e <http://www.a12.com/editora-santuario/noticias/detalhes/apos-35-anos-dom-oscar-romero--e-declarado-martir>. (N.E.)

demasiados para se tomar uma decisão. Ainda mais que os diversos pareceres não divergiam com relação à objetividade de tudo que aconteceu, e a versão mais "oficial" tendia a circunscrever a figura de Romero dentro de parâmetros tão canônicos que deveria, ao contrário, aplainar o caminho.

Uma segunda questão é, porém, de natureza "política": desde a época da morte de Romero em El Salvador permaneceu ininterruptamente no poder, por 29 anos (até 15 de março de 2009), a mesma classe social responsável por seu assassinato. O partido ARENA (Aliança Republicana Nacionalista), de fato, ostenta como fundador o Major D'Aubuisson, em cuja honra todos os anos em 23 de agosto são suspensos os trabalhos da Assembleia Legislativa para permitir que seus membros festejem o seu natalício. O ex-presidente Saca também mandou construir-lhe um monumento em 22 de junho de 2006. Ora, essa longa permanência no poder, que permitiu à oligarquia continuar a controlar o país não obstante os doze anos de guerra civil, seria simplesmente impensável se não tivesse sido sustentada por uma expressa vontade política dos EUA, acompanhada de ingentes ajudas militares. Exatamente aquilo a que Romero tinha se oposto no apelo dirigido ao Presidente Carter. A canonização de Romero, portanto, significaria tomar uma clara posição política a respeito de todo o acontecido.

Sem dúvida, não faltou sequer uma espécie de atenção às diversas opiniões presentes na sociedade salvadorenha e na própria Igreja, porque a rejeição tresloucada expressa por Revelo a João Paulo II era infelizmente compartilhada por outros. Por isso, não faltaram, durante anos, os muitos que sustentaram que fosse necessário esperar que se passasse uma inteira geração para evitar reações inconvenientes.

Enfim, em diversas ocasiões, o postulador da causa de canonização declarou que seria necessário, antes de tudo, "purificar" a figura de Romero das demasiadas incrustações ideológicas com as quais foi onerada. Embora discutível, pode tratar-se da motivação mais verdadeira. De fato, é indubitável que a figura de Romero tenha sido um pouco mitificada, sobretudo pelos setores populares que, oprimidos há cinquenta anos, tinham finalmente encontrado nele um bom pastor e um autêntico defensor de seus direitos. Mas isso pode constituir um verdadeiro problema? Também não há dúvida de que, a quem se obstine a ver o mundo a partir de Roma ou do alto de uma torre de marfim em qualquer lugar do mundo, seja impressionante ouvir as homilias de Romero citadas por militantes de partidos de esquerda e talvez até por ex-guerrilheiros... mas, se decidíssemos nos livrar dessas lentes de preconceitos ideológicos, para ver a olhos nus a história e a vida dos povos, perceberíamos finalmente que é absolutamente natural que aquelas pessoas continuem a buscar inspiração nas palavras de seu pastor. Não se trata, na verdade, de bolcheviques fantasiados de cristãos (e cremos ter demonstrado isso, ao menos em parte) que usurpam a figura e a palavra de um bispo, mas de cristãos, na maioria provenientes das comunidades de base, que após os fatos de 1980, por convicção ou por necessidade, encetaram o caminho da revolução. Muitos, no início, não fizeram nem por convicção, mas, encontrando-se sem saída numa situação polarizada como a salvadorenha, em que a Democracia Cristã endossava os crimes do Exército e da direita, não tiveram alternativa a não ser deslocar-se para a esquerda. E ainda, é compreensível que quem vê o mundo do Hemisfério Norte fique impressionado com camisetas que trazem a imagem de Romero sendo vendidas ao lado das de Che Guevara ou Farabundo Martí: se pode servir-lhes de consolo, às vezes também ao lado estão as de Nossa Senhora de Guadalupe, talvez com a mordaça zapatista. Ou, então, a tríade dos grandes líderes: Moisés, Mahatma Gandhi e Che Guevara, numa incrível mistura de luta armada e não violência que horroriza não só a cúria do Vaticano, mas também os mais convictos pacifistas. A questão, porém, permanece a mesma: os povos oprimidos, privados de sua dignidade e liberdade, não dividem o mundo entre crentes e ateus, santos e revolucionários, católicos e comunistas... eles o dividem entre amigos e inimigos, entre os que se colocam a favor da vida e a favor da morte. E qualquer um disposto a sacrificar-se para resgatar a vida do povo se torna um herói: uma lógica que deveria soar *bastante* familiar para a Igreja! Por isso, o problema de uma Igreja preocupada com a fidelidade ao Evangelho não deveria prender-se ao fato de que em certas camisetas, ao lado dos Che e dos vários Farabundo, Sandino, Zapata... esteja algum bispo, mas, ao contrário, que haja demasiadamente poucos.

Enfim, algum amante do Direito apresentou a objeção de que Romero não poderia ser proclamado mártir porque não foi morto por *odium fidei*; um aspecto que certamente diferenciou a perseguição das Igrejas latino-americanas daquelas do leste europeu. Porque, quando a perseguição é devida a regimes declaradamente ateus, presume-se – justamente – a solidariedade dos católicos e também a glória do martírio... Mas, quando se dá pela mão dos regimes *autodenominados* cristãos e até mesmo católicos, em que os perseguidores vão à missa todos os domingos e até comungam, então tudo se complica... As acusações feitas a Romero nas matérias pagas dos principais jornais nacionais eram, na verdade, assinadas por improváveis "ligas de senhoras católicas" ou "associações de Cristo Rei". Romero, portanto, não seria mártir porque foi morto "somente" por razões políticas e não por ódio à fé. Estimulado por essa provocação, Sobrino cunhou a expressão *martiri gesuani*, lembrando que segundo tal lógica nem Jesus poderia ter sido definido mártir. Ele foi, de fato, processado e condenado pelo sumo sacerdote Caifás não porque acreditasse em Deus, mas porque pregava a justiça do Reino: um elemento essencial da fé cristã. Ser condenado pela justiça, pois, se cristãmente motivado, equivale a ser condenado por ódio à fé. Como consequência, *martiri gesuani* seriam todos aqueles que não pudessem ser declarados mártires com base no Direito Canônico, mas somente à maneira de Jesus... E desculpem se é pouco! A questão, na verdade, é muito mais séria do que possa parecer: não se trata, na verdade, de uma banal sutileza jurídica, mas da própria natureza da mensagem evangélica. A fé, afinal, tem uma dimensão política ou não? É possível ser autenticamente cristão, evitando tomar partido com relação à injustiça ou não? Tudo o que Romero fez foi devido a um excesso de zelo ou deve-se julgar condenável (ou seja, um grave descumprimento do próprio ministério) a conduta dos outros quatro bispos? Proclamar Romero um "mártir" significa pronunciar uma palavra definitiva (que julga também a atualidade da Igreja) a respeito de todas essas questões. Tal objeção, porém, pareceu definitivamente superada pela firme convicção demonstrada por João Paulo II, em 7 de maio de 2000, quando quis inserir o nome de Romero na lista dos mártires do século 20, lida durante a celebração no Coliseu. Isso também o protegeu de certas tentativas revisionistas que poderiam desejar fazer uma espécie de *lifting*, apresentando-o mais como um santinho da espiritualidade do que como mártir da justiça.

Distante dessas questões, porém, a vida daquele povo que já o canonizara, continuou, assim como Dom Pedro Casaldáliga[43] disse em versos:

> A América Latina já o pôs na sua "glória de Bernini"
> na espumante auréola de seus mares
> no dossel arejado dos Andes vigilantes
> na canção de todos os seus caminhos
> no calvário novo de todas as suas prisões
> de todas as suas trincheiras
> de todos os seus altares...
> No altar seguro do coração insone de seus filhos!

Um povo de pobres, que décadas depois ainda encontra em suas palavras a inspiração necessária para continuar a resistir na dura luta da sobrevivência, nos pequenos vilarejos e na grande San Salvador, nas *maquilas*[44] e nos mercados, nas casas e até nas prisões ou naquelas concentrações de sofrimento que teimam em chamar de hospitais. Um povo que encontra estímulo na luta incompleta pela justiça e na defesa da memória, para que o futuro

---

[43] P. Casaldáliga. "São Romero da América, nosso pastor e mártir" (poema).

[44] Fábricas, muitas vezes de capital estrangeiro, construídas em zonas declaradas "francas e internacionais", em que o trabalho é escravo, já que são seriamente violados os direitos sindicais.

seja verdadeiramente de "paz com dignidade" para todos. Um povo que encontra, em resumo, em suas palavras uma possibilidade de resgate e de vida. A única verdadeira glória que pode interessar a seu pastor.

EPÍLOGO

Nos meses seguintes ao assassinato de Dom Oscar Romero ficou claro para todos que se as forças da repressão haviam ousado matar o arcebispo e provocar um massacre durante seus funerais, sob os olhos de testemunhas qualificadas e jornalistas provenientes do mundo inteiro, era porque acreditavam gozar da máxima impunidade e, portanto, nenhum regime democrático nunca os convenceria a desistir.

As diversas organizações populares, políticas e guerrilheiras encetaram, assim, um caminho de unificação que, em 10 de outubro de 1980, resultou na formação de uma nova entidade uniforme, a Frente Farabundo Martí de Libertação Nacional (FMLN). E a guerra, longamente incubada, explodiu.

Nesse meio-tempo, já havia acontecido o primeiro dos grandes massacres que Romero não chegou a ver: em 14 de maio, de fato, enquanto tentavam atravessar o rio Sumpul, que marca a fronteira ao norte com Honduras, mais de seiscentos camponeses foram massacrados pelos Exércitos de ambos os países, os quais abriram fogo das respectivas margens.

Começou, então, uma trágica alternância de assassinatos direcionados e massacres: em 14 de junho foi morto um missionário italiano, o padre franciscano Cosme Spezzotto, pároco e vigário episcopal da diocese de San Vicente e, em 26 do mesmo mês, a Guarda cercou o *campus* da Universidade Nacional e prendeu mais de trezentas pessoas, entre as quais estudantes, dirigentes da Coordenação Revolucionária de Massa e jornalistas nacionais e estrangeiros. Dessa vez ninguém pôde servir de mediador e o balanço da invasão foi de 27 mortos, 13 feridos e 200 presos, de acordo com denúncia da Comissão Interamericana de Direitos Humanos.

A Comissão de Direitos Humanos de El Salvador, que se mobilizou de imediato para investigar aquele delito, foi por sua vez atacada em 3 e 26 de outubro: com o sequestro, a tortura e o assassinato da assessora de imprensa María Magdalena Henríquez e o sequestro que redundou no assassinato do secretário administrativo Ramón Valladares.

Outros dois sacerdotes foram mortos nesse mesmo período: Manuel Antonio Reyes e Marcial Serrano, respectivamente em 6 de outubro e 28 de novembro. Em 2 de dezembro, foi a vez de quatro missionárias norte-americanas: três religiosas, Ita Ford, Maura Clarke, Dorothy Kasel, e a leiga Jean Donovan, que foram interceptadas voltando do aeroporto, violentadas e mortas. Como era previsível, o fato suscitou uma grande comoção nos EUA e, assim, a administração teve que suspender momentaneamente a ajuda militar a El Salvador. Mas foram retomadas quase em seguida.

EPÍLOGO

Poucos dias mais tarde, em 13 de dezembro, o democrata cristão Napoléon Duarte foi proclamado presidente da Junta, proporcionando dessa forma maior cobertura de legalidade aos crimes do Exército e dos esquadrões da morte, conforme já denunciado por Dom Romero. Segundo o Socorro Jurídico do arcebispado, o ano terminou com um total de 11.903 civis mortos.

O ano de 1981 se iniciou com a morte da Irmã Silvia Maribel Arriola, que havia sido secretária de Dom Romero, e de Ana María Castillo (nome de guerra "Eugenia"), militante da Juventude Estudantil Católica (JEC), da Ação Católica Universitária Salvadorenha (ACUS) e membro de diretoria das Forças Populares de Libertação (FPL). Ambas foram assassinadas em 17 de janeiro.

E seguiram-se outros três massacres. Em 18 de março, em Cabañas, o Exército assassinou centenas de mulheres, idosos e crianças. Em 14 de abril, em Morazán, foi perpetrado o maior massacre da história salvadorenha: 150 crianças, 600 idosos e 700 mulheres. Enfim, em 12 de dezembro, em Mozote, foram mortos outros 1.200 camponeses, com prevalência ainda de idosos, mulheres e crianças. O ano terminou, portanto, com um saldo de 16.266 civis assassinados, sempre segundo os dados do Socorro Jurídico do arcebispado.

Em 1982 registramos apenas um segundo massacre no rio Sumpul, em 12 de junho, de modalidade igual ao precedente, no qual foram mortas trezentas pessoas; e a morte de quatro jornalistas da televisão holandesa, com o objetivo evidente de intimidar a mídia internacional para que não se "imiscuísse" nas questões salvadorenhas.

309

Em 13 de março de 1983, foi a vez de Marianela García Villa. Tendo voltado há pouco para El Salvador, aproveitando-se da visita do Papa João Paulo II para documentar o uso do napalm pelo Exército, estava acompanhando um grupo de 29 camponeses que fugiam da regiao de Suchitoto. Foram descobertos ali pelos soldados do famigerado batalhão Atlaclat. Os camponeses foram logo mortos, enquanto ela, confundida inicialmente com uma jornalista estrangeira, foi sequestrada. Seria encontrada torturada e morta no dia seguinte.

Em 1984 houve novas eleições presidenciais, vencidas por Napoléon Duarte, que então já interpretava evidentemente um papel escrito por outros. Tanto que nas eleições legislativas de 1986, a ARENA conquistou a maioria dos votos e o Major D'Aubuisson foi eleito presidente da Assembleia Legislativa. Qualquer tentativa de diálogo entre o Governo e a FMLN, consequentemente, malogrou sistematicamente.

A repressão, todavia, continuava implacável, mas a comunidade internacional começou a atuar mais intensamente para a superação do conflito. Assim, no fim da era Reagan, em 20 de fevereiro de 1989, no México, começaram as reuniões entre a guerrilha e os partidos no poder. Um mês depois, em 19 de março, foi eleito Alfredo Cristiani, candidato da ARENA, como Presidente da República.

Com a ARENA cada vez mais fortemente estabelecida no poder, a FMLN viu se esvair a possibilidade de se chegar a um acordo e, em 11 de novembro, lançou o que pretendia ser a ofensiva final. Como resposta, em 16 de novembro, na UCA, com uma imponente operação militar (duzentos soldados apoiados por um helicóptero que dominava a região, na qual se tinha cortado a energia elétrica), o Exército matou seis jesuítas – Ignacio Ellacuría, Amando López, Ignacio Martín-Baró, Joaquín López y López, Segundo Montes, Juan Ramón Moreno Pardo – e duas mulheres – a cozinheira Elba Julia Ramos e sua filha Celina Maricet Ramos.[1] A operação se revelou, porém, um tiro pela culatra, devido à reação internacional, inclusive dos EUA, que já tinham percebido que a situação estava fora de controle.

Assim, depois de outro ano de tratativas, em 16 de janeiro de 1992 se chegou a assinar os Acordos de Paz no castelo de Chapultepec, no México. Entre mortos e desaparecidos, a guerra havia feito cerca de oitenta mil vítimas, quase totalmente de responsabilidade do Exército e dos esquadrões da morte.

Iniciou-se, então, um logo período de pseudodemocracia: até 2009 sucederam-se, de fato, quatro presidentes da ARENA, graças a eleições descaradamente fraudulentas.[2] Além de não terem executado um processo de pesquisa para apurar a verdade histórica nos anos do conflito (impossibilitada principalmente pela Lei de Anistia Geral promulgada pela Assembleia Legislativa em 20 de março de 1993), devem ser atribuídas principalmente aos governos da ARENA as temerárias políticas neoliberais que aniquilaram a economia do país. Na verdade, hoje El Salvador não é mais autossuficiente, mas obrigado a comprar no exterior boa parte dos gêneros de primeira necessidade, além de depender

---

[1] Ver E. Maspoli. *Ignacio Ellacuría e i martiri di San Salvador*. Milano: Paoline, 2009.

[2] Em 2004 e 2009, a Pax Christi Italia, juntamente com a Associação "Oscar Romero" de Milão, enviou uma delegação de observadores internacionais.

substancialmente das remessas feitas pelos emigrados (cerca de 80% dos recursos que entram no país).

Ainda mais, desde 1º de janeiro de 2001 a economia foi "dolarizada", ou seja, o colón, embora continue sendo a moeda oficial, desapareceu completamente de circulação, substituído pelo dólar norte-americano, ao qual é "ancorado" com uma taxa de câmbio fixa de 1 dólar para 8,75 colóns. Isso causou uma elevação da inflação de forma que o poder aquisitivo diminuiu sensivelmente. Desde 1º de março de 2006 entrou em vigor o Tratado de Livre Comércio com os EUA, o qual arruinou definitivamente a economia dos pequenos agricultores. Por isso, parece totalmente fundamentado o amargo comentário repetido muitas vezes pelas populações da área rural: "Antes nos matavam com as armas, agora com a fome".

Todavia, um raio de esperança para a situação do povo começou a brilhar desde 2009, quando em 15 de março se interrompeu finalmente a secular permanência da oligarquia no poder. Concorreram diversos fatores. Certamente a figura confiável de Mauricio Funes, um jornalista competente e intelectual honesto, amado pelo povo e candidato da FMLN, que após os Acordos de Paz se transformou em partido político – a única verdadeira oposição desde 1992. Divisões internas na direita, que há décadas contrapõem os grandes proprietários de terras aos novos grupos financeiros e o descontentamento com respeito à insustentabilidade da situação, que agora já se estendeu a muitos setores das próprias forças da ordem e do Exército, fizeram o resto.

Assim, na noite de 15 de março de 2009, quando já se tinha revelado inútil qualquer nova tentativa de fraude, o presidente eleito, Mauricio Funes, pôde finalmente se dirigir ao país com estas palavras: "A escolha pelos pobres, feita há tempos pela Igreja, será o rumo de meu Governo".* Pouco depois recebi uma mensagem de uma amiga salvadorenha, que dizia: "Nesta noite Dom Oscar Romero sorri para seu El Salvador libertado".

E, confirmando essa escolha, em 1º de junho, indo à Assembleia Legislativa para ser empossado oficialmente, Mauricio Funes quis parar na cripta da catedral para meditar junto ao túmulo de Romero.[1]

---

* A FMLN venceu novamente as eleições em 2014 e Salvador Sánchez Cerén, Vice-Presidente de Mauricio Funes, ex-comandante das Forças Populares de Libertação (FPL), foi eleito Presidente da República. O atual vice-presidente é Óscar Ortiz, ex-guerrilheiro das FPL, um dos dirigentes nacionais da FMLN.

Nos últimos anos a inflação no país tem se mostrado mais controlada e as exportações cresceram substancialmente. Em conjunto com o México, os demais países da América Central e a Colômbia, está sendo colocado em prática o Plano Puebla Panamá – um esforço de integração regional que visa ao investimento na infraestrutura e ao desenvolvimento social. (N.E.)

POSFÁCIO

Este é apenas um posfácio, um "falar depois". Deveria ser uma norma de vida "o falar depois de ter escutado", somente depois de ter ouvido. Portanto, fiel à sucessão dos verbos no Evangelho, uma sucessão muito esquecida, mas lembrada a nós há anos por nosso bispo, o Cardeal Carlo Maria Martini, o qual nos fez notar que Jesus primeiro curou os ouvidos do surdo-mudo e depois a língua, como se nos ensinasse que se falarmos antes de ter escutado, falaremos em vão.

Confesso que sou apenas um pioneiro dos posfácios deste livro. Depois de ter lido estas páginas, inicia-se para cada um dos leitores um tempo de posfácios no espaço das páginas em branco do papel ou naquele no recôndito da alma. Seria ótimo, mas é um sonho, que fossem recolhidos todos os posfácios de cada um. Talvez o meu até não fosse, entre tantos, o mais inteligente nem o mais intrigante.

O meu posfácio nasceu de uma dívida de amizade que me liga a Padre Alberto, uma dívida também por sua paixão em salvaguardar a memória de Dom Oscar Romero como algo sagrado.

Assim como anos atrás uma dívida de amizade me ligava ao Padre Turoldo, da mesma forma há uma dívida por sua fiel paixão pela memória do bispo mártir.

Posfácio, falar depois. Confesso que o relato de Padre Alberto me envolveu. Também como narrativa. Mesmo quando tentava fixar aspectos na memória, eu me sentia seduzido pelo ritmo do relato. Gostaria de voltar a "escutar". Mas, rendendo-me à urgência de ser impresso, desejaria agora falar, pedindo que me perdoem por minha breve escuta, demasiadamente veloz.

São sugestões demais. Tento indicar algumas sem pretender uma ordem de concatenação que no momento me sinto incapaz de ter.

Ao ler esta obra me perguntava por que, diversamente de muitíssimas biografias de santos que não me emocionam, esta aventura me envolveu.

O que me emocionou foi a contiguidade sem interrupções entre o passar dos dias de Romero e o passar dos dias da história: a aventura de Dom Romero integrado na atmosfera da história, no tumulto da história, nas contradições da história. E não fora dela. Devemos ser gratos a Padre Alberto por este sábio amálgama, fora do qual os santos e os testemunhos ficam reduzidos a larvas anistóricas, pálidas e insignificantes. O relato nos faz penetrar contemporaneamente, sem cisões, na história de um homem e na história de um povo, de uma Igreja. Ao chegar à última página, sentimo-nos preenchido certamente pela imagem de um bispo, mas também pela imagem de um povo e de uma Igreja, de tantos nomes. Quem ler esta narrativa, assim como Padre Alberto a planejou, talvez tenha algum motivo a mais para abandonar o engano de um mal-entendido recorrente devido ao qual, diante do som da palavra "Igreja", surge imediata e quase exclusivamente no imaginário a realidade da Igreja institucional, reduzida e empobrecida à entidade da hierarquia ou das congregações do Vaticano. Ao contrário, aqui se lê e se acompanha o pulsar de uma Igreja que vive na terra, uma Igreja entre contrastes e dificuldades, entre dramas e esperanças de todo tipo; lê a palavra libertadora de seu Senhor no interior dos acontecimentos que atingem a carne, esta também sagrada, dos seus filhos. Contra qualquer redução de imagem!

O relato também me envolvia porque traçava um caminho a meus olhos. E quem, como eu, sofre de privação da mobilidade, não pode deixar de sentir-se transportado por uma história desenhada como um caminho, o caminho de um homem, depois bispo, um caminho do qual não se escondem as sombras nem as contradições. E, talvez, porque tenho uma carga não pequena de sombras e contradições na minha história pessoal, senti-me particularmente atraído. Confesso que não me atraem as biografias dos santos exaltados como seres sem rugas nem manchas por toda a vida, a ponto de sermos forçados a imaginar que diziam certas palavras por dizer, quando no início da missa todos se confessam pecadores. São tão perfeitos! Por que esconder a fragilidade que nos marca? A graça opera nesses nossos frágeis invólucros. A graça no invólucro frágil da natureza humana de Dom Oscar Romero. Que graça surpreendente!

O relato de Padre Alberto faz também de nós espectadores silenciosos da progressividade desse caminho. É claro que não se pode deixar de perceber que está acontecendo uma mudança,

317

mas a gente a vê tomar corpo entre sobressaltos e resistências, assistimos página após página ao filtrar do sopro do Espírito em sua vida, o sopro que não se sabe de onde vem nem para onde vai, o sopro do Espírito que o leva como Abraão para fora da terra. Fora da terra dos preconceitos, das pressuposições, dos dogmatismos atávicos, das visões pré-constituídas. Até se tornar pastor resistente aos lobos que exterminam os carneiros. É visto penetrar cada vez mais na história sofrida de um povo, é visto com admiração adquirir força e coragem, independência das ingerências dos poderes civis, das suspeitas das hierarquias eclesiásticas. Não morava em palácios, vivia diariamente histórias, histórias de violência diária e de coragem. Escutava. Escutava um povo na tentativa de dar-lhe voz, diante dos dominadores conluiados de seu tempo.

O relato testemunha até a comoção como eram aqueles semblantes e aquelas histórias que o mudaram. E como ainda hoje assistiríamos, por graça, a uma mudança, uma mudança esperada, se, como Igreja, não morássemos em palácios, mas nas histórias das pessoas.

Estava em Santiago há apenas seis meses quando, em 21 de junho de 1975, quarenta agentes da Guarda Nacional invadiram um vilarejo e massacraram seis camponeses. Viu de perto a barbárie. Cinco dias após o massacre, na Carta ao Presidente, fala de semblantes, os semblantes que ele viu naquela amarga e trágica experiência: "Não me impressionou menos", disse, "a expressão de terror e de indignação que refletiam os numerosos semblantes daqueles compatriotas que saudei com o meu afeto pastoral".

Depois de ter hesitado por muito tempo a respeito de ser oportuno ou não reabrir o Centro Los Naranjos, que se fazia notar e sofria oposições devido à proposta de uma pastoral avançada, no fim aceitou mediante algumas condições. "Aos 58 anos de idade", comenta Padre Alberto, "começava a frequentar um novo tipo de escola, aquela dos camponeses e dos trabalhadores sazonais".

Um bispo na escola poderia indicar uma mudança ainda hoje, quando a figura é quase exclusivamente ligada à "cátedra". Como não lembrarmos que entre os sonhos de Igreja do Cardeal Martini estava o de uma Igreja que escuta?

Romero, um bispo na escola, como quando foi enviado para celebrar num latifúndio e se viu escutando os comentários que as pessoas costumavam fazer nas leituras, naquele dia em especial o comentário de um jovem, depois os dos outros. Padre Alberto recorda que no momento das conclusões Romero disse simplesmente: "Tinha trazido uma longa homilia preparada para esta ocasião, mas não vou usá-la. Depois de tê-los ouvido, só posso repetir o que disse Jesus: 'Graças, Pai, porque revelaste a verdade aos simples e a escondeste dos eruditos'". Mais tarde, no caminho de volta, confessou ao sacerdote que o acompanhava: "Veja só, padre, eu tinha ressalvas com relação a esses camponeses, mas vejo que comentam melhor do que nós a Palavra de Deus. Eles acertam em cheio!".

Na escola do povo e, em certa medida, certamente não pequena, consagrado bispo de um povo. No livro se leem com emoção as páginas que relatam o trágico assassinato do Padre Rutilio Grande. Dom Alberto comenta: "Por mais que fosse ligado a Rutilio, foram principalmente a dor, o medo e a corajosa dignidade de seu povo que o influenciaram... Entendeu que aquela morte era uma Palavra dirigida a ele, a marca definitiva naquele caminho de conversão que havia tomado". Como defendeu vigorosamente, naquela ocasião, a escolha de seus padres, propondo que no domingo seguinte fossem suspensas todas as celebrações de missas e a missa fosse única, celebrada pelo bispo e por seu povo. Uma escolha feita com firmeza contra a oposição do núncio pontifício, reivindicando um poder de escolha que compete por direito somente ao bispo. Naquele dia mais de cem mil pessoas afluíram à praça da catedral e à vizinha. "Foi aquela", escreve Padre Alberto, "a verdadeira tomada de posse da arquidiocese". Com este termo, tremendamente jurídico, "tomada de posse", costumamos indicar a investidura dos eclesiásticos.

A vida de Romero narrada aos crentes, e também aos não crentes, a beleza de uma Igreja que não toma posse à maneira dos grandes da terra, mas entra nos corações como o pastor do Evangelho, a modalidade da escuta, da escuta das vozes e dos semblantes, a modalidade do compartilhamento, do compartilhamento dos dias e das noites do rebanho, compartilhamento à custa da vida. À custa de sangue. O último sangue, na vida de Romero, foi o seu. Na defesa do rebanho contra os lobos. Nas pegadas do único verdadeiro pastor. Memória para uma Igreja, luz que brilha na casa e nos semblantes.

Finalizo aqui, confessando o limite, o meu posfácio. Posfácio de um relato que envolve a alma. À espera de outros posfácios.

Angelo Casati
Sacerdote, teólogo,
poeta e escritor

CRONOLOGIA

1917   Em 15 de agosto Oscar Arnulfo Romero nasce em Ciudad Barrios, filho de Santos Romero e Guadalupe de Jesús Galdámez.

1931   Em 4 de janeiro ingressa no seminário menor de San Miguel.

1932   22 de janeiro: massacre de trinta mil camponeses e indígenas na região ocidental do país.

1937   Em janeiro, passa para o seminário maior de San José de la Montaña.

Em setembro parte para Roma a bordo do navio Orazio.

1942   Em 4 de abril é ordenado padre em Roma.

1943   Em 15 de agosto inicia a viagem de volta para El Salvador. Setembro-dezembro: é mantido preso no campo de concentração de Cuba.

1944   Em 11 de janeiro celebra solenemente a "primeira" missa em Ciudad Barrios.

Na primavera é nomeado pároco de Anamoros, no departamento de La Unión. Nos meses seguintes é nomeado secretário pessoal do bispo e diretor da cúria de San

Miguel; pároco da igreja de Santo Domingo e responsável pela de San Francisco, onde era conservada a imagem da Rainha da Paz.

1962 11 de outubro: abertura do Concílio Vaticano II.

1967 É nomeado monsenhor em 4 de abril.

Em 1º de setembro é transferido para San Salvador como secretário da Conferência Episcopal Salvadorenha.

1968 Em maio é nomeado secretário do Secretariado Episcopal da América Central.

26 de agosto – 7 de setembro: reúne-se a II Conferência Geral do Episcopado Latino-americano em Medellín.

1969 14 de julho: guerra "do futebol" entre El Salvador e Honduras.

1970 Em 21 de junho foi nomeado bispo, como auxiliar do Arcebispo Chávez y González.

1971 Em maio assume a direção do semanário *Orientación*.

Em dezembro de 1971 vai ao México para um tratamento de saúde, onde permanece até fevereiro de 1972.

1972 20 de fevereiro: eleições presidenciais "vencidas" pelo Coronel Arturo Molina.

Em 3 de agosto é nomeado reitor do seminário interdiocesano de San José de la Montaña.

1973 Em 27 de maio acusa os jesuítas pelo ensino ministrado no Externato São José nas colunas de *Orientación*.

1974 Em 14 de dezembro é empossado na diocese de Santiago de María.

1975 21 de junho: massacre dos camponeses no subdistrito Tres Calles do município de Sant'Agostino, no departamento de Usulután.

CRONOLOGIA

30 de julho: massacre de estudantes em San Salvador.

Agosto – dezembro: o caso do Centro Los Naranjos.

16 de agosto: expulsão do Padre Juan Macho Merino, diretor do Centro Los Naranjos.

23 de novembro: encontro com Paulo VI em Roma.

1976 Em janeiro cria a Comissão Pastoral Diocesana.

1977 20 de fevereiro: eleições presidenciais "vencidas" pelo General Carlos Humberto Romero.

Em 22 de fevereiro, toma posse na arquidiocese de San Salvador.

28 de fevereiro: massacre na praça da Liberdade.

12 de março: assassinato do Padre Rutilio Grande.

20 de março: celebração da *missa única*.

26 de março – 1º de abril: em Roma, convocado pela Secretaria de Estado do Vaticano.

Em 10 de abril publica sua primeira carta pastoral com o título: *A Igreja da Páscoa.*

19 de abril: as FPL sequestram o engenheiro Mauricio Borgonovo Pohl, que será encontrado morto em 10 de maio.

11 de maio: assassinato do Padre Alfonso Navarro Oviedo.

19 de maio – 19 de junho: ocupação de Aguilares.

21 de junho: ameaça da UGB aos jesuítas para que deixem o país.

1º de julho: celebração da posse do Presidente Romero, da qual Dom Oscar Romero não participa.

Em 6 de agosto publica a segunda carta pastoral com o título: *A Igreja, corpo de Cristo na história.*

1978 14 de fevereiro: recebe o título de doutor *honoris causa* pela Universidade Católica de Georgetown (EUA).

19-26 de março: massacre dos camponeses no município de San Pedro Perulapán.

11 de abril: o Bloco Popular Revolucionário ocupa a catedral.

Abril: constituição da Comissão para os Direitos Humanos; entre os promotores está Marianela García Villas.

30 de abril: confronto com a Suprema Corte de Justiça.

17-29 de junho: é convocado pela Secretaria de Estado do Vaticano para ir a Roma.

Em 21 de junho é recebido em audiência por Paulo VI.

Em 6 de agosto publica, juntamente com Dom Rivera y Damas, a terceira carta pastoral com o título: *A Igreja e as organizações políticas populares.*

Outubro: o caso da alteração dos estatutos da Cáritas.

Em 7 de novembro escreve ao Papa João Paulo II.

Em 23 de novembro destitui Dom Revelo do cargo de vigário-geral.

Em 28 de novembro é morto o Padre Ernesto Barrera.

14 de dezembro: visita apostólica de Dom Quarracino.

1979 20 de janeiro: assassinato do Padre Octavio Luna Ortiz com quatro outros jovens.

22 de janeiro – 13 de fevereiro: vai a Puebla (México) para a III Conferência Geral do Episcopado Latino-americano.

28 de abril – 9 de maio: em Roma, por ocasião da beatificação do Padre Francisco Coll.

2 de maio: o Bloco Popular Revolucionário ocupa a catedral, onde os serviços de segurança matam 23 pessoas.

Em 7 de maio é recebido pelo Papa João Paulo II.

Em 20 de junho é assassinado o Padre Rafael Palacio.

Em 4 de agosto é assassinado o Padre Alirio Napoleón Macías, na diocese de San Vicente.

Em 6 de agosto, publica sua quarta e última carta pastoral com o título: *A missão da Igreja na crise do país*.

Em 29 de setembro é assassinado o secretário-geral das FECCAS-UTC, Apolinario Serrano, com outros trê dirigentes.

15 de outubro: golpe de Estado pelos jovens coronéis e Primeira Junta Civil-militar.

29 de outubro: após a manifestação das LP-28, massacre daqueles que se refugiaram na igreja do Rosário.

Em 15 de novembro, é avisado pelo núncio de Costa Rica sobre um possível atentado contra sua pessoa.

31 de dezembro: visita apostólica do Cardeal Aloísio Lorscheider.

1980 2 de janeiro: crise de Governo.

9 de janeiro: Segunda Junta Civil-Militar.

11 de janeiro: criação da Coordenação Revolucionária de Massa.

22 de janeiro: massacre durante a manifestação pacífica em comemoração dos eventos de 1932.

Em 28 de janeiro parte para Louvain (Bélgica), passando por Roma.

325

Em 30 de janeiro encontra-se pela última vez com João Paulo II.

Em 2 de fevereiro recebe o título de doutor *honoris causa* em Louvain.

Em 17 de fevereiro, durante a homilia, lê a *Carta ao Presidente Carter*, na qual pede que não enviem mais ajuda militar a El Salvador.

19 de fevereiro: uma bomba destrói a Radio YSAX.

9 de março: uma bomba é deixada na Basílica do Sagrado Coração, mas não explode.

23 de março: pronuncia sua última homilia.

Em 24 de março, é assassinado na capela do Hospital da Divina Providência.

Em 30 de março, são celebrados os funerais, interrompidos por um ataque do Exército.

BIBLIOGRAFIA CONSULTADA

BROCKMAN, J. R. *Oscar Romero fedele alla parola*. Assis: Cittadella, 1984. [Ed. bras.: *A palavra fica*: vida de Dom Oscar Romero. São Paulo: Loyola, 1984.]

CARDENAL, R. *Manual de historia de Centroamerica*. San Salvador: UCA, 2008.

DELGADO, J. *Biografia*. San Salvador: UCA, 1986.

DIEZ, Z.; MACHO, J. *"En Santiago de María me topé con la miseria"*. *Dos años de la vida de Monsignor Romero (1975-1976). Años del cambio?* (edição própria).

LA VALLE, R.; BIMBI, L. *Marianela e suoi fratelli*. Roma: Icone, 2007. [Ed. bras.: *Marianella e seus irmãos*: uma história latino-americana. São Paulo: Hucitec, 1990.]

MARTÍNEZ, A. G. *Las Cárceles clandestinas*. San Salvador: UCA, 1992.

MEMBRENO, R. *Monsignor Romero en el testimonio de sus paisanos*. Ciudad Barrios 2005.

MOROZZO DELLA ROCCA, R. *Primero Dios*. Milano: Mondadori, 2005.

ROMERO, O. A. *Su pensamiento*. Vols. I–VIII (Colección Homilias y Diario de Monsignor Romero), Arcebispado de San Salvador, janeiro 2000.

Biografia adicional

DE GIUSEPPE, M. (ed). *Oscar Romero*. Storia, memoria, attualità. Bologna: EMI, 2006.

LÓPEZ VIGIL, M. *Monsignor Romero*. Piezas para un retrato. San Salvador: UCA, 1993.

MAIER, M. *Monsignor Romero, maestro de espiritualidad*. San Salvador: UCA, 2005.

MASINA, E. *L'arcivescovo deve morire*. Torino: Gruppo Abele, 1995.

MASSONE, G. *Oscar Romero, martire come il su popolo*. Milano: Gribaudi, 2009.

MOROZZO DELLA ROCCA, R. (ed.). *Oscar Romero*. Cinisello Balsamo: San Paolo, 2003.

ROMERO, O. A. *Diario*. Molfetta: La Meridiana, 1991.

_____; BARÓ, I. M.; CARDENAL, R. *La voz de los sin voz*. San Salvador: UCA, 1980. [Ed. bras.: *Voz dos sem voz*: a palavra profética de D. Oscar Romero. São Paulo: Paulus, 1987.]

SOBRINO, J. *Monseñor Romero*. San Salvador: UCA, 1989.

Impresso na gráfica da
Pia Sociedade Filhas de São Paulo
Via Raposo Tavares, km 19,145
05577-300 - São Paulo, SP - Brasil - 2015

Os pais de Oscar Romero: Santos Romero e Guadalupe de Jesús (1910).

Oscar, com o pai e os irmãos, em 1928.

No seminário menor de San Miguel (1931-1937).

A bordo do navio Orazio, em viagem para a Itália.

Com a mãe, em Ciudad Barrios (1944), por ocasião da primeira missa.

Seu *Diário* era registrado em um gravador (31 de março de 1978 – 20 de março de 1980).

Festa de despedida em San Miguel (1967).

Consagração episcopal, San Salvador (21 de junho de 1970).

Funeral do Padre Rutilio Grande (14 de março de 1977). O primeiro à esquerda de Dom Oscar Romero é o Padre Alfonso Navarro, assassinado em 11 de maio do mesmo ano.

Os túmulos de Padre Rutilio Grande, Nelson Rutilio Lesmus e Manuel Solórzano, na igreja de El Paisnal.

Um bispo que caminhava ao lado de seu povo.

Homilia por ocasião do Prêmio para a Paz da Ação Ecumênica Sueca (9 de março de 1980).

Converteu-se na "voz dos sem voz".

Com o Padre Tilo Sánchez, três dias antes de este ser assassinado.

23 de março de 1980. "Eu lhes suplico, lhes peço, lhes ordeno em nome de Deus: cessem a repressão!"

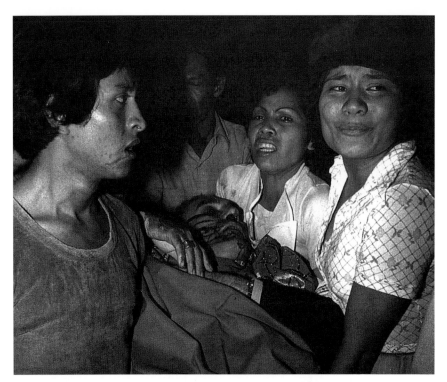
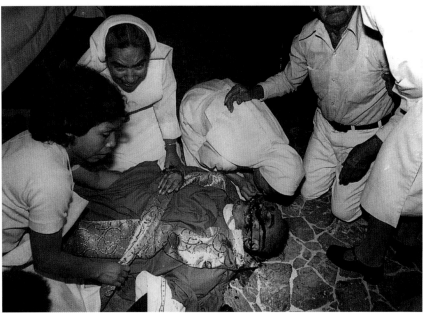

24 de março de 1980. San Salvador, capela do Hospital da Divina Providência.

Famílias de guerrilheiros da FMLN diante de uma igreja bombardeada.

Os guerrilheiros da FMLN celebram a *via crucis* numa Quaresma durante a guerra.

Monumento à memória das oitenta mil vítimas da guerra civil.

Comemoração anual no aniversário de sua morte (24 de março de 2004).